「精神分析」と反「精神分析」

'Psychoanalysis' and Anti-'Psychoanalysis'
Freud・Lacan, Deleuze・Guattari

フロイト・ラカン、ドゥルーズ・ガタリ

金子淳人

彩流社

'Psycoanalysis' and Anti-'Psycoanalysis' —Freud・Lacan, Deleuze・Guattari—

はじめに

本書は、現代思想家の中からフロイト・ラカン、ドゥルーズ・ガタリについて、それぞれ一篇ごと扱っている。

そのことに基づいて、本書は「現代思想」について、**「精神分析」VS.反「精神分析」**という視点から問うことを意図している。

まず扱うのは、フロイト・ラカンの**「精神分析」**である。

「精神分析」は、**「無意識」**を扱うことによって、「思想」における従来の「伝統」である〈「思想」は「意識」を基盤として展開することによって「心」を「意識」を前提として扱う〉ということを〈壊す〉。そして、「無意識」は**「出来事(事実)」のはたらきに基づいているが故に、**そのことを扱うことは、「心的はたらき」の〈機能主義〉を〈壊す〉。そうしたことにおいて、フロイト・ラカンは、「現代的」である。

しかし、そのように「現代的」であることが、フロイト・ラカンの場合、「個人」を〈「母親」・「父親」・子としての自分〉(「エディプス三角形」)ということの〝狭い〟〝枠組み〟(〝構造〟)においてとらえる、ということを前提としている、ということが問われる。**ドゥルーズ・ガタリは、「精神分析」の〝根本〟としての「エディプス三角形」還元主義を問う。**そして、その「精神分析」批判には、**「社会」への視点の欠落への問いがはたらく。**そして、ドゥルーズ・ガタリは、「資本主義経済システム」(さらに言えば、「資本主義経済マシン」)をめぐって、まず、それが担う「近代」の〝革命的〟在り方を踏まえ、**さらに、単なる否定ではない在り方で、相対化する。**

「精神分析」への問い(反「精神分析」)をもとに、ドゥルーズ・ガタリは、「現代社会」を主題化し、ドゥルーズは最終的に**「現代的」在り方での「文化」**の展開を求める。ガタリは最終的に、一定の在り方で「生命的であること」=**「生態」**、そして、そうしたことを踏まえた、〝人々〟の〝絆〟、**あるいは「連帯」**を求める。そして、「生態」の「思想」には、**「表明行為」を伴なう〝コミュニケーション行為〟に基づくということ**が踏まえられている。

本書は、4つの篇において、フロイト・ラカン、ドゥルーズ・ガタリの、それぞれの基本的「思想」についての紹介を、前提としているが、そのことを、それぞれに、ややくどく行なっている。そして、そのことを踏まえ、4人の思想家について、それぞれに「問題提起」を行なっている。そうした「問題提起」について、まず手短かに概要をつかんで頂くこともあり得る。その場合、巻末の「総論に向けて」に目を通して頂きたい。

それぞれの思想家の基本的「思想」の紹介がくどいことには、二つの背景がある。一つは、本書の出発点が、大学の授業で学生の皆さんに、まず、基本が大事という思いで、著述し始めたものであるということである。もう一つは、それぞれの思想家について「問題提起」を行なうにあたり、「思想」を担う者にありがちなうわ滑ることを避けることを意図した、ということである。そして、本書は、思想家について、際立った主張を中心に、次のことを、願い、意図しながら検討した。

幾分なりとも、「現実」との格闘を生み、「現実」を変える。

そして、本書におけるフロイト・ラカン、ドゥルーズ・ガタリの主題化は、次の問いにも基づいている。拙著『現象学の再生』(2018年)において述べた、最後期のフッサールにおける、フロイトからの影響、そしてフロイトの「思想」を限定した在り方で展開することに基づく、独特な「生」の立場、さらには、独特な「普遍主義」についての主張を踏まえるならば、「現代思想」をめぐって、さらに、どのようなことが言えるのか？ そして、どのようなことが展望できるのか？

目次

第四篇　ガタリ

［凡例］

1．括弧について

（1）「　」、『　』について

通常の引用文については「　」を使用した。さらに、単語等について概念として強調するために「　」を付すことを行なった。また、引用文の中の、原著者が使った引用符については『　』を使った。

（2）〈　〉、《　》について

思想家の主張について、キータームとして強調する場合に〈　〉を使用した。例としては、ラカンの場合の、〈「母親」・「父親」・子としての自分〉、ドゥルーズの場合の、〈生きる〉などである。また、次のようにも〈　〉を使用した。やや多くの語句に基づく長めの表現が一つのまとまった在り方を持ちながら、前後の文脈からそのまとまりが分かりにくい場合に、そのまとまりを示す。

また、思想家の主張におけるキータームを強調する場合に、原理的なことという含みで強調する場合、《　》を使用した。例としては、《「実在」としての「他者」》。

（3）‘　’、〝　〟について

概念または表現として、字義だけでは済まない一定の含みについて注意を促す場合について‘　’を使用した。また、‘　’の用法を越えて、文脈において強い含み、または、思想上においての負の含みについて注意を促す場合、〝　〟を使用した。例としては、〝意識主義〟〝宇宙性〟などである。

2．太字について

本書の全体の議論の展開から強調した方が、議論をより分かり易くすると思える用語、表現については太字にして強調した。

3．引用、参照について

フロイト、ラカン、ドゥルーズ、ガタリの著作からの引用、参照については、原典におけるその箇所を、註において、著作の略号を記し、その後に、引用、参照したページを数字で記した。略号は、巻末の「参考文献表」において欧文での著作についての記載の後に記載した。註においても略号を記した場合がある。略号は、基本的に、著書名が推測できるように著作名をもとに作成した。なお、ラカンの「セミネール（Séminaire）」については、頭文字

「S」に発行順を示す数字（ローマ数字）を付けたものを略号とした。

「参考文献表」においては、邦訳のあるものについて、邦訳を併記した。また、邦訳のあるものについては、引用、参照において、基本的に邦訳ページも併記した。また、日本での編集により日本での出版が主になっている著作などについて、邦訳ページだけを記した場合がある。

参考文献については、「参考文献表」に、第一次文献のうちの主要なものを掲載したが、他の第一次文献や第二次文献等について、本文における文脈と対応させて、註において掲載した場合がある。また、参照にあたっての便宜のために、註において「参考文献表」と重複して掲載した場合がある。

第一篇　フロイト

序　フロイトを、どのようにとらえるか？

「精神分析」をめぐって、あらためて、まず、次のことを述べておきたい。

「精神分析」は、**「無意識」を扱うこと**によって、「思想」における従来の「伝統」である、「人間」を「意識」ということを前提にとらえる、ということを〝壊す〟。そして、**「無意識」には、経験された「出来事（事実）」が強くはたらく、ということが**、「心」を「機能」中心にとらえる、ということを〝壊す〟。こうしたことを主題化したことによって、フロイトは、**「現代」の立場に立つ**。

しかし、そのように「現代」の立場に立つことが、**「個人」を〈「母親」・「父親」・子としての自分〉（「エディプス三角形」）ということの「構造」**においてとらえる、ということを前提としている、ということの、是非が問われる。

そして、とりわけ次のことを述べる必要がある。

後期のフロイトは、「文化」論として、「西洋人」における「一神教」を背景とした〝限界〟を問う。そし

て、そのことに基づく、新たな「文化」へ向けての提起を行なっている。

フロイトの「思想」として、左記のことを、あらかじめ、述べておきたい。

[1]フロイトの基本的「思想」について

「人間」は、つらい「事実」（の「記憶」）を思い出すことを「抑圧」する。そのことは、「心的（生命的）エネルギー」、すなわち「欲動」（「性的な」面を持つ）を「消耗」させる、ということによって「神経症」を起こす。「人間」には、こうしたこととしての、「無意識」がはたらく。

つらい「事実」（の「記憶」）の中でも〝基盤〟としてはたらくことは、「幼児」期における〈「母親」・「父親」・子としての自分〉の「エディプス三角形」と呼ばれる「関係」において起きる「エディプス・コンプレックス」の「抑圧」をめぐることである。それぞれの「個人」は、その「抑圧」を「原・抑圧」としながら、さらに、「日常性」における、様々な「出来事（事実）」をめぐる「抑圧」をはたらかせ、生きる。そして、それぞれの「個人」は〝在り方自体としては〟、「エディプス・コンプレックス」の「抑圧」をめぐって確立された「自我」、そしてそれを「制御」するように形成された「超・自我」がはたらく中で、どのようにせよ「理性」を〝主とした〟生き方をし続ける。

こうしたことが、それぞれの「個人」において、「日常性」において、どのようにはたらくのか、が問われる。

[2] フロイトの後期「思想」について

フロイトは、「第一次世界大戦」の悲惨な現実から、「人間」に不可避に〝深く〟はたらく「攻撃欲動」に気づく。「攻撃欲動」は、〝自己〟に向かうことにおいて、そして、「他者」に向かうことにおいて、様々に問題を起こす。対応として、それを、「文化」へと「昇華」させる、ということは、不可欠に求められる一つの方法である。しかし、それだけでは、済まない。そのことには「問題」もある。対応について、踏み込んだ在り方で、さらに、いくつものことが問われる。後期のフロイトの「思想」は、こうしたことについての問いにおいて、展開する。

やがて、後期フロイトは、新たな「文化」の立場を提起する。それは、「人間」について「罪」意識(「罪責感」)をめぐって〝穿った〟「分析」を行なうことに基づいている。

次のようなことを述べることができる。

強められた「超 - 自我」を背景に「自我」が〝表面的に〟はたらき、「罪」意識(「罪責感」)を〝独特に〟はたらかせる、ということとしての「抑圧」によって起きる、〈「生への欲動」としての「欲動」をめぐる〝独特な〟歪み〉についての対応が問われる。

フロイトは、そうしたことを踏まえ、そして、〝心的「構造」の〟からくり〟を問う在り方での〝前向きさ〟においてはたらく、新たな「文化」の展開を求める。

こうした[1]、[2]のことを、前置きとして、フロイトについて、検討することにしたい。

第一章　フロイトの基本的「思想」　その1

第一節　フロイトの「無意識」についての主張

フロイト(Siegmund Freud. 1856〜1939)は、1896年(40歳)に「精神分析[1]」という用語を初めて使い、1900年(44歳)にその立場を確立させた。

フロイトは医師として勤務していたウィーンの総合病院で、1884年(28歳)、「神経症」の患者と出会い、当時まだとらえ方さえ不充分であった「神経症」について治療の必要性を痛感した。そのことが、彼が「精神分析」へと向かうきっかけとなった。「精神分析」は、基本的には、「医学」の一部として位置づけられる。けれども、「精神分析」がもたらした「人間」観の決定的な転回は、現代「思想」の潮流の一つ、という在り方をも持つ。

フロイトはオーストリアの人物であるが、もともと「神経症」に対する対応はフランスにおいて先進的に行なわれていたが故に、その立場は、後には、フランスを中心に「西洋」各国において影響力を持った。

「精神分析」が「人間」観の決定的な転回をもたらしたとは、どういうことなのか?

端的に言うならば、次のように述べることができる。

従来の「人間」観は、「人間」について、目覚めている時、すべてのことを「意識」することができていると、とらえて来た。それに対して、フロイトは、「人間」には、**「無意識」**がはたらき、そして、そのことを伴なった**心的「構造」**がはたらいていると、とらえた。

フロイトは、「無意識」として、次のようなことを述べた。

つらい「事実」(の「記憶」)については、思い出さないようにする、ということがはたらく。その〈はたらき〉は、「意識」することなく、そのようにはたらく。すなわち「無意識」においてはたらく。

後から、そのことが、「意識」できる在り方ではたらくようになった場合、そのことを**「前意識」**と呼ぶことができる。普通に言う「自我」ということは、〈「意識」+「前意識」〉という在り方を持つ。それに対して**「無意識」**は、「自我」にとって、まさに「無意識」という在り方ではたらく。そして、「無意識」においてはたらく、つらい「事実」(の「記憶」)を思い出さないようにする〈はたらき〉については、**「抑圧」**と呼ぶことができる。

そうした「抑圧」ということにおいては、言わば〝**生命的エネルギー**〟において異常な**「興奮」**状態が起きてしまっていると言える。そして、〝生命的エネルギー〟を**不必要に使っている**。それは、そのようにして、〝**生命的エネルギー**〟の**消耗をしている**ということである。さらに言えば、そのようにして〝生命的エネルギー〟に障害が惹き起こされているということである。そして、そのことは、しばしば**「症状」としての「身体状態」、そして「心的状態」に「転換」する。そのことは、いわゆる「神経症」が起きる、ということである。**代表的な「神経症」は「ヒステリー」[2]であるが、非常に多く惹き起こされるのは、何かの「表象」に執着するということに「転換」がされた場合の「強迫神経症」である。

フロイトは、こうしたことを述べた。

なお、ここであらかじめ、次のことを述べておきたい。

ここで、〝生命的エネルギー〟と述べていることを、フロイトはもともと、1900年前後以降、「自己保存欲動」と「対象(他者)へと向かう欲動」という二つの「欲動」ということとして述べていた。やがて、そのことを言い換えて、1910年代に、「自我欲動」と「対象欲動」(「他者欲動」)という、二つの「欲動」を述べる。しかし、やがてその二つを一つにまとめてとらえて、端的に**「欲動」**[3]と述べるようになる。そして**1920年代**、そうした「欲動」を、さらに**「生への欲動」**(Lebenstrieb)と述べるようになる。そして、詳細は後述するが、フロイトはこのことと同時期の1920年代に、さらに「生への欲動」以外に「死への欲動」(Todestrieb)もはたらいている、ということを述べるようになる。

第二節　フロイトの生い立ち：「精神分析」の形成

ここで次に、フロイトの生涯について「精神分析」の形成に至る時期までのことを述べることによって、「精神分析」の形成について検討しておきたい。

フロイトは、オーストリア領であったモラヴィアのフライベルク（現在は、チェコのプシーボル）に生まれ、家族の転居に伴ない、3歳からウィーンに住んだ。父親は、（毛織物を扱う）商人であり、両親ともユダヤ人である。1873年（17歳）、ウィーン大学に入学する。「自然科学」の中のどれかの分野の研究を行なう、という思いを持っていたが、結局「医学」を学び、当時「生理学」の一分野という扱いになっていた、いわゆる「精神医学」の研究にも踏み込んだ。1881年（25歳）、医師の資格を得てウィーン大学を卒業した。そして、1882年（26歳）、ウィーンで総合病院の医師となった。[4]

「内科」を主にしながらの勤務であったが、既に述べたように、1884年（28歳）、「神経症」の患者がやって来て、その患者の診察を行なった。当時のウィーンにおいて「神経症」についての扱いは「内科」扱いであり、治療は診察の医師に任されている状態であった。フロイトは、どう治療したらよいのか困惑し対応できなかった。

このことをきっかけとしてフロイトは、フランスにおいて「神経症」研究の中心の一つをつくり出していた、パリ在住のシャルコー[5]（1825〜1893）のもとを訪れる。そして、1885〜1886年（29〜30歳）の間、学ぶ。

シャルコーは、次のことを〝実証〟していた。

患者に「催眠術」[6]によって「神経症」（この場合は「ヒステリー」）の発症の原因となっていると思われる「事実」についての「暗示」をかけると、「神経症」の症状が現われる。そして、このことを繰り返すことに基づく「生体磁気」[7]のはたらき方が、やがて患者を快方に向かわせる。そうしたこととしての「催眠療法」が求められる。

フロイトは、このことを学び、**1886年（30歳）、ウィーンに戻り、開業医として「神経症」治療を、「催眠療法」に基づいて行なった。**

フロイトは「催眠術」それ自体に、不得意であったとも言われる。しかしそれはともかくとしてシャルコーが言う「催眠療法」を行ないながらも、「催眠療法」の治療効果について、絶えず疑問を感じた。そして、フロイトは別の「催眠療法」を学ぶことをめざし、1889年（33歳）、フ**ランス東部のナンシーに行き、その地において、「言語」による誘導を多く行なうことに基づく強い「暗示」によって「治癒」を〝思い込ませる〟「催眠療法」[8]の中心であった「ナンシー学派」の医師たち[9]に学んだ。**

そして、帰国後、その「催眠療法」を行ない続けたが、結局、フロイトは、その「催眠療法」にも、やはり疑問を持った。

しかし、実は、特筆すべきことであるが、シャルコーに学びにパリに行く直前（1885年、29歳）、フロイトはかつてウィーン大学在学当時に出会った開業医ブロイアー[10]（1842〜1925）から彼が担当したアンナという女性についての治療例（**「アンナの症例」**[11]）を知らされていた。やがてフロイトは、その「アンナの症例」に、或る着想を得て、ブロイアーとあらためて交流し、やがてその「アンナの症例」を、一定の中心として、その症例から得た自らの着想に基づいて自らが担当した症例と併せて、1895年(39歳)、ブロイアーと共著で『ヒステリー研究』[12]という著作として出版する。

ここで、「アンナの症例」について述べておきたい。

1880年6月、アンナは父親の看病[13]をするうち、次のような症状が出るようになる。原因不明の咳、腕や足の麻痺、情緒の過度な不安定、会話障害、視野狭窄、視覚障害、夢遊のような状態、さらには、「異常行動」(突然、服のボタンをひきちぎる等)、「幻覚」(ひもが蛇に見える等)など。

こうした症状に対してブロイアーが行なったことは、基本的に次のことであった。

患者に「催眠術」をかけ、症状の「原因」となったと思われる「事実」(の「記憶」)について「話す」ようにする。呼び覚まされた「トラウマ(心的外傷)」としての「事実」(の「記憶」)を「催眠」中に「話す」こと、そして、とりわけ「催眠」後に「話す」ことが、「感情」を解放し、「神経症」の「治癒」をもたらす。

この治療法は、実はアンナが自らのことを思い出し、「話す」時、症状が軽くなる、と述べていたことを踏まえていた。ブロイアーはこの「治療方法」を、〈「催眠術」を前提として「感情」の解放を起こさせる「対話療法」としての「カタルシス療法(浄化療法)」〉、端的に「催眠カタルシス療法(催眠浄化療法)」と呼んだ。アンナは1年7カ月かかったが、結果的には治癒した。[14]

そして、フロイトは、結局、このブロイアーによる「アンナの症例」から、新たな「治療法」が基づくべき着想を得た。

フロイトが、ブロイアーの「アンナの症例」から得た着想とは、「対話」によって、患者自身が症状の「原因」となったと思われる「事実」（の「記憶」）について「話す」ようにする、ということが「治癒」をもたらす、ということであった[15]。

そしてフロイトは、そのことを踏まえ、そのことを展開させた新たな「治療法」を行ない、そうした「症例」を、前述のように1895年出版の『ヒステリー研究』に掲載した。

フロイトが行なった新たな「治療法」とは、次のようなことである。

「催眠術」からはまったく離れ、「催眠術」は行なわないままに、患者が、「神経症」の「原因」となっている「事実」（の「記憶」）を、落ち着いた環境において、制約のない在り方で（「自由に」）「連想」を行なうことによって「思い出す」ようにする。そのことによって、やがて、患者の「症状」の「原因」となった、患者が経験した「事実」（の「記憶」）に自ら行き着き、そうした「連想」の過程において「抑圧」によって隠されている「事実」（の「記憶」）の一端が〝顔を出す〟が、〝顔を出した〟時に、そのことをきっかけとして隠されていた「事実」（の「記憶」）の全体を引き出す。そのようにして、患者の「症状」の「原因」となった、患者が経験した「事実」（の「記憶」）に行き着き、患者がその「事実」（の「記憶」）について、自ら「他者」に対して「話し」、そして、自らとらえ返すことによって、「事実」（の「記憶」）への「無意識」の「抑圧」が解かれ、「症状」が快方へと向かい、治癒する。

この「治療法」を、フロイトは「自由連想法[16]」と名付けた。そして、この「治療法」を行ない始めたことこそは、「精神分析」の実質的な始まりであった。そして、フロイトは、『ヒステリー研究』出版の翌年の、既に述べたように1896年(40歳)、「精神分析」という用語を初めて使った。

フロイトは、既に述べたが「神経症」について、次のようにとらえる立場に立った。

人にはつらい「事実」(の「記憶」)の「抑圧」がはたらき、生命的エネルギーにおいての異常な「興奮」状態が起き、生命的エネルギーの消耗が起き、生命的エネルギーに障害が惹き起こされるが、そのことによって、しばしば「症状」としての「身体状態」、そして「心的状態」に「転換」するという在り方で、「神経症」が起きる。

そしてフロイトは、次のことを述べる。

その人が、自らが罹っている「神経症」の「原因」となっている「事実」(の「記憶」)を思い起こし、それを「他者」に「話し」、そして、自らとらえ返すならば、そのことによって、そうした「原因」への「抑圧」が解かれ、生命的エネルギーの消耗(生命的エネルギーにおける障害)がなくなり、「神経症」は治癒する。

こうした主張から、フロイトは「抑圧」理論に基づいている、という言い方もされる。そして、次のように述べておきたい。

フロイトは、「治療法」として、「催眠術」がらみという「非日常性」という在り方ではなく、日常性」の延長において行なわれる、という在り方を持った「自由連想法」を主張した。

第三節 「性的なこと」[17]

フロイトの主張について、踏み込んだこととしてさらに、次のことを述べておきたい。

フロイトは、つらい「事実」(の「記憶」)を思い出すことに対しての「抑圧」→「生命的エネルギー」の消耗(「生命的エネルギー」における障害)ということについて、さらに、どのようにせよ「性的なこと」をめぐっての問題が起きている、というとらえ方をしている。

「性的なこと」と言っても、幅広いことについて述べる必要がある。直接的に「性的なこと」(いわゆる「性愛」をめぐること)[18]から、たとえば、人を好きになる、といったことのような、間接的に「性的なこと」に至るまで、様々なことが「性的なこと」である。

フロイトは「生命的エネルギー」の基本的な面が、「性的なこと」についての「エネルギー」(すなわち「性的エネルギー」)であるととらえている。そして、フロイトは、「神経症」について、どのようにせよ、広義においての「性的なこと」をめぐることについての問題が起きている、ということとしてとらえている。そして、とりわけ、1910年代に入った頃においては、そのことを、そのように言い切っている。

こうした、「性的なこと」についての、主題化については反発する人々も多かった。しかし、フロイトはこのことを、とりわけ強調して主張している。しかし、やがて、フロイト自身もこの主張の限界を述べることとなる。このことについては、さらに後述することにしたい。

第四節　「夢」について

フロイトは、「自由連想法」について、さらに次のようなことをも述べている。

「夢」で見たことを書き留めておいてもらい、そのことを「自由連想」の導入（題材）とする。

このことの背景は、フロイトが次のことに気づいた、ということである。

睡眠中に見る「夢」は、もちろん「無意識」において見るが、「夢」は、それぞれの人にはたらく「無意識」におけることの「表現」となっている。

そしてフロイトは、「夢」について次のことを述べる。

「人間」に「無意識」がはたらく、ということを証明している。そして、そのことは、そうしたことによって「精神分析」が成り立つ、ということを証明している。

そうであるが故に、「夢」についての、それ自体としての「分析」（言い換えれば「解釈」）が求められる。

そしてフロイトは、次のことを述べる。

「夢」において描かれていることは、基本的に、様々な「事実」（の「記憶」）に対応する、一定の「記号」[19]に基づく「表現」としての在り方を持つ。そうした「記号」は、「記号」と言っても、とりわけ次のような在り方を持つ。

(1)「置き換え」：「抑圧」による〝検閲〟から抜け出るように「事実」（の「記憶」）が置き換えられている。そして、「表現」のされ方において、次のことが行なわれる。「象徴的表現」による「視覚化」としての、**「隠喩（メタファー）[20]」**、さらには**「換喩（メトニミー）[21]」**、としての「表現」。

(2)「圧縮」（「凝縮」、「重層化」）：多くの「事実」（の「記憶」）が多重的に重ねられ圧縮されている。

そして、フロイトは、「夢」についての「分析」（「解釈」）の成果を、１９００年（44歳）、『夢判断（夢解釈）[22]』として出版する。この著作は、「夢」について述べているとは言え、左記に述べるように、「抑圧」理論を証明することとなる明確な主張を行なった著作としてとらえることができる。**この著作によって「精神分析」は確立し、実質的に始まった、と言われる。**

ここで「夢判断（夢解釈）」をめぐって、フロイトが強調している例の一つであり、フロイト自身が見た「夢」でもある**「イルマの夢（イルマについての夢）」**について述べておきたい。

「イルマの夢（イルマについての夢）」は、**フロイト自身が1895年7月23日から24日にかけて見たと述べている「夢」**である。フロイトは日中、職場でイルマという女性の患者をめぐって、オットーという同僚から「よくなっているとは思えるが、はっきりとよくなっているとは言えない。」といった批判を受けた。そして、その晩、フロイトは「夢」を見た。その「夢」の中で、同僚の中の別の或る人物が、次のような発言をする。「イルマが発病した時、オットーは或る注射を行なったが、それは不要な注射だった。しかも、注射器の消毒が不充分だった。」

この「夢」について、フロイトは左記のような「夢解釈[23]」を行なっている。

この「夢」の中で、同僚の中の別の或る人物が述べた‘オットーが行なったこと’は、現実にオットーが行なったことではない架空のことである。しかし、オットーをめぐる内容であることにおいて、自分(フロイト)がオットーから批判を受けたという「事実」にかかわることを内容としている。さらに言えば、その「夢」は、自分(フロイト)にとって、「抑圧」がはたらく「事実」についてのことを内容としている。そして、次のように述べることができる。その内容においては、「批判を受けたことによる不快を解消したい」、さらに言えば「オットーを批判したい」といったような、自分の「願望」[24](=「欲望」)の「充足」がされている。

そしてフロイトは、次のことを述べる。

「人間」には、「無意識」において、様々な「事実」(の「記憶」)についての「抑圧」がはたらくが、「夢」は、「抑圧」がはたらく「事実」(の「記憶」)についての「表現」である。そして「夢」は、「願望」(「欲求」はもちろんのこと)の「表現」、そして「願望」=「欲望」(そして、「欲求」)の一定の「充足」の「表現」である。

こうしたことを主張する『夢判断(夢解釈)』を、フロイトが1900年に出版して以降、それまで「人間」に「無意識」の〝領域〟があることを否定していた人々の多くが批判をしないようになった。そして、それどころか、1902年、フロイトの周りに賛同者が集まり、遂には「ウィーン学派」と呼ばれることになる学派が形成された。そして、続いて1907年、スイスのチューリヒに、「チューリヒ学派」と呼ばれることになる学派が形成された。そしてやがて、フランスを中心に、ドイツ、イギリスを始め、ヨーロッパ各国、さらにアメリカ、カナダ等々において賛同者たちによって学派が形成されていった。そして「精神分析」は様々な分野に影響を与えることになった。そして、そうしたそれぞれの分野においての「現代」の立場にとって、どのようにせよ〝踏まえざるを得ない〟という在り方を持つようになった。

第五節　「日常性」という主題

さらに、次のことを述べる必要がある。

フロイトは、人々の「日常性」ということを主題化する。

たとえば、会話の中で、或る人の名前を言って、その人についてのことを述べる必要がある場面に直面しているのに、どうしてもその人の名前が思い出せない、ということがある。いわゆる**「度忘れ」**と呼ばれることである。フロイトは、次のように述べる。

多くの場合、そうしたことには、単なる偶然ではなく、当該の人をめぐる何かの「事実」（の「記憶」）についての「抑圧」がはたらいている。そして、こうした「度忘れ」ということは、人物についてだけではなく、もちろん、何かの事柄についても起きる。そうしたことにおいて〝一定の（軽度の）〟「神経症」がはたらいている。[25]

あるいは、たとえば、その場をとりつくろうことを言うつもりでいたのに、**「言い間違い」**をしてしまう、ということがある。その場合、その場をとりつくろうとする「原因」となった「事実」（の「記憶」）についての「抑圧」がはたらく、ということが起きている。その場合、その場をとりつくろう、ということの〝負い目〟がはたらいている。

さらには、まったく確信を持って述べたのに、「言い間違い」をしてしまう、ということがある。そうした場合においては、その時に述べてしまったことには、気づかない在り方で、一定の「事実」(の「記憶」)についての「抑圧」がはたらいていた、ということがあり得る。

これらの場合、やはり、一定の(軽度の)、「神経症」がはたらいている。[26]

こうした「度忘れ」、「言い間違い」といった「失錯行為[27]」も、人々の「日常性」において様々に「無意識」がはたらく、ということを明らかにしている。

そして、こうした「症例」についてのことを、フロイトは1904年に『日常生活の精神病理学[28]』という著作として出版している。

第二章　フロイトの基本的「思想」　その2

右記において、フロイトが「神経症」に対して、「抑圧」理論、「治療法」としての「自由連想法」によって対応したことについて述べた。そうしたことにおいて、フロイトが「人間」について、さらに〝或る踏み込んだ在り方で〟とらえていた、ということについて述べたい。

第一節　「幼児期」におけることがはたらく、ということ：「エディプス・コンプレックス」について

フロイトは「人間」には、もともと(すなわち、誕生の時から)「性的なこと」がはたらいていると、とらえている。

この主張は〝純真無垢な〟子供について何を言うのかという言い方で、当時はもちろん、その後もともすると現在に至るまで批判されて来た。しかし、フロイトの立場における決定的な基盤である。このことをめぐって、左記のことを述べておきたい。

既に述べたように、フロイトの出発点は「神経症」を治療する、ということであった。そして、フロイトは、多くの「神経症」の患者と接した。そして、臨床的な「経験」を多くしていた。その後、「治療法」として「自由連想法」を行なうようになったが、1896年に「精神分析」という用語を使うようになった時に、既にフロイトが踏まえていたこととして、実は、次のようなことを述べる必要がある。

「神経症」の直接的な原因となっている「事実」(の「記憶」)以外に、さらに〈もっと「過去」の〉「事実」(の「記憶」)についても「抑圧」がはたらいている。そして、「自由連想法」を徹底して行なえば分かるが、「抑圧」がはたらいている「事実」は、さかのぼっていって「幼児期」に「経験」されたことに至る。

こうしたことについてフロイトは、「個体の発達においての、ぬぐうことができない、いくつもの痕跡が問われる」という言い方をしている。そして、左記のようなことを述べている。

「幼児期」にまでたち返った時、次のようなことを述べざるを得ない。

「親」に対して性別を前提とした〝心的はたらき〟(そして、とりわけ発端となることとしての、異性の「親」に対しての〝心的はたらき〟)がはたらいた、ということをめぐる「事実」(の「記憶」)に行き当たる。

すなわちフロイトは、端的には、次のように述べている。

あらゆる「個人」においては、「幼児期」にまでさかのぼることができる「過去」の「事実」(の「記憶」)の「抑圧」がはたらくが、そうした「過去」の「事実」(の「記憶」)には、多くの場合に、広義においての「性的なこと」がかかわっている。(29)

そして、このことについてフロイトは、1897年(41歳)には、決定的に気づくに至ったと述べている。そして、「幼児期」における、「性的なこと」に基づく〝心的はたらき〟をめぐって起きた或る「抑圧」によって「抑圧」されることになった「複合観念(そして複合感情)」について、フロイトは、よく知られているように「エディプス・コンプレックス」[30]という言い方をしている。

フロイトは、子供における「性的なこと」をめぐって、「エディプス・コンプレックス」がはたらく以前に、まず、次のような「性的なこと」がはたらく、ということを述べている。

子供は、生まれてから、1歳半ぐらいまで、指を口に咥えてしゃぶる。それは、そうすることによって、口、そして唇に「快(快感)」を感じるからである。1歳半から3歳(3歳半)ぐらいまで、排泄を喜ぶ。それは、排泄することに「快(快感)」を感じるからである。そして、3歳後半ぐらいには、「性的な」身体的部分に、そして、まさに「性器」に、段階を伴なう在り方で、興味を強く持つ時期がやって来る。やはり、そのことに「快(快感)」を感じるからである。このことまでのことを「第一次性徴」の時期と呼ぶことができる。

そして、フロイトが、「エディプス・コンプレックス」をめぐって言わんとしたことについて、次のことを述べておきたい。

「エディプス・コンプレックス」の「抑圧」は、「幼児期」における「性的なこと」に基づく一定の〝心的はたらき〟をめぐって起きた「抑圧」のことであり、3〜6歳の頃に起きることである。「エディプス」

とは、古代ギリシアにおいてアテナイで「ギリシア悲劇」の作者として活躍したソフォクレス（紀元前４９７〜４０６）の作品『オイディプス王』の主人公「オイディプス」のことであり、そのドイツ語での（さらには、英語での）表現である。『オイディプス王』には、次のことが描かれている。〝捨て子〟として育った「オイディプス」は、一定の経過の中で或る女性を気に入る。そして、結婚するが、実は、その女性は、実の母親であった。また、或る時、偶然、起きた路上でのいざこざで、実の父親とは知らずに、実の父親を殺してしまう。このストーリーをもとに、フロイトは、「オイディプス」、すなわち「エディプス」という表現を、〈異性の親に〝自らを結び付ける〟、しかし同性の親を、憎しみと愛において、強く気にかける〉という意味を込めて使うことに基づいて、次のことを述べる。

「幼児期」における子供において、そうした〈異性の親に〝自らを結び付ける〟、しかし、同性の親を、憎しみと愛において、強く気にかける〉という在り方を持った〝心的はたらき〟がはたらくが、そのことをめぐっては、やがて、その子供において、そうした事実上の〝三角関係〟から離れるべきこと、そして、自分が「親」と「子」ということの関係に基づいていることを踏まえるべきである、ということの自覚が起き、そして、さらに、そのようにして自分が「経験」した、そうした「事実」（の「記憶」）についての「複合観念（そして、複合感情）」の「抑圧」が、そうした「事実」（の「記憶」）それ自体の「抑圧」を伴なってはたらく、ということが起きる。この場合の、「抑圧」された「複合観念（そして、複合感情）」について、「エディプス・コンプレックス」という言い方ができる。[31]

そしてさらにフロイトは、それ以降のことについて次のように述べている。[32]

それ以後、やがて、様々な外的なこと、さらに言えば「文化的なこと」に対する興味が、そうした「性的なこと」をのり越えて、はたらくようになる時期がやって来る。「文化的なこと」が強くはたらく。そして、「文化的な成長」の時期が続くが、やがて、いわゆる「思春期[33]」において、「文化的な成長」がはたらきながらも、再び「性的なこと」が、一定の在り方でにせよ「他者愛」がはたらく、ということを伴なってはたらくようになる。この時期を「第二次性徴」の時期と呼ぶことができる。そして、以後「文化的な成長」と「性的なこと」の同時的な展開が、どのようにせよ「性的なこと」が基底にはたらき続ける、という在り方で生涯続く。

フロイトは、こうしたことにおいて、生命的エネルギー（言い換えれば「欲動」）が展開する中で、中心的に「性的なこと」がはたらく、ということを述べている。

第二節　「人間」における心的「構造」

次にフロイトの、「人間」における心的「構造」をめぐる主張について述べておきたい。

既に述べたように、フロイトは「人間」の心的「構造」について当初、「無意識」、「前意識」、「意識」ということの心的「構造」として述べていた。しかし、やがて、フロイトは、１９２３年（67歳）、論文『自我とエス[34]』において、「人間」の心的「構造」について、「エス」、「自我」、「超-自我」という三つの部分の心的「構造」ということとして述べる。

既に述べたように、フロイトは、生得的に（生まれつき）既にはたらいていることとして、生命的エネルギー、さらに言えば「欲動」をとらえていた。そしてフロイトは、生命的エネルギー（＝「欲動」）について、それは「無意識」においてはたらいているが、そうであるが故に、根本的には「それ」がとにかくはたらいている、という言い方しかできないとして、ドイツ語の「それ」を意味する es(Es)（カタカナ表記で言うならば「エス」）、またはラテン語で「それ」を意味する id (Id)（カタカナ表記で言うならば「イド」）という言い方をしている。(35) そして繰り返し述べたように、そのフロイトは、生命的エネルギー（＝「欲動」）、すなわち「エス」の中には、中心的なこととして、「性的なこと」がはたらいているととらえていた。そして、1923年のフロイトは、生命的エネルギー（＝「欲動」）、すなわち「エス」をめぐって、とりわけ左記のようなことを述べている。

「エス」は「快（快感）」を求めるという在り方を持つ。そのように、「快（快感）原則(36)」に基づく。そして、そのようにして「快（快感）原則」に基づいて「欲求」（さらに「欲望」）をはたらかせる、という在り方を持つ。

たとえば「乳児」において、空腹になれば、空腹を満たしたいという「欲求」がはたらき、満たされない場合、泣き叫ぶ。そうしたことは、「エス」のはたらきである。しかし、やがて乳児は、周りに誰かがいなくては、何ともならないことに気づく。後述するように、「現実原則（実世界原則）」がはたらき始める。しかし、空《から》のミルク瓶を眺める（「知覚」をする）ことによって、満腹の時の「記憶」をはたらかせたり、満腹の時のことについて「想像」するということも行なうようになる。そして、そうしたことにおいて「思考」がはたらくようになる。すなわち、単に「欲求」がはたらくということだけではない心的「機能」の「分化」・「発達」が起きる。すなわち、「知覚」、「記憶」、「想像」、「思考」といったことの、心的「機能」の「分化」・「発達」が起きる。こうしたことは、生後6カ月～8カ月の頃で始まり、2歳～3歳の頃において、かなり高度なまでに発達する。こうしたことについて、フロイトは、「環境」について踏まえながら、「知覚」、「記憶」、「想像」、「思考」などの心的「機能」が形成され、「自我」が形成されつつある、という言い方をしている。そして、こうしたことを、「自我」の「発生」としての、「自我」をめぐる「第一次過程」と呼んでいる。

　そして、フロイトは、次のようなことも述べている。

　こうした中で、「エス」に基づきながら、「記憶」そして「想像」といった「機能」を中心として、睡眠中に「夢」を見るということが、当たり前に起きるようになる。

　右記において、「自我」が「発生」する、ということとして、「環境」について「意識」しながら、「知覚」、「記憶」、「想像」、「思考」などの心的「機能」が形成される、ということを述べたが、フロイトはさらに、次のようなことを述べている。

　この時期において、「想像」ということは、とりわけ基本的にはたらくことの一つであるが、しかし、「想像」と「現実」との区別が、まだ不充分である。そして、やがてこの区別がはっきりとできるようになる。それは、「自我」が、まさに「発生」した、ということである。

　このような「発達」の展開の中で、こうした「自我」の「発生」の以前から始まって、一定の〝基底〟

として、既に述べた次のような「性的」在り方をも持ったことが展開する。もう一度述べておきたい。

子供は、生まれてから、1歳半ぐらいまで、指を口に咥えてしゃぶる。それは、そうすることによって、口、そして唇に「快(快感)」を感じるからである。1歳半から3歳(3歳半)ぐらいまで、排泄を喜ぶ。それは、排泄することに「快(快感)」を感じるからである。そして3歳後半ぐらいには、「性的な」身体的部分に、そして、まさに「性器」に、段階を伴なう在り方で、興味を強く持つ時期がやって来る。やはり、そのことに「快(快感)」を感じるからである。

このようにして、「性」をめぐる「快(快感)」に基づくことがはたらく。

第三節 「自我」について

フロイトは、「自我」の「発生」をめぐって、さらに左記のことを述べている。

「幼児」は、「環境」の中で、「環境」を踏まえ、「行為」として何かを探したり、「行為」として何かを実行するといったことを行なう(例、食べ物を探し、探し出して、手にして食べる)場合、それは、一定の「現実」に対応する、ということである。そうしたことについて、「現実原則(実世界原則)[37]」がはたらいている、という言い方ができる。

そして、「現実」への対応=「現実原則(実世界原則)」がはたらくということの根本は、「欲求」を抑えて(制御して)「待つ」ということを行なう、ということである。そうした「自覚的な」「抑制(制御)」がはたらくようになる、ということである。さらに言い換えれば、そのように「快（快感）の充足の延期」が「自覚的に」はたらくようになる、ということである。こうしたことにおいては、「想像」と「現実」との区別が、はっきりと行なわれている。

ここまでのことが、「自我」の「発生」としての、「自我」をめぐる「第一次過程」の展開と呼べることである。

そしてさらに、「言葉」で「他者」に「表現」し、「言葉」によって「他者」から「表現」されるということを、「現実」の中に生きていることに生かす、ということが行なわれる。すなわち、そのようにして、「言語」を使うということが、〝体系立って〟行なわれるようになる。そのようにして、はっきりと「他者」との「関係」がはたらく。

このことが、「自我」が「確立」した、ということである。このようにして、「自我」をめぐる「第二次過程」が起きる。そして、さらに、フロイトは、幼児の「自我」をめぐる「第二次過程」について、左記のようなことを述べる。

「自我」をめぐる「第二次過程」が基づくことは、次のことである。

「親」に対しての、性別を前提にした〝心的はたらき〟、具体的には、とりわけ異性の「親」に対しての〝心的はたらき〟が、特に異性の「親」と〝自分を結び付ける〟ということとしてはたらいていたが、そうしたことが〝通用しない〟ということが「意識」されるようになる。すなわち、次のことが「意識」される。

異性の親と〝自分を結び付ける〟ことをはたらかせても、その「親」と〝特別な〟関係を持つ、もう一方の「親」＝同性の「親」がいるのであって、三人の関係（事実上の〝三角関係〟）がはたらいてしまう。

この時、「幼児」には、次のような、言わば「判断」がはたらく。

そうしたことでは〝済まない〟。「親」と「子」ということの、言わば〝私情抜きの客観的な〟「関係」に基づく、ということを踏まえる必要がある。

そして、このことについて次のようなことを述べる必要がある。

そうした「判断」においては、〝内心においては〟同性の「親」への「疎ましい」という「感情」がはたらく。その「感情」は、敢えて言えば、「憎しみ」の「感情」としてはたらく。すなわち、「幼児」は、異性の「親」と〝自分を結び付ける〟ということを、もう一方の、同性の「親」に「妨げられた」という思いとそのことに伴なう「感情」を持つ。そして、強く「苦（苦痛）」を感じる。しかし、その一方で、同性の「親」が、自分が〝自分を結び付ける〟ということをはたらかせていた相手である、異性の「親」と〝特別な〟「関係」を持つ者であるが故に、同性の「親」を、「尊ぶ」という「感情」、さらには、同性の「親」に、自らを「同一化」するという「感情」もはたらく。そうしたこととして、もう一方においては、同性の「親」に対して、「愛」の「感情」がはたらく。このようにしてはたらく複雑な「観念」、そして、複雑な「感情」、すなわち、「憎しみ」と「愛」という二つのこと〔「両義性（Ambivalenz）」のこと〕という「複合観念（そして、複合感情）」が、前述の「エディプス・コンプレックス」である。既に述べたように、フロイトは、このことについての〔そして、このことをめぐる「事実」（の「記憶」）と併せた〕「抑圧」は、3～

6歳の頃に起きると述べている。

第四節　「超 - 自我」について

フロイトは、「超 - 自我」について左記のように述べている。

既に述べた3～6歳において起きる〈「エディプス・コンプレックス」について、そのことをめぐる「事実」(の「記憶」)と併せた「抑圧」を行なう、ということ〉は、"外から"強いられた「禁止」によることではなく、自らにおいてはたらいた、という在り方を持つ「抑圧」ということであり、そうした在り方を持つ最初の「抑圧」[38]である。そして、このことの「内在化」の過程において、「自我」の中に、「自我」への「制御」を行なうものとして「超 - 自我」[39]が形成される。

そして、こうして形成された「超 - 自我」には、「親」が、まさに「親」として"指し示した"ことが定着していく。そして、言わば"「人間」である、ということにおいて求められること"が定着していく。そして、そうしたことは、とりわけ、いわゆる「良心」という在り方を持つ。そして、とりわけ、次のことを述べる必要がある。

両親は、とりわけ「言語」によって述べる、という在り方において、まさに「両親の道徳的側面」を表現する。そうであるが故に、「超 - 自我」は、とりわけ「声に基づく記憶」(「聴覚的記憶」)、さらに言えば、そのようなこととしての「言語的記憶」と密接に結び付いて形成される。そして、「両親の道徳的側面の内在化」が、言わば「両親」への「同一化」として起きる。さらに言えば、そのことは、「現実」の「両親」をもとにした「理想化された両親」への「同一化」ということ、として行なわれる。そして、さらに「超-自我」は、教師や友人等々、多くの人々との関係の中で発達していく。そして、そうしたことによって、「社会」の中の「規範」が、「言語」に基づく、ということがはたらく中で、レヴェルも伴ないながら〝定着していく〟。

そしてフロイトはこうしたことについて、「超-自我」は、とりわけ「道徳上の審判の役割」を果たす、という言い方をした上で、左記のようなことを述べている。

(1)

「道徳的悪とされることとは何か、ということとの観念」をはたらかせる。このことが、既に述べた、「超-自我」が「良心」としての在り方を持つ、ということの一面である。そして、とりわけ「禁止」をする、という在り方を持つ。

そして、自らの「行為」をめぐって「自我」への「責め」を行なうことは、もちろんであるが、「思ったこと(思い)」をめぐっても「禁止」されるべきことである、さらには「罰せられる」べきことである、という「責め」をはたらかせる。

そして、そのように、「罪」意識(「罪責感」[40])をはたらかせる。

こうしたことは、「夢」においてもはたらく。「日常性」における「失錯行為」(「度忘れ」、「言い間違い」など)においてもはたらく。

そして、このことには、とりわけ「幼児期」以来の「叱られた」ということとの「事実」(の「記憶」)

がはたらいている。

(2)「道徳的善とされることは何か、ということの観念」をはたらかせる。そのことは、「理想的なものの代表」としての在り方を持つことをはたらかせる、ということである。言い換えれば、〈「自我理想[41]」と言うべきこと〉をはたらかせる、ということである。そして、そうしたことにおいては、「完全をめざして努力する、ということを、そうさせる」という在り方がはたらく。このことは、「超‐自我」が「良心」としての在り方を持つ、ということの、もう一面である。しかし、このことには「気負い」となる面もある。そのことは、「罪」意識(「罪責感」)もはたらかせる。

そして、このことには、とりわけ「幼児期」以来の「褒められた」ということの「事実」(の「記憶」)がはたらいている。

なお、「超‐自我」をめぐっては、次のようなことも述べる必要がある。

・「社会」(さらに、より身近なことで言えば、一定の「人間集団」)における「慣習」とも言えることも、ともすると、負の面を持つことも含んだ在り方で〝定着する〟。こうしたことからは、「超‐自我」は負の面をも持つ、ということの問題が問われる。

・一定の「人間集団」において、特定の人物などが持つ「思想」について共鳴して「同一化」を行なう、さらには、そうした特定の人物について「同一化」を行なうことが、「超‐自我」においいて共通に行なわれ、一定の「集団心理」がつくり出されることがある。こうしたことの〝現実〟についての、プラス・マイナス、すなわち、正負が、それぞれの場合について、問われる。

第三章　フロイトの最終的「思想」をめぐって

第一節　フロイトの「思想」の展開

ここまでで、次のことを述べた。

フロイトの「思想」の基盤が、「個人」の「無意識」に基づく、心的「構造」の解明である、ということにおいて、そのことが、とりわけ基本的に、どのような主張へと展開したのか？

それは、端的に言えば、一定の〝支柱〟として、当初以来の、「無意識」、「前意識」、「意識」ということの心的「構造」の主張をもとにしながらの、さらに1920年代における「自我」、「超‐自我」、「欲動」ということの心的「構造」の主張へ向かう展開であった。

実はこうした展開には、その過程において、フロイトもまた思い知らされた1914～1918年の「第一次世界大戦[42]」についての、言わば〝人類的経験〟を〝踏まえざるを得ない〟在り方で、踏まえたということが、はたらいている。そして、そのことは、フロイトにおいて、さらに、前述のような心的

「構造」についての主題化ということにとどまらない展開を生んだ。そして1930年(74歳)の著作『文化への不満㊸』において述べられるフロイトの最終的な主張をも生んだ。この第三章において、問題提起を含め、このことについて検討することにしたい。

1914~1918年の「第一次世界大戦」は、当時の世界の誰にとっても、どのようにせよ決定的な衝撃となった。フロイトにとっては、彼の「人間」論の「転回」をもたらした。

「第一次世界大戦」には、それまでの戦争に基本的にはたらいた、一定の「大義」のために戦うという一面は、極めて乏しかった。そして、高性能の重機関銃の使用、高性能の砲弾(榴《りゅう》弾など)や高性能の爆弾の、時に航空機を使うようにさえもなった大量の使用等々のことは、戦闘を行なう以前の大量死、しかも夥しい数の惨たらしい死をもたらした。それぞれの兵士たちの死は、多くの場合に、「人間」の死であるということによって個々に持つはずの、それぞれの「意味」を持つことさえできなかった。そして、戦死者は、約992万人、行方不明者は、約775万人であり、それらの総数は、約1767万人にものぼった。フロイトの妹ローザの一人息子もイタリア戦線で戦死した。

そして、凄惨を極めたことのさらなる一つは、「塹壕戦」と呼ばれる塹壕の中に籠りながらの一進一退の戦いであった。「第一次世界大戦」は、ヨーロッパ大陸においての地上戦がその中心であったが、「塹壕戦」は、とりわけ、フランスとドイツの国境に沿って、長大な規模で行なわれた。長期の塹壕の中での生活、そうした中での無意味に思える夥しい数の死、そして、そうしたことを背景とした、極度の緊張や不安や絶望といったことを「原因」とした「戦争神経症（戦争ノイローゼ）」と呼ばれた〈戦争病〉に、多くの兵士が罹った。それは、次のようなことを「症状」としていた。眩暈、息苦しさ、吐き気、極端な疲労感、脱力感、憂鬱、ヒステリー症状（身体の部分的麻痺、痙攣、震え、記憶喪失、難聴、失神、発声障害、会話障害、視野狭窄、等々）、絶望感、極度の「罪」意識（「罪責感」）など。

そして、フロイトは、「戦争」防止に向けて、まず「超‐自我」のはたらき、さらに言えば「超‐自我」を〈内なる〉背景とした「自我」のはたらきが求められる、ということを言わんとした。そして端的に、こうしたことの言い換えとして、まず「理性」のはたらきが求められる、ということを言わんとした。

しかしフロイトは、さらに踏み込んで、「超‐自我」のはたらきに伴なわれる「罪」意識（「罪責感」）をめぐっての、ややこしい脈絡をめぐる問題を解くことへと向かう。

ここでまず、次のことを述べておきたい。

「第一次世界大戦」におけることによって、フロイトの基本的な主張について、実は一方でそれが〈独特に〉証明される、ということ（左記の（1））が起きた。そしてもう一方で、フロイトの基本的な主張が、「転回」を求められるということ（左記の（2）、（3））が起きた。

（1）

「戦争ノイローゼ」と呼ばれる〈戦争病〉に夥しい数の兵士が罹ったことによって、「神経症」が

「心因」（一定の「事実」（の「記憶」）の「抑圧」）によって起きる、ということが実証された。すなわち、「神経症」（いわゆる「ノイローゼ」（いわゆる「ヒステリー」を含めて））は、決定的な背景として、つらい「事実」（の「記憶」）を、まったくの「原因」として起きる、ということが実証された。すなわち、「神経症」は、細菌[44]やウィルス[45]に基づくとか、身体器官の障害（特に、脳における障害）を含む「自然的素因」（「自然的原因」）に基づく、といった主張がまったく否定される、ということが起きた。

（2）当時はまだ、「ヒステリー」とされたことは、女性特有の「病気」である、というとらえ方が根強かったが、性別とは無関係に起きる、ということが、否定しようがない在り方で証明された。

（3）「戦争」という極限において、「性的なこと」にかかわりなく、夥しい数の「神経症」が起きた。すなわち、「人間」についてのことは、結局は「性的なこと」がかかわる、という主張だけでは済まない、ということが明らかになった。このことは、フロイトにとっては、自らの「思想」の基盤としての、それまでの「欲動」についての主張に、決定的に「転回」が必要である、ということを突き付けられる、ということであった。

さらに、次のことを述べる必要がある。

フロイトはそれまで、自らの「思想」の一面に、実は基本的に前提としてはたらいていた「理性」（「超自我」を背景とした〝「自我」の正常なはたらき〟への「信頼」ということの思いについて、安易さを思い知った。そして「人間」には、なぜ想像しようもない「残虐性」が隠れているのか、という問いを、問わざるを得ない問いとして問う、ということを始めた。

「戦争ノイローゼ」ということをどのようにとらえるか？　そのことをめぐってフロイトは戦中・戦後、考え続け、悩み続けた。結局、フロイトは、極めて思い切った主張であるが次のことを述べた。

「人間」は、もともと、〝自己破壊（自壊）〟へ向かう「欲動」（「死への欲動」）をも持つ。そして、そうした〝自己〟への「攻撃欲動」は、ともすると「他者」への「攻撃欲動」としてもはたらく。

そして、フロイトは、１９２０年（64歳）に出版した『快（快楽）[46]原則の彼岸』[47]において述べていた「死への欲動」をめぐる主張を踏まえて、次のようなことを述べるようになる。

ごく普通の人においても、戦場の現場においては、本人自身すら想像を絶する「残虐性」が自らの奥底からはたらく。そのことが、殺し合う、ということにおいてはたらいた。そうしたことについて、「攻撃欲動」がはたらくという言い方ができる。そうしたことにおいて、「人間」には、もともと「攻撃欲動」と言うべきことがはたらいていると述べる必要がある。「攻撃欲動」は、自分自身へと向かっている場合、〝自己破壊（自壊）〟をはたらかせる。そして、「他者」へと向かう場合、それは、場合によっては、「他者」を壊し切るということとしての〝殺す〟ということを行なう「残虐性」をはたらかせる。

そして、フロイトは、こうしたこととしての「攻撃欲動」について、「死への欲動」[48]（さらに、ギリシア語を使って、タナトス（Thanatos）」と呼んだ。そして、この1920年における主張のそれ以降、フロイトは、従来において述べて来た〝生命的エネルギー〟については「生への欲動」(49)（さらに、ギリシア語を使って、エロース（Erōs）」と呼ぶことによって、「死への欲動（タナトス）」と対比して述べるようになる。なお、こうした独特な用語についいては、後述において繰り返し確認することにしたい。

こうしてフロイトは、新たな主張として、「人間」は、「生への欲動（エロース）」と、「死への欲動（タナトス）」（言い換えれば、「攻撃欲動」）という、二つの「欲動」を持つ、ということを述べる。

そして、フロイトは、こうした主張に基づいてこそ、さらに自らの主張を展開させる。

第二節　或る「宗教的」立場への批判

フロイトの最終的な主張がまとめられていると言われる著作が、1930年（74歳）の著作『文化への不満』である。フロイトは、その中で、自らのそれまでの主張をとらえ返しつつ、自らの「思想」を展開させ、新たな主張を行なっている。

フロイトはまず冒頭において、議論の切り口として、ロマン・ロラン(50)（1866～1944）が、「宗教」をめぐって、究極的な「宗教的感情」は、無限なものへの「自我」の一体感としての「大洋性」（〝宇宙性〟）においてはたらく、と述べたことに対して、そうした〝きれいごと〟では〝済まない〟ということを述べている。

フロイトは、左記のことを述べている。

「大洋性」（〝宇宙性〟）についての「感情」ということを述べる、ということをめぐっては、そうしたことの「感情」について述べたくなる、ということの背景が問われる。そのようにせよ、「人間」にはたらく心的「構造」が問われる。そして、「自我」について述べようとするならば、「自我」の「発生」ということから、述べる必要がある。そして、次のようなことを述べる必要がある。

「乳児」には、まだ「自我」と「外界」の区別はない。しかし空腹の時に泣き、誰もいないので、泣きやみ、しばらく待ってその後、親が気づき、やって来て、やっと空腹を満たせた、というような経験をした時、そのことは「快（快感）原則」だけに基づく状態に「現実原則（実世界原則）」に基づく状態が加わりつつある、ということである。そうしたことにおいては、自分に〝対立するもの〟としての「客体」としての「現実」ということの「思い」が生まれつつある。そしてそのように「客体」との対立が起きることの中で、「自我」の「発生」が起きる。(51) しかし次のようなことも、一定の在り方で述べる必要がある。「現実原則（実世界原則）」がはたらく、ということにおいても、思い通りにならない〝外界〟をめぐる「不快」といったことを避けようとするということにおいては、やはり、「快（快感）原則」がはたらいている。

そして、それ以後、「自我」と「客体」の分離（分化）は進んでいく。確かに、「原初的には」〝未分化〟である状態がはたらいていたとは言える。そうしたことをめぐって、ロランが言うような「大洋性」（〝宇宙性〟）がはたらいている、ということを言いたくなるかもしれない。確かに〝重要な事柄〟について着眼していると言える。確かに、一方で、それぞれの「個人」において、そうした「原初的」〝未分化〟としての「発生的」「過去」が、どのように〝始まり〟、そして、その後、どのような在り方を持つのか、ということは、問うべきことである。しかし、「原初的」〝未分化〟からは、心的「構造」がはたらき始め、そして、心的「構造」が、まさにはたらく。「原初的」〝未分化〟といったことを、そのことだけで述べることできない。

そして、フロイトは比喩として、たとえば古代ローマが、その後の「西洋」にはたらき続けた、ということを述べた上で次のように述べている。

> 建設された「痕跡」、そして、その後のそのことの在り方が、問われる。(52) どのようにせよ「具体的な過去がはたらく」。そのことに「例外はない(53)」。

そして、フロイトは、究極的「宗教的感情」が「大洋性」(〝宇宙性〟)についての「感情」である、というようなことが主張されることについて、「大洋性」(〝宇宙性〟)だけについての「感情」という「ナルシシズム(54)」の無限な展開というようにも言わざるを得ないことに〝立ち止まる〟ことはできない、と述べ、さらに次のように述べている。

「欲動」のはたらき、「自我」の「発生」、「自我」の「確立」、「超 - 自我」の「形成」ということに、どれほど、「他者」との「関係」にかかわることがはたらくのか、ということを踏まえるならば、「宗教」をめぐって、まず、「人格神」タイプの「宗教」が問われる。そして、実は、さらに、心的「構造」がはたらかせる〝からくり〟の解明は、「人格神」タイプの「宗教」の〝無理〟をも明らかにする。

第三節　「欲動」の「昇華」としての「文化」

フロイトは、「人間」の基本的な在り方をめぐって左記のことを述べている。「人間」は、「人生」の「目的」を設定する（あるいは、少なくとも、設定しようとする）。そして、そのことに基づいて生きる。「人生」の「目的」を設定する（少なくとも、設定しようとする）ことは、結局は、「快」（さらには「幸福」の感情）を求める「原則」＝「快（快感）原則」に基づいている。しかし、外的な「現実」、内的な「現実」という二つのこととの対立がはたらく中で、そうした「目的」が実現するということが、実現し切ったと言い切れるようになることはない。仮に、「目的」が一定の在り方で実現したと思える場合であっても、実現してみると、達成感は持続せず、実現したことを否定するような様々な「現実」がその後に続く。そして、そうしたこととして、様々に「現実原則（実世界原則）」がはたらく。

そして、次のことを述べる必要がある。

根本的な在り方で、「生命的エネルギー」（「欲動」）がはたらいている。「欲動」は、絶えず「快」（さらには「幸福」の感情）を求める、という在り方ではたらく。しかし、充足しないという場合においては、もちろん、様々に「苦（苦痛）」を感じるという在り方ではたらく。「欲動」は、もともとは「不定形」である。しかし、何か「文化的なこと」（たとえば、「学問」、「芸術」、「スポーツ」など）の「目的」を立てることによって、そうしたこととしての「目的」へと向かうという在り方を持つ。そして、そうした「目的」を、どのようにせよ、実現することによって、「欲動」をそうした一定の在り方で充足させることができる。ただし、そうした「欲動」の充足は、そのように「欲動」の在り方を「ずらす[55]」ことである。しかし、そのことは、「欲動」を「昇華[56]」させたという言い方もできる。

　次のようなことも述べることができる。

　それぞれの「個人」は、様々な分野の「美しい」ものを求める。すなわち、狭義の「芸術」においても、もちろんそうであるが、もっと身近なことで言えば、たとえば「身体」、「服装」、「景色」等々において「美しい」ものを求める。そうした「美しい」ものを求めるということも、「快」(さらには「幸福」の「感情」)を感じながら、「欲動」を「昇華」させているという言い方ができる[57]。

　しかし、「欲動」の「昇華」について、次のようなことも述べる必要がある。

　「欲動」の「昇華」には、それがどのように「文化の享受」というとらえ方をされようとも、どのようにせよ「幻想」に基づく「生きる上での慰め」ということが伴なわれている[58]。そして、そうしたことにおいて、それぞれの「個人」には、どのような一面においてにせよ「妄想症[59]患者(パラノイア)」としての在り方がはたらく。しかし、それは、やむを得ない「現実」である。

　そして、次のようなことも述べる必要がある。

　〝人を愛する〟ということについては、どのようなことを述べることができるか？　〝人を愛する〟ということには、とりわけ大きな「快」(さらには「幸福」の感情)を感じる、ということとして、とりわけ「欲動」の「昇華」がはたらくと言える。しかし、〝人を愛する〟ということは、一旦は行なえても、ともすると持続できない。そして、とりわけ、愛する相手が、不在となった場合、

「苦」(さらには「不幸」の感情)を持ち、「欲動」の「昇華」は、どのようにせよ、はたらき難い。

それぞれの「個人」は、ともすると様々な破綻に陥る。そして「欲動」の「昇華」の破綻も起きる。

そして「神経症」が発症する。そうしたことにおいて、「神経症」は、どのようにせよ、そうした破綻の、一定の「代償」(=はけ口)として起きる。


そして、次のことを述べる必要がある。

「欲動」は、その一面として「文化」への「昇華」が求められる。しかし、「文化」への「昇華」には限界もある。そして、「欲動」について、その裏面への問いが求められる。「生への欲動」、そして、さらに「死への欲動」(=「攻撃欲動」)という二つの「欲動」において、そのことが問われる。

第四節　「文化」への問い　その1

フロイトは、右記のことを踏まえて、「文化」をめぐって、とりわけ「宗教」について、左記のことを述べている。

「神経症」となる前に、自分が被っている「苦」(さらには「不幸」の感情)を試練としての「神の意志」である、というとらえ方をし、そのことを思い込むことによって、その思い込みを究極的な「慰め」とし、「神経症」が避けられることもある。しかし、そうしたことは、「幻想」による対応であるとも言わざるを得ない。


また、「宗教」は、その「宗教」を信じる者に、そうした「宗教」という一定の「文化」の「強制」を、自らに対してはたらかせている〟という面も持つ。言い方を換えて言えば、自ら「信じる」ということが、その「信じる」ことの〝強い思い〟によって自らに対して「強制」をはたらかせてしまっている、ということがはたらく。そのことは、「欲動」、そして、そのことに基づく様々な「欲求」（さらには「欲望」）に、様々に「断念」を強いているということでもある。実は、そうしたことによっても、「神経症」が起きる。そして、さらに言えば、そうした、「宗教」をめぐることに限らず、一定の「文化」は、ここで述べたような「強制」をはたらかせてしまっているという面を、ともすると持つ。そして、ともすると「神経症」を惹き起こす。

たとえば、「美」、「清潔さ（清らかさ）」、「秩序」等々といったことが、様々に言い換えられながら、「文化」として求められる。そうしたことは、当然とも言える。しかし、そのことが、〝表層的な〟在り方でなされる場合、そうした「文化」は、やはり、〝独特に〟「強制」をはたらかせる。そして、しばしば「神経症」を起こす。

そして、たとえば次のようなことをも述べる必要がある。

「科学」とそのことに基づく「技術」の展開は、「自然」への支配を著しい在り方で進めている。しかし、そうした考え方が〝すべてである〟と〝思い込む〟場合、やはり「強制」をはたらかせる。そして、ともすると〝独特に〟「神経症」を惹き起こす。

こうして、「文化」は、プラス面とマイナス面、すなわち、正負の「両義性」[60]においてはたらく。そして、たとえば、「規範」ということをめぐっては、次のようなことも、述べる必要がある。[61]

一定の「理念」としてとらえられている場合の「正義」と言われること、さらには、そうしたことに結び付けてとらえられた「善」と言われることにはたらく、決定的な面は、その表面《おもて》のすばらしさの一方において、裏面において、それぞれの「個人」において「欲動」へと「強制」をはたらかせる、ということ、である。(62)

しかし、「人間」には、次のように、独特な在り方で「自由」を求める、ということがはたらく。「文化より前のことが、どのようにせよ、はたらくということとしての自由」を求める。(63)そうした独特な「自由」は、一定の「理念」としてとらえられている場合の「正義」と言われること、さらには、そのことに結び付けられてとらえられた場合の「善」がはたらく、ということが、表面《おもて》の一方において、裏面として、それらのことが、どのようにせよ「強制」→「抑圧」ということの一面を伴なってしまうことに対して、表面《おもて》だけでは収まらない裏面について踏まえる、ということとしての「自由」である。(64)このことは、そのようなこととして、端的に、「欲動」にとっての「自由」ということとしての「自由」である。

こうしたことがはたらく、ということをめぐっては、「精神分析」は、そうしたことをめぐって「文化」を問い、そのことに基づいて、新たな「文化」を展望する。なぜならば、「精神分析」は、「人間」ということについて「発生」、「確立」などをめぐって「欲動」の展開ということから「文化」について述べることができるからである。たとえば、次のようなことを述べることができる。

「幼児」は、一定の時期、「排泄」に強い興味を持つ。そして「幼児」は、そのことについて

「親」から叱責を受ける。そのことは「欲動」の一部が、「醜」をきらい「美」を求める在り方、さらに「清潔さ（清らかさ）」を求める在り方、さらには「秩序」を求める在り方、ということとして、「人間」としての「性格的特徴」をつくり出す、ということをもたらす[65]。しかし、そうしたことを表《おも》面として、裏面として場合によっては、「美」、「清潔さ（清らかさ）」、「秩序」といった「文化」には収まらないことを求める、ということとしての「自由」を求める、ということもはたらく。そのようにして、「人間」には裏面がはたらいている。そうしたことについて、「精神分析」は問うことができる。

第五節　「文化」への問い　その2

フロイトは、新たな「文化」ということをめぐって、左記のような、二つのことを述べている。

【1】

「欲動の配分」（「欲動のエコノミー」）ということのはたらきが求められる。

まず、「欲動」の「昇華」が求められる。そうしたこととしての「文化」が求められる。

しかし、そのことの〝はたらかせ過ぎ〟において、ともすると、「強制」がはたらき、さらに言えば「抑圧」がはたらく。そのことによって、「代償」（＝〝はけ口〟）として「神経症」の発症が起きる。すなわち、「文化」においては、「欲動」への「強制」は、実は、多く行なわれるが、そうしたことに対して、「代償」（＝〝はけ口〟）として「神経症」が、ともすると発症する。

　そうしたことも「欲動」にははたらき続けている。こうしたことを踏まえるということにおいて、

新たな「文化」が求められる。

【2】

「共同体」についての問いが求められる。

(1)「人間」は、日常生活の中で、作業(労働)をめぐってともすると協力を受けることを求めざるを得ない。そうしたことは、**「共同体」が形成される**ということの、原初的な基盤である。

(2)「人間」は、さらに、一定の相手へと向かう「性愛的(エロース的)」一面を持つ。そうしたことも、**「共同体」が形成される**ということの、原初的な基盤となる。

(3) 唐突に思えるかもしれないが、「共同体」をめぐる問いとして、次のようなことも述べる必要がある。

父親の在り方が恣意的に思えた時、子供たちが連合して反抗することがある。そうしたことを内容とする逸話が、太古より語り継がれている。そうした逸話は、そのような在り方での〝展開〟が、むしろ、一定の「秩序」をつくり出す、ということを言わんとしている。そして、そうした〝展開〟においては、そのように、もともと、一定の支配的存在がいて、その存在に対して反抗が起きたという**「事実」を「意味」とした「記号」**化が起きる。その場合の、「記号」は、**起きた「事実」を〈重みを持った在り方で踏まえ続け、軽々しく繰り返すな〉という「禁止」をはたらかせる、**という在り方を持つ。そうした「禁止」は、**「タブー」**[66] と言われることである。そして、「タブー」は、**原初的な「法」**と言えることである。そして、原初的な「法」がはたらくということは、「共同体」が形成される、ということの、原初的な基盤である。

これらのことも、実は、一方において、「欲動」への「強制」・「抑圧」として「文化」が形成される、ということの、一定の在り方を明らかにしている。そして、こうしたことをめぐっても、「強制」・「抑圧」の「代償」(=〝はけ口〟)(さらに言えば、「神経症」)へと対応するという在り方を持った、新たな「文化」を、どのように展望するかが、問われる。

(3)のことをめぐっては、とりわけ、次のように述べることができる。

「過去」の重い「事実」のとらえ返しによって、「共同体」としての結束、そして「共同体」を担うことがはたらく。その一方で、そうしたことを〝支える〟者たちの「欲動」への「強制」・「抑圧」が、不可避の在り方ではたらく。そして、そうしたことに伴なわれる「強制」・「抑圧」の「代償」(=〝はけ口〟)(さらに言えば、「神経症」)に対応する、という在り方を持った、新たな「文化」が求められる。

第六節　「文化」をめぐる「構造的」問題

フロイトは、「文化」をめぐって、さらに次のようなことを述べている。

前述において、「人間」が「性愛的(エロース的)」一面を持つことが、主題的なことの一つであることについて述べた。そのことをめぐって、さらに次のようなことを述べることができる。「性愛的(エロース的)」愛(端的に言えば、「性的」愛)は〝強い〟充足感を生む。そして「快感」、さらに言えば「快」(さらには「幸福」の感情)を生む。しかし、「性的」愛は、外的に「相手」に基づく。

そうであるが故に、「相手」の不在（「相手」がいない・「相手」を失っている）という場合、強い在り方で「苦痛」、言い換えれば「苦」（さらには「不幸」の感情）が起きる。こうしたことからは、そもそも「性的」愛ということから、それ自体として、離れようとするということも起きる。そして、ややこしいが、次のようなことも場合によっては起きる。

「愛」は相互的なことであるが故に「愛される」ことを伴なうが、**「愛される」ことを、〝「愛する」ことがすべてである〟という思い（「思想」）へと「ずらす」。そしてさらには、〝すべての人を心において愛する〟という思い（「思想」）へと「ずらす」。すなわち、「普遍的」「愛」の「思想」へと「ずらす」。**

このような場合、「愛されない」ということをめぐって起きる「苦痛」、言い換えれば「苦」（さらには「不幸」の感情）、そして、そもそも「性」ということをめぐって、ともすると起きる「苦痛」、言い換えれば「苦」（さらには「不幸」の感情）といったことを、一定の在り方で避けることができる。そして、「普遍的」「愛」の「思想」に基づく一定の充足が起きる。**しかし、「普遍的」であるようでいて〝からくりを伴なった〟強い「思い込み」がはたらいている、という問題について述べる必要がある。**[67]

そして、さらにややこしい言い方になるが、左記のような議論をも行なう必要がある。

（1）

「性的」愛という「愛」は、「夫婦」が前提とし、「家族」ということの前提ともなる、という決定的な在り方を持つ。しかし、「性的なこと」がはたらかない「愛」もある。その一つは、兄弟姉妹における「愛」であるが、さらに、より「排他性」が少ない「愛」として「友愛」がある。「友愛」は、「性愛」を伴なうという制約がなく、しかも、「排他性」がはたらいてしまうといった問題が起きることは、基本的には少ない。そして、「文化」においては、際立って生かされる「愛」であるとも言える。しかし、「友愛」は、場合によっては、やはり、そのことをめぐっての「思い込み」がはたらく。そうしたことを背景とした「思想」が形成され、むしろ、それを、自らへの「強制」という在り方ではたらかせ、「抑圧」をはたらかせてしまうということがある。そして、そのような場合、どのようにせよ、やはり、「強制」・「抑圧」に対して、「代償」(=〝はけ口〟)(さらに言えば、「神経症」)がはたらく。[68] そうしたことの問題を踏まえることが求められる。

(2)

「家族」と「社会」ということをめぐって、次のようなことを述べる必要がある。

「家族」は、「社会」(ともすると、言わば、〝強く〟「文化」としての在り方を持つものとしての「共同体」)と〝一線を画する〟ようにはたらくこともある。その場合には、「社会」(ともすると、〝強く〟「文化」としての在り方を持つものとしての「共同体」)が、「家族」をマイナスなこととして扱う、ということがはたらく。そして、「家族」の淵源である性的「愛」(さらに言えば、端的に「性」)を、マイナスなこととしてとらえることもはたらく。さらに言えば、場合によっては、「社会」を背景とした「文化」が、性的「愛」(端的に、「性」)を、マイナスなこととしてとらえることも起きる。そうであるが故に、こうしたことにおいては、「文化」は、性的「愛」(端的に、「性」)に対して、

「強制」・「抑圧」をはたらかせる。そして、次のようなことを述べる必要がある。

「文化」の展開は、ともすると、実は、「欲動」を踏まえないという一面性において、「強制」・「抑圧」をはたらかせながら展開している。[69] そして、「強制」・「抑圧」に対しては、「代償」(＝〝はけ口〟)(さらに言えば、「神経症」)がはたらく。そうしたことの問題を踏まえることが求められる。

第七節　「攻撃欲動」への問い　その1

フロイトは「文化」をめぐって、さらに左記のようなことを述べている。

「文化」が、人々の〝結び付き〟に基づき、人々においてはたらく、ということにおいて、そもそも人々の〝結び付き〟は、どのようにつくられるのか？　たとえば、既に述べたような「友愛」ということがはたらく、ということに基づく、ということを述べることができる。そして、そのことは、既に述べたように、「性」がかかわることとしての「欲動」とは区別される、という在り方を特徴としている。

それでは、西洋において、「キリスト教」において言われて来た次の主張をどのようにとらえるか？

「隣人[70](他者)を自分のように愛しなさい。[71]」

この「命令」の「命題」は様々に解釈されて来た。そして、それぞれの解釈なりに、この主張は生かされて来た。しかし、実は、次のことを述べる必要がある。

この「命題」は「啓示」とされることでもあるが、この「命題」を、現実において〝実践し切る〟ということはあり得ない。すなわち、この「命題」は、そのようにして〝実践し切る〟ということはあり得ないこととして「理想命令[72]」という在り方を持ってしまっている。そして、実は、この「命題」よりも、さらに強い「命令」である、次のような「命令」もされて来た。

「あなたの敵を愛しなさい。[73]」

やはり、まさに「理想命令」としての在り方を持ってしまっている。

次のことを述べる必要がある。

こうした「命令」としての「命題」が述べられて来たにもかかわらず、こうした「命題」と、まったく逆の現実が夥しく起きて来た。こうしたことをめぐって、「人間」ということについて、その裏面が問われる。

そして、フロイトは、次のことを述べている。

「人間には、攻撃欲動もはたらく。そのことは、表面《おもて》の背後、すなわち裏面において、はたらく一定の現実である[74]」「(歴史上の数々の事実)そして、最近の『世界大戦』(フロイトの当時における『第一次世界大戦[75]』)において行なわれた夥しい数の忌まわしい事実をとらえ返すならば、そのように述べる必要がある。」

そして、このことは、「文化にとっても重大な負担となっている[76]」。そして「攻撃欲動がはたらくことを阻止するような、何か心的な抵抗がはたらかないと、ごく自然に、攻撃欲動は解放される。」

そのことに基づく「現実」が起きることについての予感がはたらく。そして、次のようなことが言われて来た。(77)

「文化」による強い「制御」が求められる。

そして、結局は、やはり「隣人(他者)を自分のように愛しなさい。」といった「理想命令」と似かよった主張を行なうことが、繰り返されて来た。

そうした「文化」について軽々しく批判することはできない。(78) しかし、次のことを述べる必要がある。

「攻撃欲動ということが、人間の本性に伴なわれているとも言わざるを得ない。」そのことが、どのようなことなのか、踏み込んで踏まえた上で、そうしたことに対応する必要がある。

そして、次のようなこともまた、問われる。

人々が「友愛」ということによって結び付く場合でさえ、実は、ともすると、そのことによって結び付いた「人々」の外部に、共通に「攻撃欲動」の対象をつくり出し、「攻撃」を行なう、ということがある。

その場合、そのような在り方で、自分たち以外の「他者」に対して相対《あい》するという在り方で、自分たちにおいて「ナルシシズムの愛としての自ら(自分たち)への愛」がはたらいている。

そして、逆説的ではあるが、「理想命令」とされることを、「攻撃欲動」を背景した在り方ではたらかせてしまうことさえある。

そして、フロイトは左記のように述べる。

あらためて基本的なことを確認し、展望を持つ必要がある。基本的なこととは、まず次のことである。

「生への欲動」をそのままはたらかせるならば「快」(さらには「幸福」の感情)は得られる。しかし、単純に貫くことはできない。「原始社会」においては、一定の「欲動」をそのままはたらかせることができた、ということからすれば、「快」(さらには「幸福」の感情)は強くはたらいたとも言える。しかし、「家長」に「権力」が集まる中で、その「恣意性」に「家族」の他のメンバーは苦しめられる、ということも起きた。そうであるが故に、「権力」の「恣意性」に対応する「規範」は不可欠であり、そうしたことに始まり、そのことに基づく「文化」は、不可欠である。しかし、「文化」が「共同体」(さらに言えば、「社会」)をひたすら主題化するということだけでは、一面的である。そして、「文化」の展開が「欲動」のはたらきについて、見失う時、どのようにせよ、そうしたことをめぐる「強制」・「抑圧」をはたらかせる、ということが起きる。(79) そうであるが故に、「欲動」について踏み込んで踏まえる必要がある。(80)

「欲動」こそは、一定の主題であると述べることができる。

第八節　フロイトにおける「欲動」をめぐる立場の変遷

フロイトはこのように議論を進めることにおいて、その上で自らが展開させて来た「精神分析」

において、自らがどのように、とりわけ「欲動」についてその主張を変遷させて来たのか、ということをめぐって、特に3段階に分けて述べている。既に述べたが、あらためて踏み込んで述べておきたい。

▼第1段階(1900年代)

「個人」には、次の二つの「欲動」がはたらく。①「自己保存欲動」(＝「自我欲動」)、②「対象(他者)へと向かう欲動」(＝「対象欲動」(「他者欲動」))。[81]

このような主張を行なっていた時に、問題となったことは、「サディズム[82](攻撃愛)」であった。「対象欲動」(「他者欲動」)に属するが、その基本的な在り方において「自我欲動」でもある。

▼第2段階(1910年代)

次のことが問題になった。

「自我欲動」は「対象欲動」(「他者欲動」)を「抑圧」する。そのように、両者は対立する。しかし、「対象欲動」(「他者欲動」)には、「ナルシシズム[83](自己愛)」も含まれる。「ナルシシズム(自己愛)」は、「愛」である以上、「対象欲動」(「他者欲動」)に属するが、結局は、「自我欲動」という在り方を持つ。[84]

そして、このような主張に至った段階で、次のような立場に行き着いた。[85]

「自我欲動」と「対象欲動」(「他者欲動」)を分けてとらえることはできない。一つの「欲動」としてとらえる必要がある。

▼第3段階(1920年代以降)

1914～1918年の「第一次世界大戦」の現実をまったく踏まえざるを得ないとして、フロイトは、1920年の『快(快感)原則の彼岸』以降において、左記のことを主張した。

「人間」は、「生物」として、自らが、そこから「発生」した「無生物」(「無機的なもの」)をも、「無意識」においてとらえ返す。そのことに「原初性」をもとらえる。「生物」は、結局は「無生物」(「無機的なもの」)に戻るが、実は、そのことをめぐっての、原初的「欲動」がはたらいている。それは、「死への欲動」である。このことが、〝自己破壊(自壊)〟への「欲動」であり、自己への「攻撃欲動」として、原初の「攻撃欲動」であり、ともすると「他者」への「攻撃欲動」へと転じる。今まで述べて来た「欲動」を、ギリシア語で「エロース(Erōs)」と呼ぶとするならば、「死への欲動」は、ギリシア語で「タナトス(Thanatos)」である。[86] そして、次のことを述べることができる。

①「死への欲動」は、その「個人」において、自らが生きることについて、軽々しい扱いをさせる。そのようにして、〝自己破壊〟の「欲動」としての在り方を持つ。

②「死への欲動」の「破壊する」という在り方は、「他者」に対しての「攻撃欲動」としてもはたらく。(さらに、「他者」に限らず、ともすると、他の「生物」や、さらには、「無生物」も「破壊する」ような「攻撃欲動」としてはたらく。)「攻撃欲動」は、ともすると「残虐性」としての在り方を持つ。

③「他者」へと向かう「攻撃欲動」を「抑圧」すると、「攻撃欲動」は、あらためて〝自己〟へと

向かう。

④「死への欲動」は、現実の中では、ともすると、通常の「欲動」(「生への欲動」)と混じり合う在り方を持ち、「様々な割合で混じり合ってはたらく[87]」。たとえば、極端な例になるが、次のようなことを述べることができる。

「マゾヒズム[88](被虐愛)」(いわゆる「マゾ」)は、「死への欲動」を背景とした〝自己〟へと向かう「攻撃欲動」に、どのようにせよ「他者」への「愛」が結び付いたものである。

「サディズム(加虐愛)」(いわゆる「サド」)は、「死への欲動」を背景とした「他者」に対しての「攻撃欲動」に、どのようにせよ「他者」への「愛」が結び付いたものである。

⑤「死への欲動」は、それが持つ「破壊する」という在り方が「他者」に対しての「攻撃欲動」としてはたらいてしまっていて、さらに、そのことが「ナルシシズム(自己愛)」と単純に結び付いた場合、一方的な在り方で、強く「残虐性」を持ってはたらく。

そしてフロイトは、自らが到達した第3段階における主張をもとに、次のことを述べている[89]。

「新たな文化には、とりわけ、攻撃欲動に対応する(そして、対処する)、という在り方がはたらく必要がある。」

第九節 「攻撃欲動」への問い その2

フロイトは、さらに、左記のことを述べている。

あらためて、それぞれの「個人」にはたらく「攻撃欲動」が問われる。そして、「攻撃欲動」をめぐって、踏み込んでさらに次のことを述べる必要がある[90]。

「攻撃欲動」が自分の内面に向かってはたらく場合、それは、自分の「自我」に向かってはたらく、ということである。そして、その場合、「攻撃欲動」は実は、「自我」の上位にはたらく「自我」、すなわち「超‐自我」(＝「良心」)を後押しする。そして、その場合、「攻撃欲動」は**「自己懲罰(自罰)の欲求」**としてはたらく。それは、強くどのようにせよ**「罪」**意識(**「罪責感」**)がはたらく、ということである。

「超‐自我」は、「攻撃欲動」に後押しされて、何について「自己懲罰(自罰)」をはたらかせるのか? それは、基本的には、「他者」との「関係」をめぐる問題についてである。

そして、そのことにおいて、問題となっている「他者」が何らかの「権威」を持ち、そして、その「権威」のはたらき方が強ければ強いほど、「自我」に対して、強く「自己懲罰(自罰)の欲求」がはたらく。

そして、そうした「権威」が、「超‐自我」に「内化」されるならば、そのことによって、「罪」意識(「罪責感」)は、自らにおいて内的在り方ではたらく。

そして、この場合の「権威」が、宗教的「権威」(または、「宗教的」在り方を持った「権威」)である場合には、「罪」意識(「罪責感」)は、とりわけ強くはたらく。そして、その場合、「超‐自我」と「自我」との間には隔絶するような溝がはたらきながら「自我」を問う、ということが起きる。

そして、フロイトは、さらに、あらためて「幼児期」をめぐって、次のことを述べている。

「母親」と自分が結び付いているとしていた「幼児」が「父親」を踏まえることによって「母親」との接し方を変えた時、そうしたことが、まさに「苦痛」(「苦」)としてはたらく中で、その「幼児」には、「自己懲罰(自罰)の欲求」がはたらく。[91] そして、「罪」意識(「罪責感」)がはたらく。そして、そのことにおいては、実は、「父親」という「権威」の「超-自我」への「内面化」が起きている。

そして、フロイトは、一見、飛躍した議論ではあるが、次のようなことを述べている。

「ユダヤ教」においては、「一神教」として、言うまでもなく、「神」は、圧倒的な「権威」である。そして、そうした「神」を「超-自我」に「内面化」する、ということが行なわれ、実は、「神」を、まったく圧倒的な在り方を持った「父親」のようにとらえるということが、はたらいている。

そして、フロイトは、このことにも関連させながら、左記のことを述べている。

「罪」意識(「罪責感」)は、まず自らを問う「権威」を踏まえることによってはたらく。そして、次に、そうした「権威」を「内面化」した「超-自我」を踏まえることによってはたらく。しかし、実は、「超-自我」がどんなに厳格にはたらいても、それは、「内面」におけることであるが故に、外的「権威」によって問われるほどの強さではたらくという訳ではない。しかし、そうしたことの負い目を埋め合わせるようにして、「超-自我」はますます厳格にはたらく。しかし、そのことは、そもそも「構造的に」限界がある中で、ひたすら厳格であることがはたらく、という在り方も持ってしまう。そして、ひたすら持続的に、どのようにせよ「罪」意識(「罪責感」)がはたらき続ける。

そして、次のようなことを述べる必要がある。

そうしたことにおいては、「生への欲動」としての「欲動」の〝前向きさ〟への「強制」・「抑圧」がはたらく。

そしてフロイトは、さらに左記のようなことを述べている。

「幼児」が、「エディプス・コンプレックス」を「抑圧」する時、「父親」を外的「権威」として〝踏まえる〟ということによって、そうした外的「権威」は、「超‐自我」に「内面化」される。このことをめぐって、さらに、次のようなことを述べることができる。

(1)
「幼児」が、「母親」と〝自分が結び付いている〟ということを、「父親」を〝踏まえる〟ということによって放棄した時、「幼児」には、「父親」に対して「憎しみ」とそのことを伴なった「攻撃欲動」がはたらいている。しかし、その「攻撃欲動」は反転して「自我」へと向かう。そのことによって、「超‐自我」は、そうした在り方での〝厳格さ〟を持つ在り方で形成される。

(2)
この(1)のことの一方において、「幼児」には、「父親」が「母親」と〝特別な〟関係を持つことを踏まえることに基づく、「父親」への「愛」とそのことを伴なった「同一化」がはたらく。そうしたことによっても、「幼児」の「超‐自我」には、〝厳格さ〟ということによってとらえられた「父親」の在り方が反映し、〝厳格さ〟がはたらく。

こうした(1)、(2)の二つのことは、結果として、「超-自我」を〝まったく〟〝厳格さ〟において、はたらかせる。[92]

そして、(1)、(2)のそれぞれについては、さらに踏み込むならば、左記のようなことをも述べる必要がある。

(1)について

「幼児」が、「母親」と〝自分が結び付いている〟ことを、「父親」を〝踏まえる〟ことによって放棄した時、前述のように「幼児」には「父親」に対して強く「攻撃欲動」がはたらくが、「父親」への「攻撃欲動」を自らに向け直したことによって、「超-自我」には、〝厳格さ〟がはたらく。しかし、「攻撃欲動」は、すべて「超-自我」に〝流れ込んだ〟訳ではなく、残ったものは、〝単に〟「抑圧」をされている。しかし、その「抑圧」された「攻撃欲動」の一定の部分をめぐっては、「父親」への、そうした「攻撃欲動」がまだはたらいてしまっている、ということについての〝負い目〟からの「罪」意識(=「罪責感」)がはたらく。

(2)について

「超-自我」の〝厳格さ〟には「父親」が持つ〝厳格さ〟が反映しているとは言っても、それは、ともすると、「父親」が持つ〝厳格さ〟を再現するといったような単純なことではない。[94]

「父親」は〝厳格さ〟を持つとは言え、その「父親」が、一方において、「幼児」に対して「豊かな愛」をはたらかせる場合、どのようなことが起きるか？　ともすると「そうした豊かな愛が、逆に、圧力のようにはたらき、子供は、攻撃欲動を、自らの内面に、強い在り方で、自我への制御（さらには、強制）という在り方で向ける。」

すなわち、「豊かな愛を注がれた子供は、そうした豊かな愛が圧力のようにはたらき、自分の攻撃欲動を、自らの内面（すなわち、自我）に向ける。」そして、〝負い目〟からの「罪」意識（「罪責感」）がはたらく。

なお、次のようなことも述べる必要がある。

「父親」が〝厳格さ〟の一方において「幼児」に「豊かな愛」をはたらかせず、放任する（さらには、単に突き放す）という在り方を持った場合、「幼児」に「超‐自我」は、強くははたらかず、「自我と超‐自我との間の緊張関係は弱く、子供は、自分が持つ攻撃欲動を（それが自我を後押しするという在り方で）強く、他者へと向ける。」

第十節　「罪」意識（「罪責感」）への問い　その1

フロイトは、さらに、左記のことを述べている。

既に述べた中で、「罪」意識（「罪責感」）という言い方をしたことは、「後悔の念（後悔）」ではない。「後悔の念」は「罪」を犯した後に感じる（すなわち、そのようにまさに「後悔」をする、ということとしてはたらく）。それに対して、「罪」意識（「罪責感」）は、次のような在り方でも、はたらく。「罪」を犯したのではないが、「罪」を犯すことへと向かう思いがはたらく、ということについて起きる。そして、「罪」

を犯すことへと向かう「欲求」（さらには「欲望」）がはたらく、ということについて起きる。

　そのような在り方で、「罪」意識（「罪責感」）は、言わば「良心」がはたらく、という在り方を持つが、そうであることによって「罪」意識（「罪責感」）は、まさに「超 - 自我」に基づいてはたらく、という在り方を持つ。そして、次のことを述べる必要がある。

「父親」に対して「攻撃欲動」がはたらくということは、そのことによって、「父親」を「憎む」ということについての「罪」意識（「罪責感」）がはたらく、ということでもある。しかし、既に述べたように、「幼児」には、「父親」に対して「憎む」こともはたらくが、実は「幼児」は、どのようにせよ「父親」に「同一化」もしている。そのようにして、「父親」を「愛する」こともはたらく。こうした二面性（すなわち「両義性」[95]）は、実は、「罪」意識（「罪責感」）が、いつまでも〝引きずる〟ようにしてはたらく、ということをもたらす。そして、「父親」をめぐることが〝引きずる〟ようにいつまでもはたらく。そして、そうしたことに基づく、という在り方で、「超 - 自我」は、基本的に〝過度に〟はたらき、そのように、はたらき続ける。

　そして、この場合の「憎む」ことと「愛する」ことがともにはたらく、ということは、「攻撃欲動」（そして、その背景にはたらく「死への欲動」）と通常の「欲動」（＝「生への欲動」）がともにはたらく、ということに、根源的には基づいている。そうしたことにおいて、この「葛藤」は、「人間」にとって根源的であり不可避な「構造」に基づいている。

　こうしたことにおいて、「憎むこと」と「愛すること」の「両義性」の「葛藤」に基づく、という在り方で、「罪」意識（「罪責感」）は、それぞれの「個人」に、さらに、その基盤において、「生への欲動」への「抑圧」を伴なう、独特な、裏面をはたらかせる。

これらのことを踏まえて、「罪」意識（「罪責感」）をめぐる問題を踏まえ、問う、という在り方での、新たな「文化」が求められる。

第十一節 「罪」意識（「罪責感」）への問い その2

フロイトは、さらに左記のことを述べている。(96)

「罪」意識（「罪責感」）は、踏み込んで踏まえ、そのことに対応しなければ、絶えず「神経症」の背景となる。

「罪」意識（「罪責感」）は、「強迫神経症」をも起こす。一定の事柄についての「不安」がはたらき始めると、それが固着してはたらく。「不安」は、ともすると、自分自身、それ自体、への「不安」となる。そして、そうしたことにおいて、「生への欲動」は、「抑圧」される。そして、まさに、自分は大丈夫なのか、という「不安」ともなる。そのことは、さらに「罪」意識（「罪責感」）をはたらかせる。そして、そうしたことによる「症状」が、ともすると、顕著な在り方で表出する。あるいは隠れて、しかし、強く、はたらく。

そして、フロイトは、次のことを言わんとする。

「一神教」における「神」が、ここで言う「父親」と、重ねられる、という面を持つとするならば、ここで述べたことは、大規模な在り方で「文化」におけることである。

「人間」の「原罪」、そして「罪」、についての「思想」は、どのようにせよ、「罪」意識（「罪責感」）に基づいた「思想」としての在り方を持つ。そうしたことからは、とりわけ「一神教」は、実は、ともすると、たとえば、ここで述べたような「不安」をはたらかせる、というような「思想」という在り方をも持つ。

第十二節　「人間」に求められることは何か?

フロイトは、次のことを述べている。

あらためて、「社会」ということが問われる。

〝通常の〟「欲動」（＝「生への欲動」）は、それぞれの「個人」を〝結び付け〟、そして「共同体」をつくり出す、ということにおいて、その背景にはたらいている。しかし、そのことは、様々に問題に直面する。そして、そのことに基づく「現実」[97]に対応する、ということもはたらく中で、「文化」がつくり出されて来た。そして、それぞれの「個人」に、「超‐自我」（さらに言えば「良心」）がはたらく、ということを踏まえ、さらに、一定の在り方で、「共同体」には「共同体」の、言わば「超‐自我」（さらに言えば「良心」）と言い得ることがはたらく、といったことの議論をも行なう必要がある。[98]そして、そうしたことの議論を、「文化」において、一定の在り方において、はたらかせる必要がある。

そして、既に一定のことを述べたが、次のようなことを述べる必要がある。

たとえば、「隣人(他者)を自分のように愛しなさい。」といった「命題」[99]としての「命令」、すなわち、そうした「規範」は、「道徳」の〝一つの〟極限としての〝すばらしさ〟を持つが、そして、「啓示」とされることでもあるが、〝実践し切る〟ということはあり得ないこととしての「理想命令」として、「抽象的な」スローガンであり、「愛」を実働させるのではなく、「愛」についての口先の〝水増し〟ともなって来た。そして、実は、字面《じづら》に固着するという、それぞれの「個人」が、ともすると持つ在り方に基づいて「神経症」の背景とさえなって来た。そして、さらに、実は、ともすると、むしろ「愛」ということの「価値」を引き下げることさえも起こして来た[100]。

そして、「神」は、「神」という「権威」としてはたらく。そして、「神」の「愛」が〝叫ばれる〟ことにおいては、ともすると、「豊かな愛」が〝叫ばれる〟。しかし、ともすると、実質において、「豊かな愛」は〝はたらかない〟という在り方で、むしろ〝突き放される〟と言わざるを得ないことが起きてきた。そして、〝突き放される〟というとらえ方がされる場合には、このことは、既に述べた〝脈絡〟からすれば、実は、「攻撃欲動」を「強く、他者へ向ける」ことをもたらす。

そして、フロイトは、次のことを述べている。

「文化の展開は、個人の発達と似たプロセスを持っている[101]」が、「文化の展開」には、実は、敢えて言えば、「神経症」を発症しているという在り方が伴なわれている。そうであるが故に、「文化の展開」をめぐって、〈「自我」、「超‐自我」、そして「欲動」〉としての心的「構造」の全体を、踏まえることが求められる。「人類の、とりわけ宿命的な課題」は、「文化の展開」が、「人間」の「攻撃欲動」、そして、その背景としての「死への欲動」に「対応し制御することが、どのようにできるか、ということ」である。

そして、そうした「文化の展開」に向けて、あらためて「生への欲動」としての「欲動」が、どのようにはたらくのか、が問われる[102]。そして、この問いに伴なうこととして、「人間」の裏面が問われる。そして、そうしたことにこそ基づく、新たな「文化」をつくり出すことが求められる。

第十三節　結論：「精神分析」への問い

フロイトが１９３０年に『文化への不満』を出版した後、１９３３年１月、ドイツにおいてヒトラー（ナチス）が政権を握り、１９３８年３月にはオーストリアを併合した。フロイトは迫害を受け、その年の６月、ロンドンに行き、イギリスに亡命した。そして、フロイトは、翌年１９３９年９月23日、83歳で、逝去した。その３週間ほど前の９月１日、「第二次世界大戦」が始まっていた。

このことにおいて夥しい数の〝人々〟に「攻撃欲動」がはたらいた。「攻撃欲動」は、さらに、ドイツにおいては、ユダヤ人への排斥、さらには「大虐殺」が行なわれることへ向かった。フロイトが提起した主張は、そうした中で、問いとしてはたらき続けた。

フロイトは、次のことを言わんとした。

「攻撃欲動」への対応(そして、対処)は、そのことに対しての、「制御」の単なる「強制」・「抑圧」では済まない。「人間」の心的「構造」がはたらかせる〝からくり〟を踏まえる必要がある。

次のことが問われる。

どのようにしても〝前向きさ〟の〝根源〟であらざるを得ない「生への欲動」を、どのように、〝前向きさ〟においてはたらくようにするか?

「人間」が「神経症」の〝存在〟であらざるを得ない、ということにおいて、「罪」意識(「罪責感」)のはたらき方をめぐって、そのことが伴なう〝からくり〟が問われる。

〝前向きさ〟の「実質化」に向けて、「人間」の心的「構造」の全体を踏まえた、新たな「文化」が求められる。

しかし、一方で、次のことが問われる。

その「思想」の基盤である、心的「構造」の全体に基づく「人間」についてのとらえ方には、「エディプス三角形」におけることに還元する、という「還元主義」がはたらいている。

次のことを述べておきたい。

フロイトの「思想」には、多くの継承、展開がはたらく。１９３０年代以降、ラカン(1901〜1981)は、フロイトの「思想」を〝それ自体〟として踏まえるという在り方での継承し、展開させた。

フロイトを、さらに踏まえ、問う、ということ、そして、フロイトについての、ラカンによる継承、展開を問い、踏まえる、ということに向け、ラカンがフロイトから導き出したこととして、次のようなことを述べておきたい。

「超‐自我」について、「言語」、そして「規範」のはたらきを主題化することによって、とらえる。

「他者」をめぐることを提起する。

「出来事(事実)」を主題化する。

第一篇の最後として、フロイトをめぐって、補説として、左記のことを述べておきたい。

フロイトは、1932年9月に、『なぜ戦争?（人はなぜ、戦争をするのか?）』という論稿を公表している。物理学者アインシュタイン(1879~1955)との往復書簡においての、フロイト側の書簡の内容であった。

フロイトの、晩年の主張においての、一定の在り方であるとは言え、**「社会」についての主題化への踏み込みを、**確認することができる。フロイトは、次のことを述べている。

「暴力」の極限が、「戦争」である。「暴力」は、「個人」への侵害であるが、そのことが「国家」同士によって行なわれている場合、それは、「戦争」である。それは、「国家」が負の「力」をはたらかせる、ということである。そうした「国家」の「力」に対しては、そのことに対抗するための〝われわれ〟においての〝**社会的に健全な力**〟をつくり出す必要がある。そのように〝われわれ〟における「絆」とも言うべきことをつくり出す必要がある。その「方法」として、人類史上、次のような三つのことが、とりわけ主張されて来た。

(1)「隣人愛」を一定の頂点とする「愛」に基づく。(2)「平和」という「理想的理念」への「同一化」を互いにはたらかせる。(3)必要な「規範」を整備して、誰もが従い切る、といったように「理性」をはたらかせ合う。

しかし、こうした三つの主張は、賛同はされて来たが、いずれも〝掛け声(口先)で終わって来た〟。そのようにしてしまう「人間」の〝深い部分〟における「歪み」を踏まえていなかったからである。「超-自我」、「自我」、「欲動」ということの、心的「構造」がはたらかせる〝からくり〟を踏まえ、そのことによって、〝われわれ〟における「絆」とも言うべきことを、実際につくり、そして**〝社会的に健全な力〟**を、具体的な在り方で、つくり出す必要がある。

註

(1) ドイツ語ではPsychoanalyse(プシュヒョアナリーゼ)、フランス語ではpsychanalyse(プシカナリズ)、英語ではpsychoanalysis(サイコアナリシス)である。

(2) Hysterie.

(3) 原語はTrieb(トリープ)である。フロイトはその一定の部分について、「性的」在り方を強調するためにさらに、Libidoという言い方もするようになる。Libidoは、日本では「リビドー」とカタカナ表記されて来たが原語の発音についてのとらえ方から「リビード」とカタカナ表記することもある。以降においては「リビドー(リビード)」と表記した。

(4) 正確にはこの時はAspirant(アスピラント)、すなわち〝准医師〟(見習い医師)であった。

(5) Jean Martin Charcot(ジャン・マルタン・シャルコー)。「神経症」(とりわけ「ヒステリー」)が、患者に起きた「事実」(の

「記憶」)を背景としていることを、「催眠術」がもたらす「催眠」状態の患者に「暗示」をかけ「神経症」の症状を再現させる、という方法によって明らかにした。そして、そうしたことにおける「神経症」の症状の再現に基づく「生体磁気」のはたらき方が「治癒」をもたらすとする「治療法」を行なった。「生体磁気」のはたらき方が「治癒」をもたらす、という説はもともと、それ以前にオーストリアのメスマー(メスメル Franz Anton Mesmer, 1724〜1815. 出身はドイツ)が述べていて、メスマー説(「メスメリスム」)と呼ばれていたが、シャルコーはその説の展開として自らの主張を行なった。シャルコーはパリの「サルペトリエール(Salpêtrière)病院」に勤務していたので、その学派は「サルペトリエール学派」と呼ばれた。

(6) 「催眠術」という「方法」に従いたい(「催眠術にかかりたい」)という心的状態を前提として、強い在り方で「暗示」をかけることの技術である。

(7) 心拍、脳波、運動などの生体現象によって体内にイオン電流が流れることによって磁場ができること。

(8) 「催眠術」による「催眠」状態においての、「言語」による多くの誘導を行なうことに基づく強い「暗示」によって患者に「治癒」を、思い込ませる、という「治療」を行なった。そうしたことにおいて、「生体磁気」のはたらき方が「治癒」させるというような、生体物理学的、主張をせず、そうした主張とは決別していた。

(9) リエボー(Ambroise-Augute Liébeaut. 1823〜1904)が主導し、ベルネーム(Hippolyte Bernheim)が賛同し、この二人が中心となっていた。

(10) Josef Breuer. ヨゼフ・ブロイアー(ヨーゼフ・ブロイエルともカタカナ表記された)。フロイトとは1870年代末にウィーン大学生理学研究室で出会った。本文で述べたように、当時フロイトは大学在学中であり、ブロイアーは開業医であった。

(11) ブロイアーはこのことにおいて、「催眠術」による「催眠」状態において呼び覚まされた「トラウマ(心的外傷)」としての「事実」(の「記憶」)を「催眠」中にそして、さらに「睡眠」後に、話すことが「感情」を解放し、「神経症」の「治癒」をもたらす、ということを経験した。そして、本文でも述べたように、こうした「治療法」を、とりわけ「催眠カタルシス療法(催眠浄化療法)」と呼んだ。

(12) 邦訳としては、芝伸太郎訳(『フロイト全集』第2巻(岩波書店、2008年)所収『ヒステリー研究』)を参照した。

(13) 父親の病名は「肋膜周囲膿症」であり、1880年7月に発症している。邦訳 P.26.

(14) 端的なこととして、アンナにとって重い看病を行なわざるを得ない生活は、「日常性」において「欲動」がはたらくということにとって負担になっていたとも言える。

(15) フロイトはブロイアーとは異なり、「催眠術」による「催眠」状態に基づこうとはしなかった。フロイトは「催眠術」に基づくということは、治療者が患者を支配するようにすること（患者の承認なく患者の心を操作すること）であり、そして、そのことが、患者の治療者へ依存をもたらすことは、避けなければならないという問題を持つととらえた。その思いがフロイトが「自由連想法」を発明する背景となった。

(16) ドイツ語では Freie Assoziation であり、フランス語では association libre であり、英語では free association である。

(17) 「性的な」ということのドイツ語表現は、sexuell または sexual である。

(18) このことにおいて中心的なことは、一方で子孫をつくること、そしてもう一方で「性的な」「快」である。

(19) 情報伝達や思考・感情、さらには、芸術などの〝心的行為〟のはたらきを助ける「媒体」のことである。「人間」がそれらを何らかの「意味」と結び付けることによって、成立する。

(20) metaphor. 文化的な背景から「象徴」としての「意味」がはたらくこと。［例］鳩↓平和（『旧約聖書』における〝ノアの箱舟〟の記述の中の洪水の終わりを鳩がオリーブの若枝を持ち帰ることによって知らせたという記載が起源である）。文化的な背景としては、神話、昔話、民間伝承、俗語表現などがはたらく。フロイトが挙げた例の中には、次のようなものもある。家↓人間の身体、死↓旅立ち・旅行、男性↓傘、女性↓鞄。

(21) metonymy.「意味」の隣接性をもとに連想によって置き換えが行なわれること。［例］ペン↓書いたもの・言論・文化。剣↓暴力。

(22) 邦訳としては、新宮一成訳（『フロイト全集』第４巻・第５巻（岩波書店、２００７年・２０１１年））所収『夢解釈Ⅰ・Ⅱ』、高橋義孝訳（『夢判断』上・下、新潮社（新潮文庫）、１９６９年・１９６９年）を参照した。

(23) 原語は Traumdeutung であり、「夢解釈」と邦訳せざるを得ないが、多くの場合に「夢判断」という邦訳がされて来た。

(24) フロイトは〝欲すること〟が欠如を満たすこと（マイナスをゼロに戻すこと、たとえば、空腹を満たすこと）に向けてはたらく場合、「欲求」と呼び、〝欲すること〟が「積極的に」求めること（ゼロからプラスを求めること、たとえば、単に空腹を満たすことではなく、特定の料理を食べることを求めること）に向けてはたらく場合、「欲望」と呼んだ。さらに、特に第二篇で述べるラカンにおいてであるが、次のようなとらえ方がはたらく場合もある。「欲求」は「日常性」における様々な「要求」においてはたらく。それに対して「欲望」は、「他者」からの「承認」を得ようとするという在り方で一定の「他者」へと向かうという在り方ではたらく。ドイツ語では「欲求」は Bedürfnis、「欲望」は Begierde(Begehren, Wunsch) である。

(25) PS1-51.

(26) PS63-125.

(27) Fehlleistungen.

(28) Zur Psychopathologie des Alltagsleben,1904. 邦訳としては、高田珠樹訳〔『フロイト全集』第7巻（岩波書店、２００７年）〕所収『日常生活の精神病理学』、懸田克躬訳〔『フロイト著作集』第４巻（人文書院、１９７０年）〕所収『日常生活の精神病理学』を参照した。

(29) 突発性の事件、事故のように、明らかに「性的なこと」がかかわりようがない在り方を持った「事実」の「記憶」も多いということも述べる必要がある。

(30) ドイツ語ではÖdipuskomplex であり、フランス語では complexe d'Œdipe であり、英語では Oedipus complex である。踏み込んで言うならば、〈「母親」・「父親」・子としての自分〉の「構造」に基づく「複合観念（そして、複合感情）」ということである。

(31) 「エディプス・コンプレックス」としてフロイトは、とりわけ「男児」について述べている。「男児」は「母親」と〝自分を結び付ける〟が、「父親」を〝意識する〟ことによって「母親」から〝自らを引き離す〟。そのことにおける「複合観念（そして、複合感情）」について「エディプス・コンプレックス」と述べていた。そして「女児」については、フロイトは次のようなことを述べている。「女児」もまず「母親」と〝一体化している〟が、やがて「母親」から離れる経過を経て「父親」と〝自分を結び付ける〟。しかし、さらに、やがて「父親」とは別の男性と〝自分を結び付ける〟ということが、どの時期にせよ（時期には、それぞれの「女児」によって、かなりの違いがあるが）起きることによって、「父親」から離れる。こうしたことについてフロイトは、「女児」における「エディプス・コンプレックス」という言い方をした。やがてC・G・ユング（1875～1961）は、こうしたことを、やはり「ギリシア神話」をもとにして「エレクトラ・コンプレックス」という言い方をした。（「エレクトラ」はソフォクレスの『アガメムノン』における登場人物であるが、父親アガメムノンを怨みによって殺した母親クリュタイムネストラを、亡き父親の復讐のために死に至らしめた娘の名である。）

(32) ここではフロイトの、とりわけ１９１０年代に形成された主張に基づいて述べた。

(33) いわゆる「思春期」は、男子は12～14歳頃、女子は10～14歳頃である。

(34) Das Ich und das Es,Internationaler Psychoanalytischer Verlag,Leibzig,Vienna und Zürich,1923. 邦訳としては、本間直樹訳〔『フロイト全集』第18巻（岩波書店、２００７年）〕所収『自我とエス』、中山元訳〔『自我論集』（筑摩書房・ちくま学芸文庫、

1996年)」所収『自我とエス』を参照した。

(35) こうしたことについては、踏み込んだことは、あらためて後述するが、こうしたことの日本語での表記はここで述べたように、カタカナ表記で、それぞれ「エス」、または「イド」と書くことが定番となっている。なお、フロイトがとりわけ使ったEsという用語はもともとは弟子であった医師グロデック(W.G. Groddeck. 1866～1934)が使っていた用語である。

(36) ドイツ語ではLustprinzipであり、フランス語ではprincipe de plaisirであり、英語ではpleasure principleである。

(37) ドイツ語ではRealitätsprinzipであり、フランス語ではprincipe de réalitéであり、英語ではreality principleである。

(38) フロイトは「原 - 抑圧(Ur-verdrängung)」という呼び方もしている。

(39) ドイツ語の原語ではÜber-Ichである。「私」ということにおいてその〝上部〟にはたらく〝こと〟である。このことは英語で、super Egoと訳されるが、その訳によって、実は、フロイトが述べていない意味でのとらえ方がされがちである。日本語では「超 - 自我」と訳されるが、その訳によっても、実は、やはりフロイトが述べていない意味でのとらえ方がされがちである。

(40) ドイツ語ではSchuldgefühlであり、フランス語ではsentiment de culpabilitéであり、英語ではsense of guiltである。

(41) ドイツ語ではIch-Idealであり、フランス語ではidéal du moiであり、英語ではego idealである。

(42) 「第一次世界大戦」における主力となった国々の戦死者の概数は次の通りである。ドイツ、170万人、ロシア、170万人、フランス、136万人、オーストリア、120万人、イギリス、90万人、アメリカ、12万6000人である。

(43) Das Unbehangen in der Kultur,1930. ここでは、邦訳としては、高田珠樹訳(『フロイト全集』第20巻(岩波書店、2011年)所収『文化の中の居心地悪さ』及び、中山元訳『文化への不満』(光文社(光文社文庫)、2007年)を参照した。

(44) bacteria(バクテリア)。細胞膜を持つ原核生物という在り方を持つ。言うまでもなく「自然的素因」(「自然的原因」)説の代表的根拠の一つである。

(45) 他生物の細胞を使って自己を複製させる極微小な感染性の構造体で、タンパク質の殻とその内部に入っている核酸からなる。言うまでもなく「自然的素因」(「自然的原因」)説の代表的根拠の一つである。

(46) 「快」という言い方よりも「快感」とした方が直接的で分かり易いが、より一般化した言い方をするために、「快」という言い方を先行させた。以降においては、「快(快感)原則」における「快(快感)」という表記以外は、基本的に単に「快」とのみ表記することとした。

(47) Jenseits des Lustprinzips, Internationaler Psychoanalytischer Verlag,Leibzig,Vienna und Zürich,1920. 邦訳としては、須藤訓任訳

（『フロイト全集』第17巻（岩波書店、２００６年）所収『快原理の彼岸』）及び、中山元訳（『自我論集』（筑摩書房・ちくま学芸文庫、１９９６年）所収『快感原則の彼岸』）を参照した。

(48) Todestrieb.「死の欲動」が定訳であるが、敢えて「死への欲動」とした。

(49) Lebenstrieb.「生の欲動」が定訳であるが、敢えて「生への欲動」とした。

(50) Romain Rolland. これ以降、「ロラン」と表記した。「ヒューマニズム」を「理想主義的に」主張したことで知られる。「第一次世界大戦」、さらには「第二次世界大戦」の激動の中で「平和」を主張し続けたということの功績がある。宗教的には、「東洋思想」に傾倒している面がある。彼が述べた「大洋性」という主張は〝宇宙性〟とも言うべき主張であった。フロイトは、ロランの「平和主義者」としての功績を評価しながらも、その「思想」の一面性が実は「平和主義」に結び付かないと批判している。

(51) UK9f. 邦訳 p.131.

(52) UK17. 邦訳 p.140.

(53) UK18f. 邦訳 p.140.

(54) narcissism.〝自己肯定〟がはたらくばかりであるという在り方を持つ。ドイツ語の Narzissmus であり、フランス語の narcissisme である。

(55) フロイトは、さらに次のようなことをも述べている。「労働は、それ自体としては、多くの場合、ただ単に必要に迫られて労働をする、という在り方を持つ。」しかし、「労働によって、攻撃的なもの、そして性愛的なもの（エロース的なもの）、さらには、ナルシシズム的なもの、といった、様々な欲動要素（リビドー（リビード）要素）のかなりの部分を、職業的な活動（労働）やそれと結び付いた人間関係へとずらすことができる。このことは、労働の価値でもある。」UK31. 邦訳 p.158. 一部、訳し直した。

(56) Sublimierung. UK29. 邦訳 p.156.

(57) UK35-36. 邦訳 p.163~165.

(58) UK32. 邦訳 p.159.

(59)「偏執《へんしゅう》病」という言い方をされることも多い。

(60) 原語は Ambivalenz（アンビヴァレンツ）である。

(61) UK56. 邦訳 p.189.

(62) UK56f. 邦訳 p.189f. 一部、訳し直した。
(63) UK57. 邦訳 p.190. 一部、訳し直した。
(64) UK57. 邦訳 p.191.
(65) フロイトは「幼児」にはたらく「排泄機能」(さらには「排泄器官」「排泄物」)への強い興味を「排泄愛」と呼び、そのことが、このようにして、逆に、「醜」をきらい「美」を求める「感覚」、「清潔さ(清らかさ)」の「感覚」、さらには「秩序」の「感覚」を持つ「性格的特徴」を生むと述べている。踏み込んで言うならば、フロイトは次のように述べている。「幼児」は自分の「排泄物」を自分の身体の一部として見なして大切に思う。しかし、そうした在り方に「親」が気づいた時、「親」は強く叱責する。「親」は「排泄物」は「嫌悪すべきけがらわしいもの」であるという強い思いで「幼児」に対応する。そのことは、決定的に(さらに言えば、根源的に)「教育」としての在り方を持つ。そして、**「醜」を嫌い「美」を求める「感覚」、「清潔さ(清らかさ)」の「感覚」、さらには「秩序」の「感覚」**がつくり出される。しかし、その一方で、フロイトは、逆に、さらに次のようなことを述べている。そうした「感覚」が、そのことばかり強く固着的にはたらくという場合、その人は、言わば「肛門性格」と呼ばれる〝強く固着的な性格〟を持ってしまうことがある。
(66) taboo. 「禁忌《きんき》」という訳語も使われる。
(67) UK64-66. 邦訳 p.201~203.
(68) 左記において述べたように、このことには、やはり「神経症」が起きるという含みが伴なう。
(69) UK74f. 邦訳 P.213.
(70) 「隣人」の読み方は「りんじん」、または「となりびと」である。
(71) 『新約聖書』『マタイによる福音書』第22章第39節。英語では次の通りである。to love one's neighbor as oneself.
(72) UK82. 邦訳 p.224.
(73) 『新約聖書』『マタイによる福音書』第5章第44節。
(74) UK79. 邦訳 p.222. 一部、訳し直した。
(75) 既に述べたように、ここで取り上げているフロイトの著作『文化への不満』は、１９３０年に発表された。
(76) UK81. 邦訳 p.223. 一部、訳し直した。
(77) UK82. 邦訳 p.224.
(78) UK82. 邦訳 p.225.

(79) UK87. 邦訳 p.231.
(80) UK89. 邦訳 p.233.
(81) 第1段階の時には、フロイトは、この②のことを、Libido〔リビドー（リビード）〕と呼んだ。
(82) UK90. 邦訳 p.234.
(83) UK91. 邦訳 p.235.
(84) さらには、このことが破綻した場合について、一定の在り方で「統合性失調」としての「精神病」として説明することができる。邦訳 p.235.
(85) 第3段階の始まりと重なるが、フロイトは1920年には、このことをとりわけはっきりと述べている。
(86) UK92. 邦訳 p.236. フロイトは、こうしたことにおいて「生への欲動（エロース）」を「死への欲動（タナトス）」と区別した上で、「リビドー（リビード）」と呼ぶ。
(87) UK93. 邦訳 p.237.
(88) UK93. 邦訳 p.238.
(89) UK97f. 邦訳 p.243.
(90) UK100. 邦訳 p.246.
(91) ただし、こうした「幼児」についての議論が、とりわけ「男児」をめぐることになりがちであることには問題がある、ということを述べる必要がある。
(92) UK109. 邦訳 p.259.
(93) UK110. 邦訳 p.262. フロイトは、次のようなことをも言わんとする。「罪」意識（「罪責感」）は、「攻撃欲動」によって「父親」を殺してしまうほどであったことによって殺してしまったかのような幻想〔「原父《げんぷ》殺し幻想」〕がはたらく、ということにも基づく。
(94) UK111. 邦訳 p.261.
(95) UK114. 邦訳 p.264.
(96) UK118. 邦訳 p.268.
(97) この場合の「現実」ということについてフロイトは、ギリシア語を使って「アナンケー（Anankē）」（「運命」）という言い方もしている。UK126. 邦訳 p.279.

(98) UK129. 邦訳 p.283.
(99) さらに「あなたの敵を愛しなさい。」といった「命題」についてであることを、既に述べた。
(100) UK132f. 邦訳 p.287.
(101) UK133. 邦訳 p.288.
(102) UK135. 邦訳 p.291f.

第二篇　ラカン

序　ラカンを、どのようにとらえるか？

フロイトは、どのように継承、展開されたのか？　ラカンは、フロイトの「思想」の〝それ自体〟としての〝核心〟をとらえた継承、展開を担った、と言われる。

ラカンは、「言語」、「規範」、さらには一定の「権威」のはたらき、といったことを、「象徴界」と呼んだが、それが〈「個人」の「統合性」〉をはたらかせると、述べた。そしてフロイトが、その主張の、とりわけ核心としたことを踏まえ、「象徴界」の形成を、あくまでも〈「母親」・「父親」・子としての自分〉の三者（「エディプス三角形」）に基づくこととしてとらえた。

「エディプス三角形」を踏まえることは、フロイト、そして、ラカンの、「人間」論に貫かれる。しかし、基づくことがひたすら「エディプス三角形」であるということにおいて、それを越えた在り方での、さらに言えば、そのことの「外部」としての、「他者」ということ、そして「社会」について、どのようにとらえるのか、が問われる。

ラカンは、「人間」論として、とりわけ、左記のことを述べている。

「幼児」は、自分の「鏡像」を「イメージ（イマージュ）」に基づいてとらえることによって、「イメージ（イマージュ）」に基づくこと（「想像界」）をはたらかせ始め、「自我」を「発生」させる。そして、そのことにはたらく「自己愛」の延長線上において、「他者愛」をはたらかせ始める。

そして、「欲動」を背景に、「他者」からの「承認」を〝欲する〟こととしての「欲望」がはたらく。

「幼児」は、やがて、「エディプス・コンプレックス」の「抑圧」（＝「原‐抑圧」）を背景として、「言葉」（→「言語」）を「言語システム」として使う「象徴界」の中で、生きるようになる。そのようにして、「自我」を「確立」させる。「象徴界」は、「規範」や一定の「権威」といったことに従うことをも、はたらかせ、「統合性」としてはたらく。そうしたことにおいて、「精神病」は、それが〝壊れる〟ことによって起きる。

そして、「精神病」をめぐっても主題化がされるが、「日常性」におけることとして、次のことが問われる。「想像界」・「象徴界」には収まらない「出来事」（端的に「事実」）、とりわけ「トラウマ」、**さらには〝逆トラウマ〟、そして、「想像界」・「象徴界」以前の、発生的〝原初の〟こと、そして「他者」を実感せざるを得ない「体験」といったことによって、「現実界」がはたらく。**

そうしたことは、ともすると「自己愛」の延長線上の「愛」の〝枠組み〟を越えて、「他者」〝それ**自体**〟とのかかわりを〝つくり出す〟。

そしてラカンは、さらには、「象徴界」・「想像界」・「現実界」の〝階層的ではない〟不可分な〝結び付き〟

（＝「ボロメオ結び」）を踏み込んだ在り方で、はたらかせる、ということを求める。
ラカンの思想の全体像への問いが、求められる。

第一章　ラカンの基本的「思想」　その1

第一節　フロイトについての確認

第一篇で述べたフロイト(1856～1939)の「思想」について基本的なことを確認しておきたい。「人間」は、内在する一定の〝生命的エネルギー〟としての「欲動」を基盤として、「自我」、そしてその中の「超 - 自我」という三つのことから成り立つ心的「構造」に基づいている。そして、「欲動」においては、広義での「性的なこと」が、一定の中心としてはたらいている。

フロイトは、医師となってしばらくして「神経症」の患者と出会って以降、「神経症」の治療を、とりわけ志した。そして、「神経症」が、その「個人」において、自らにとっての、つらい「出来事(事実)」(の「記憶」)をめぐって、思い出すまいとする「抑圧」が「欲動」[1]を消耗させることが「無意識」において起きている、ということに基づく、ということを明らかにした。そして、治療法として、患者の「自由な連想」をめぐる「治療者」との「対話」によって、「神経症」の原因となっている、つらい「出来事（事実）」（の「記憶」）に、患者自身が行き当たり、思い出し、自らとらえ返すことが治癒をもたらす、ということ（＝「自由連想法」）を明らかにした。

そして、フロイトは、あらゆる「抑圧」の奥底に「幼児」期における「原‐抑圧」と言うべき「抑圧」がはたらいている、ということを主張した。「原‐抑圧」とは、「エディプス・コンプレックス」をめぐる「抑圧」であるが、それは、〈「母親」・「父親」・「子」としての自分〉をめぐって起きる一定の「出来事（事実）」（の「記憶」）、そして、そのことにおいてはたらく「複合観念」（そして、「複合感情」）の「抑圧」である。

そして、フロイトは、次のことを主張した。

それぞれの「個人」が、心的「構造」の全体を踏まえ、「原‐抑圧」とその上に蓄積する「抑圧」をめぐって、とらえ返しを行ない、踏まえながら生きる、ということが求められる。

ただし、フロイトは、1914〜1918年の「第一次世界大戦」の悲惨な現実に直面して、既に確認したような「人間」の根本的な「欲動」（「生への欲動」）とは別に、「死への欲動」[2]、そして、そうしたこととしての「攻撃欲動」がはたらく、ということを述べ、さらに次のことを主張した。

そのことへの対応（そして、対処）として、そのことが惹き起こすことを踏み込んで踏まえることを、心的「構造」の全体を踏まえることを基盤として行ない、そうしたことに基づく、新たな「文化」を展開させることが求められる。

ここで、左記のようなことを述べておきたい。

フロイトの最終的な主張における、「死への欲動」としての**「攻撃欲動」**に対応する（そして、対処する）とは、どういうことなのか？　まずは「攻撃欲動」を「文化」へと「昇華」させることが求められると言えるが、次のことを述べる必要がある。「文化」の一定の頂点は「道徳規範」であるが、そのことをめぐっては、ともすると〝字面《じづら》〟においての表面的な遵守の「強制」のようなことが起きる。その場合、「攻撃欲動」は「内向」して「超‐自我」を「自我」へと向かう在り方で過度に強めて、はたらかせる。そして**「罪」意識（「罪責感」）**を〝過度に〟はたらかせ、「抑圧」において、「生への欲動」を歪める。

フロイトは、このように、「攻撃欲動」が、まわりまわって惹き起こす、そうした問題について述べる。そして、フロイトは、心的「構造」の全体を踏み込んで踏まえることに基づき、「生への欲動」を〝前向きさ〟においてはたらかせる、**新たな「文化」**をつくり出すことを求める。

しかし、ここであらかじめ、次のことを述べておきたい。

フロイトは、「神経症」をめぐる問題を踏まえることによって、結局「生への欲動」の〝前向きさ〟においてのはたらきをこそ主題化している。しかし、「神経症」より重い在り方を持つ**「精神病」**については、どうするのか？　実はフロイトは、「神経症」が、「生への欲動」を歪めることの「代償」（〝はけ口〟）となることによって、「精神病」になることを〝押しとどめている〟面をも持つというとらえ方をしていた。しかし、フロイトは、「精神病」について、その治療をめざすという在り方では、基本的には扱っていない。[3]　しかし、**やがて「精神病」をも扱う立場が、「精神分析」の潮流**

において展開する。この第二篇では、そうした立場がはたらくラカンの「思想」について検討する。

第二節　ラカンへの問いに向けて

もともと「神経症」治療において先進的であったフランスにおいては、フロイトの「思想」の担い手が多く現われた。やがて、その中の一定の〝中心〟となる人物が、ジャック・ラカン[4](1901〜1981)である。まず検討するのは、そうしたラカンの基本的「思想」である。

フロイトの「思想」の継承、展開は、それぞれの担い手によって、ともすると〝独自な〟とも言えるような在り方を持った。そうした中で、ラカンは**「フロイトへ帰れ」**ということを自らの「思想」の前提とした。そのようにして、ラカンは、フロイトの「思想」において〝支柱〟となることについて〝はっきりと〟基づいた上で、その「思想」を展開させた。ラカンにとって、フロイトの「思想」の〝支柱〟とは、とりわけ**「欲動」の「性的」在り方、「原-抑圧」としての「エディプス・コンプレックス」をめぐる「抑圧」、そして〈「欲動」、「自我」、「超-自我」〉の心的「構造」**といったことである。

そのようにして、ラカンは、フロイトの「思想」に基づく。しかし、実は、ラカンは、フロイトの「思想」についての踏み込みを、〝独特に〟〝深々とした〟在り方で行ない、そして、さらに展開させた。そうであるが故に、実は、フロイトとラカンにおいては違いがある。とりわけ述べる必要があることは、既に述べたが、次のことである。フロイトは基本的には、「神経症」までのことを扱ったが、ラカンは**「精神病」**をも扱った。

第三節　ラカンの出発点：「欲望」という主題

ラカンは、次のことを述べる。

「自分とは何か?」という問いは、実は「自分は、根本において、何を欲しているか?」という問いである。

ラカンは、フロイトが述べていた**「人間」はその根本において「欲動」という〝生命的エネルギー〟に基づいている**ということを踏まえて、このように述べている。**そして、そうした問いに対しては、敢えて端的に言えば、「他者について欲している」と答えることができると、ラカンは述べる。**

ラカンは、「人間」は、その根本において、「欲動」に基づいて「欲求」[5]、そしてとりわけ「欲望」[6]がはたらくということが、まず踏まえるべきことであると述べる。

ラカンは、「欲求」、そして「欲望」について、もともとフロイトが行なっていたとらえ方からさらに、〝独特に〟次のように展開させている。〝欲すること〟が、「生物的な」欠如を満たすこと(「生物的な」次元において、マイナスをゼロに戻すこと、たとえば、空腹を満たすこと)に向けてはたらく場合、それは**「欲求」**である。そして、さらに、ラカンにとっては、たとえば、〝おいしい〟料理が食べたい、といったような、食べること自体が成り立っていてマイナスではなくゼロの状態から、さらなるプラスを求める場合も〝高度な〟在り方で「欲求」がはたらく、ということである。そして、〝おいしい〟ものが食べたい、といったような「欲求」の具体的な在り方は「要求」ということである。

ラカンは、次の言葉を述べる。

〝欲すること〟が、「他者」からの「要求」に応えることを〝欲する〟という在り方ではたらく場合、それは「欲望」である。

たとえば、〝おいしい〟ものが食べたいという「要求」が目の前にいる「他者」にはたらいていると、「他者」に応えることを〝欲する〟ことに基づいて解釈し、そのことを踏まえて、その「他者」に応えようとする（あるいは、まさに、応える）ということにおいての、「他者」に応えることを〝欲する〟ということは「欲望」である。さらに言えば、そのようにして、「他者」からの「承認」を〝欲する〟ことが「欲望」である。[7]

第四節　さらに「欲望」という主題

ここで、ラカンの「欲動」に基づく、とりわけ「欲望」をめぐる主張について、さらに述べておきたい。

まず、既に述べた次のことをもう一度述べ、そのことをもとにした検討を行なっていくことにしたい。

「自分とは何か?」という問いは、実は「自分は、根本においては、何を欲しているか?」という問いである。

ラカンは、フロイトが述べていた〈「人間」はその根本において「欲動」という〝生命的エネルギー〉に基づいている〉ということを踏まえて、このように述べている。そして、ラカンは、左記のことを述べている。

「自我」、そしてその中にはたらく「超‐自我」は「人間」には決定的にはたらく。そして、その基盤に「欲動」がはたらく。そして「欲動」におけることとして「欲望」[8]については、とりわけ踏まえる必要がある。そして「欲望」は、「欲求」（「欲求」は多くの場合において「本能」である。あるいは「本能」の延長線上にあることである）と区別される在り方を持つ。そしてこの場合の「欲望」について、「他者」に応えることを〝欲する〟こと（「他者」からの「承認」を〝欲する〟こと）という言い方ができる。

次のようなことを述べることができる。

動物は、生き方の在り方が、基本的に、それぞれに決まっている。それは、動物が、基本的に「本能」だけに基づいているからである。そして、何を、どのように「欲する」のか、ということの在り方が基本的にそれぞれに決まっている。すなわち、動物のそれぞれの「個体」は、「欲する」ということについて、自らに生まれつき備わっている在り方に基づいて行なう。しかし、「人間」は、「欲望」としての「欲する」ということの在り方について、具体的に「学ぶ」ことに基づいてはたらかせる。

（1）

そして、次のようなことを述べることができる。

「愛する」ということには、様々な在り方がある。「愛する」ということには、「私」が「愛する」その「他者」は、「私」がその「他者」に魅かれる(その「他者」を「愛する」)ことを望んでいるに違いないという思い込みが、ともするとはたらく。しかし、どのような「愛する」ということにせよ、「愛する」ということにおいて、まったく充足した(満足した)と言えることは起きるのか？　起きないと言わざるを得ない。「欲求」の場合、たとえば、どのようにせよ「食べる」ということをめぐる「欲求」は、「食べた」ということで、さしあたり充足した(満足した)ということが起きる。しかし、「愛する」ということとしての「欲望」は、充足し切る(満足し切る)ということはあり得ない。そして、「愛する」そして、とりわけ「愛される」ということを、一定の〝頂点〟として「欲望」について、基本的に、次のように述べることができる。

そもそも「欲望」は、充足し切る(満足し切る)ことはない。

(2)

「欲望」は展開した在り方を持てば持つほど、「他者」(「他者」たち)が「欲望」をはたらかせる、ということの中ではたらく、という在り方を持つ。**このことについて、次のような言い方ができる。**

「欲望は、他者(他者たち)の欲望において欲望である。」

既に述べたように、「欲望」は、次のようなこととしてはたらく。

「欲望」ということは、「他者」が「欲する」ことに応えることによって「他者」が「承認」することが自分にはたらく(自分が「承認」される)、ということを「欲する」ということである。

たとえば、次のようなことを述べることができる。

或る「幼児」を見かけ、その「幼児」に、〝かわいい〟と声をかけるようになる。そうしたことにおいて、「幼児」には、やがて、次のようなことがはたらくようになる。「他者」に対する一定の「応答」において、自らに対して〝かわいい〟という言い方などがされ、自らが「承認」される、ということを「欲する」。

同様なことであるが、次のようなことを、述べることができる。

或る人に、「(その人における)～はよい」といったように「期待」を持ち、そのように声をかけることを「欲する」。そして、声をかける。そうしたことにおいて、その声をかけられた人には、やがて、次のようなことがはたらくようになる。「他者」に対する一定の「応答」において、自らに対して「～はよい」といったように声をかけられるといった在り方で、自らが「承認」される、ということを「欲する」。

このようにして、「他者」が「承認」するということが、自分にはたらくということに向けて、という在り方で、「欲望」は、はたらく。

そして、さらには次のようなことも述べることができる。

そうした「欲望」を互いにはたらかせ合うようにして、そうした〝結び付き〟がはたらく中で、「欲望」ははたらく。

ラカンは、「他者」は、こうしたことの〝枠組み〟(〝構造〟)においてはたらく、ということを言わんとする。

第五節　「症例エメ」について

こうしたラカンの基本的「思想」をめぐって、〝脈絡〟が幾分ややこしいが、ラカンが1932年、31歳の時に発表した博士論文(9)をめぐって、述べておきたい。ラカンは、彼が治療を行なったエメ(Aimer)という女性についてのこと(「症例エメ」)を述べている。

エメという女性(38歳)は、或る女優Ⓑに、その女優が舞台出演のためにいた劇場の楽屋近くで、斬りつけ、けがをさせた。エメは、もともとその女優の熱烈なファンであったが、その女優に直接の面識はなかった。

このことの経過を、左記のように述べることができる。

エメは、かつて職場の同僚の或る女性Ⓐに強く魅かれながら、ともに仕事をしていた。エメは、その女性に、自分の〝理想像〟をとらえ、その女性に、エメ自身が〝持つもの〟の実現をとらえていた。そのように「同一化」していた。そのように、その女性Ⓐを「愛した」。しかし、同時に、嫉妬と、それ故の憎しみを持っていた。その女性Ⓐは遠くへ転居した。

エメは、その女性Ⓐに女優Ⓑが似ていると思った。そして、女性Ⓐの代わりに女優Ⓑに「同一化」した。そして、その女優の熱烈なファンとなった。そのように、その女優Ⓐを「愛した」。しかし、同時に、嫉妬と、それ故の憎しみを持っていた。

そして、次のようなことを述べる必要がある。

エメには、〝一方的な解釈をする〟ということに伴なわれる、という在り方ではあったが、「他者」

に応えることを〝欲する〟こととしての「欲望」がはたらいた。すなわち、エメにおいては、自分の〝理想像〟をとらえ自分が持つものの実現をとらえていた「他者」は、自分に「愛される」ことを望んでいるに違いないと思い、その「他者」に応えることを〝欲する〟という「欲望」が、その「他者」を「愛する」ということにおいて、はたらいた。

　そのようにして、エメは、かつての同僚の女性(A)や女優(B)を、自分が持つものの「鏡像」、すなわち、「鏡」に映る自分の「像」のようにとらえていた。言い換えれば、エメは、かつての同僚の女性(A)や女優(B)に、自分に「自分とは何か」という問いに答えとなる「イメージ(イマージュ)」をとらえていた。そして、敢えて言えば、エメには、そうしたことにおいて、〝相手を自分としてとらえた〟。

　しかし、エメの場合、さらに次のことがはたらいた。

　エメは、嫉妬と、それ故の憎しみから、自分が〝否定されている〟という思いも持った。そうしたこととしての「被害妄想」を持った。エメは、そうした在り方の、「妄想症患者(パラノイア)」であった。そして、「妄想」が増幅していくことによって、女優(B)を待ち伏せして斬りつけた。

　ラカンは、次のように分析している。

　エメは、実は、〝至らない〟自分を「罰する」必要があると思い続けていた。そのようにして、エメは、さらに「自罰パラノイア」でもあった。「自己懲罰」、すなわち「自罰」の実行のために行なったことが、自分が「同一化」していたが、しかし嫉妬と、それ故の憎しみを持っていた女優(B)に斬りつける、ということであった。実は、その時、エメは、親族における不都合にさえ、女優(B)がかかわりがある、[10]と思うほどに、「被害妄想」が悪化していた。しかし、結局は、どれもこれも、自分が悪い、という思いも持った。そして、自分は罰せられる必要があると思い、罰せられることをしようと思い、愛することが、強い悪意を向けることにもなっていた相手である女優(B)に、そのことを実行した。そのように、「自罰」が、歪んだ在り方ではたらいた。

エメは、逮捕された。一時、病院にも収容されたが、やがて「法」に基づいて処罰された。「法」によって処罰される、ということの「手続き」の経過において、そして、処罰されるということにおいて、法的な言葉(言語)を〝突きつけられた〟。そうしたことにおいて、エメは、〝正気に戻る〟ように自分を〝認知〟できるようになった。

ラカンは、この「エメの症例」について、医師として自らが所属していた病院(サンタンヌ病院)で扱った。そして、こうしたことをも踏まえて、ラカンはやがて、「人間」の「幼児」期における「想像力」の段階について明らかにする。そして、そのことを、1936年(35歳)、「鏡像段階」論[11]として「国際精神分析学会」で発表している。〔そして、第二次世界大戦後、1949年(48歳)、再度の発表を行なっている。〕その主張について検討したい。

第六節　「鏡像段階」論、そして「想像界」への問い

「鏡像段階」論とは、「人間」は、「幼児」期に「鏡」に映る自分の「像」(「鏡像」)を「自分」であるとしてとらえる時期がある、ということである。

第一篇において述べたが、かつてフロイトは、「自我」の「発生」について、**生後6カ月〜18カ月**（1歳半）の頃において、「快（快感）原則」以外に「実世界原則」[12]がはたらくようになる、ということによって、起きると述べた。そして、その後、**3歳〜6歳の頃に**「自我」の「確立」が起きる、ということを述べた。

ラカンは、「自我」の「発生」の時期を、**生後6カ月〜18カ月の頃**とした上で、フロイトの主張に加えるべきこととして、左記のことを述べている。

生後6カ月〜18カ月の頃、「幼児」は、「鏡」に映った自分、すなわち、自分の「鏡像」を「自分」であると分かる。それまでは、そもそも「自分」という「意識」すら持っていなかった。さらに言えば、「幼児」は、それまでは、「自分」という「意識」がないので、自分と「母親」との区別もついていない。そして、「幼児」は、言わば〝すべてが自分〟というような思いの中で、ランダムに（はたらくにまかせるように）「欲求」がはたらくという在り方を持った。（ラカンは、このことについて、「幼児」は、言わば「寸断された身体」の在り方を持つという言い方をしている。）しかし、やがて、次のことが起きる。

「幼児」は「想像する」こと、すなわち、「イメージ（イマージュ）」をはたらかせることに基づいて、自分の「鏡像」を「自分」としてとらえる。「鏡」に映っている、よく見かけるもの（「母親」）の隣に映っている〝もの〟について「想像」をはたらかせるうちに、それが「自分」であると気づく。[13]そして、さらには、そのように気づいて喜んでいる「幼児」に「母親」が「それが、あなたよ。」と言うということによって、その思いが伝わるようにして、「幼児」において「自分」ということについての「認識」が確かに行なわれる。[14]

そのようにして、「幼児」において、「想像」に基づいて自分の「身体」の「イメージ(イマージュ)」を持つ、ということが起きる。このことは、フロイトが述べていた〈「快(快感)原則」だけがはたらく状態にさらに「実世界原則」がはたらくようになる、ということ〉において「自我」が「発生」するということと重なって起きる。さらに言えば、そのことの、一定の前提として起きる。

こうして、ラカンは、「自分」ということの「意識」の「発生」、さらに言えば、「自我」の「発生」は、基本的に、まず「想像」ということによって、自分の「身体」の「イメージ(イマージュ)」を持つ、ということに始まる、ということを述べた。

ラカンはこうしたことから、「人間」はまず「想像界」[15]に基づいている、ということを主張した。

そして、ラカンは、こうした「自分」ということの出発点について、根本的な問題も明らかになっているという指摘もしている。それは、左記の(1)、(2)のことである。

(1)

「人間」は、実は、そもそも「自分」の姿を「鏡像」でしか見ることができない。すなわち、「人間」は、「自分」の姿を「鏡像」をめぐる「イメージ(イマージュ)」としてしかとらえることはできない。さらに言えば、「自分」は、「他者」に見られる「自分」の姿を「想像」する、ということでしか、「自分」の姿をとらえることができない。すなわち、「自分」の姿を直接に見ることはできない。そのようにして、それぞれの「個人」は、「自分」の姿を「イメージ（イマージュ）」としてしか見ることはできない。

そして、「鏡像」においては、実は、左右が反転している。そうであるが故に、「他者」が見ている通りには、「自分」は「自分」の姿を見ることはできない。実は、「自分」は「自分の真の姿」にはたどりつけない。そして、ラカンは、そのことを「主体は、自らを、鏡像の中に疎外している（主体は、鏡像によってこそ、しかし、あくまでも鏡像としての在り方で、自らをとらえる）」という言い方をしている。

（2）

「幼児」は「自分」の「鏡像」を「自分」であることに気づき、喜ぶ。そして、「自分」の「鏡像」が好きになる。さらに言えば「鏡像」とは言え「自分」が好きになる。そのようにして「自己愛」[16]が始まる。

そして、この「自己愛」について、次のようなことを述べる必要がある。

「自分」の「鏡像」は自分の「外部」にあるので、実は「他なるもの」である。「他なるもの」であるが故に「対象」となっている。「自分」の「鏡像」は、「自分」が映っている、ということであるとは言え、「鏡の中の自分」という「他なるもの」である。さらに言えば、「自分」の「鏡像」は、「他なるもの」であることによって、敢えて言えば「他者」という在り方を持つ。そして、このことは、端的に言えば、「他者」を「愛する」ということとしての「他者愛」の出発点でもある。このようにして、「他者愛」は「自己愛」の延長線上において、その変形として始まる。

ラカンは、こういったように「鏡像段階」から明らかになる問題について述べている。

(1)と(2)のことは〝連続〟しているが、(2)のことからは、さらに左記のようなことも述べる必要がある。

ラカンは、「他者愛」が「自己愛」の延長線上においてその変形として始まる、ということを明らかにしたが、実は、次のようなことを問うている。

そうでない「他者愛」はあるのか?

たとえば、自分が、或る一人の人がどうしても好きになって、その人のいくつもの具体的な面からまさにその人が好きであると思え、その人のことを知れば知るほど、さらにいくつもの具体的な面からその人が好きであると思える、という場合は、どうか? 次のことを述べざるを得ない。

自分は、いくつもの面から、その人が好きなのであるが、好きになる面について、それが好きになるということは、そうした面について好きになるということが、もともと自分にはたらいているからである。

さらに言えば、実は、自分が、その「他者」がどうしても好き、ということは、その「他者」に、自分が好きと思えることを映しながら、その「他者」をそのように好きになる、ということである。すなわち、自分が、その「他者」がどうしても好き、ということは、実は、端的に、自分の「鏡像」が好き、ということでもある。

もちろん、自分が好きになっているその「他者」のいくつもの面の多くはもともとその「他者」自身が持っているもののはずである。しかし、そうした面に対して「好き」ということをはたらかせるのは、「好き」と思う自分である。そうであるが故に、自分が、その「他者」がどうしても好き、ということは、実は、やはり、端的に、自分の「鏡像」が好き、ということでもある。

次のような場合は、どうか？

一定の人々の集まりについて、「私は、みんなが好きだ。」という思いを持ち、そのように述べる。ここまで述べて来たことを、より〝強い〟言い方で述べることができる。

「私は、みんなが好きだ。」ということを言う場合、「みんな」という言い方をしたいと思えた「みんな」における一定のことに、「私」が好きになる面があることを、「私」がとらえていると言えるが、**好きになるということは、そうした一定のことについて好きになるということが、もともと自分にはたらいているからである。**そして、自分がそうした一定のことについて好きになるということをはたらかせて、そのようにとらえていると言える。そして、「みんな」という多くの人々には、多くの人々であるが故に、「みんな」とは言うものの、それぞれの人に、簡単に〝くれない〟様々な〝実質〟が伴なわれていると言わざるを得ない。そうであるが故に、「私は、みんなが好きだ。」という言い方は〝広い〟「愛」のようですばらしいが、やはり、実は、自分の「鏡像」が好き、ということを〝当てはめる〟という在り方を持っている。

こうしてラカンは、敢えて次のことを言わんとする。

「精神分析」は、「他者愛」は基本的に「自己愛」の変形であるととらえることを前提とする。

ラカンのこうした主張については、いくつものことを問う必要がある。しかし、さらに、ここで、次のようなことを述べておきたい。「欲動」ということには、一定の中心として「性的なもの」がはたらく。「好きになる」ということの背景には、どのようにせよ、そうしたこともはたらいている。そして、そうしたこともはたらきながら、「好きになった」「他者」には、自分の「鏡像」がはたらく。

なお、ラカンは、「鏡像段階」をめぐって、さらに、次のようなことも述べている。

自分ということ（そして「自我」）の「発生」が、まず、自分の「鏡像」に自分を「同一化」させるということである、ということは、以後**「同一化」**[17]ということが、様々なことの「イメージ（イマージュ）」に「自分」を「同一化」させることで、あり続ける、ということの出発点となる、ということである。「同一化」ということは、自分ということ（そして「自我」）を、よきにせよあしきにせよ、そうした在り方において、展開させる、。

関連で、次のようなことも述べておきたい。

自分が自分のプラスのことと思っていることを、好きな相手が持ちあわせているかのようにとらえ、その相手をますます好きになる、というようなことがある。それは、既に述べたように、**「同一化」**と呼ばれることである。「同一化」は、くだいた言い方では「思い入れ」とも言い換えることができる。

逆に、自分が気にかかっているマイナスのことについて、そうしたことを、自分が嫌いな相手が持ちあわせているかのようにとらえ、その相手をますます嫌いになる、というようなことがある。

それは、**「投影」**と呼ばれることである。

「精神分析」においては、フロイトが、そうした用語を使って以来、端的に〝好きになる〟ということを、基本的に**「転移」**と呼ぶ。そして、まさに〝好きになる〟ことを**「陽性転移」**と呼ぶ。そして、逆に〝嫌いになる〟ことを**「陰性転移」**を呼ぶ。

ラカンには、次の問いが、はたらき続ける。

「自己愛」の延長線上にある、という在り方にはとどまらない在り方で、「他者」へと向かう、ということは、どのような場合におけることなのか、そして、どのようなことなのか？

第七節　「エディプス・コンプレックス」をめぐる「抑圧」について

ラカンは、「精神分析」にとっての、もともとの本題である「神経症」の治療について、フロイトが述べた次のことを踏まえている。

何かつらい「出来事（事実）」（の「記憶」）をめぐって「抑圧」がはたらき、そのことによる「症状」として「神経症」が起きるが、そのことにおいては、「欲動」を消耗させるということが起きている。そして、「神経症」が治癒する時には、その具体的な「出来事（事実）」（の「記憶」）について、「自由連想法」に基づき、その人自身が思い出し、自らとらえ返す、ということが行なわれる。その場合の具体的な「出来事（事実）」は、〝何か一般的なことに解消されるようなぼんやりとしたこと〟ではあり得ない。**その人にとってのまったく「個別的な」「出来事（事実）」**である。そうした

「個別的な」「出来事（事実）」がとらえ返されない限り「神経症」は治癒しない。そして、「抑圧」されることには、「性」がかかわることが、基本的な在り方では、どのようにせよ結び付いている。そして、日常生活を生きる中で起きるあらゆる「抑圧」の奥底には、基本的に、「幼児」期において起きた「原 - 抑圧」とも言うべき「抑圧」である**「エディプス・コンプレックス」をめぐる「抑圧」**がはたらく。

そして、ラカンは、「エディプス・コンプレックス」をめぐって、フロイト以上に踏み込んで、左記のような主張を行なっている。

「エディプス・コンプレックス」をめぐる「抑圧」については、「言葉」、さらに言えば「言語」を主題化して、述べる必要がある。

「エディプス・コンプレックス」とは、「男児」を例にとって述べるならば[18]、「母親」との〝一体化〟を「父親」をめぐることによってやめる、ということについてのことの「抑圧」である。実は、**このことにおいて、「幼児」は、「言葉」を「言語」としての在り方で使うことを始める。**

どういうことなのか？

「言葉」を「言語」（「言語システム（言語体系）」）としての在り方で使うことを始める、ということの以前においては、実は、まず、限られた個々の「言葉」を一定の背景から使う、ということとしての〝**「言葉」を使い始める**〟ということが行なわれる。そうしたこととしての〝「言葉」を使い始める〟ということは、次のことである。

「幼児」は、「母親」と〝一体化〟している時期において、「ママ」といった「母親」の呼び名を使う。そしてそれは、「母親」を呼び寄せる、ということ以外の、或る決定的な在り方で使われている。**すなわち、「幼児」は、「ママ」という「言葉」を、「母親」がいない時に、そのことについての「不安」から、「母親」の実際の「存在」の代わりに使う。**「幼児」は「母親」がいない時、泣き出すが、しかし、「ママ」という「言葉」を発声する、ということによって、「不安」を、一次的に、自ら解消させる。そのようにして、「幼児」は〝「言葉」を使い始める〟。

　こうした〝「言葉」を使い始める〟ということについては、踏み込んで次のように述べることができる。

　この場合の「言葉」は、まだ「言語システム」の中の「言葉」ではない。「言語システム」の中の「言葉」の場合、「ママ」という「言葉」に伴なわれているのは、「女性の親」という「一般的意味」である。（すなわち、「ママ」（＝「母親」）ということの「概念」である。）しかし、前述のことの場合の「言葉」に伴なわれていることは、そうした「一般的意味」ではない。その「幼児」自身の「個別的な」「母親」、言い換えれば、そうした「存在」としての「母親」である。すなわち、その「幼児」は、他ならない自分の「母親」が、自分が「ママ」という「言葉」を発声することによって、そこにいるように思う。

　すなわち、〝「言葉」を使い始める〟時期における「言葉」は、「概念」としての「一般的意味」の「代理物」ではなく、「個別的な」「存在」の「代理物」である。端的に言えば、〝「言葉」を使い始める〟時期にお

ける「言葉」は「一般的意味の代理物」ではなく、「存在の代理物」である。

　そして、やがて「幼児」はその後、「一般的意味の代理物」としての「言葉」を数多く習得し「言語」を使うようになる。しかし、もともとの「言葉」は、このように、「一般的意味の代理物」ではない、ということを踏まえる必要がある。

　そして、「言葉」を使い始める時期における「言葉」は、「ママ」など、ごくわずかな「言葉」である。すなわち、「幼児」にとって自らに決定的に重要なものにこそ、「存在の代理物」としての「言葉」が使われる。

　こうして、「幼児」は、まだ「母親」と一体化している時期、「母親」についての「存在の代理物」として「ママ」という「言葉」を使う。その時の「幼児」にとって「母親」との間には一体化しているという関係がはたらくが、**このようにして使われる「ママ」という「言葉」は、「幼児」にとって、一応であるとは言え「外的なもの」である、ということにおいて、「他者」である。**

　ただし、そうした「言葉」は、「音声」であって「空虚な」ものである。そうであるが故に、「幼児」には、「他者」であるとは言え「空虚な」在り方を持った「外的なもの」が、一応、はたらくようになったとも言える。しかし、あくまでも、まず、基本的に述べることができることは、そうした「言葉」は、まだ「母親」と一体化している時期において、**「存在の代理物」**としての在り方においての「他者」としてはたらく、ということである。こうして、「言葉」を使い始めるということは、あくまでも、このような在り方を持つ。

しかし、やがて「言葉」が「一般的意味の代理物」であることが、決定的な在り方ではたらく、ということが起きる。それこそは、「幼児」が「エディプス・コンプレックス」を持ち、そのことをめぐる「抑圧」を行なった時である。そして、その時に「幼児」が「父親」に対して「パパ」という呼び名で呼ぶ時、そのことは、自分の「個別的な」「父親」の「存在の代理物」として、その「言葉」を使う、ということにはとどまっていない。**「父親」ということの「一般的意味」にとっての「代理物」として使う、ということである。**さらに言えば、「幼児」はもはや、「存在の代理物」を使うことにとどまらず、そして、さらには、「一般的意味の代理物」を〝使い始める〟といったことにとどまらず、**まさに「一般的意味の代理物」を使う。**そのようにして、「幼児」はもはや、まさに**「一般的意味」を持つという在り方の、言わば「象徴」を使う。**

そして、「パパ」という「言葉」を、「父親」ということの「一般的意味の代理物」として使う、ということは、言い換えれば、「父親」ということの「一般的な」まさに「概念」の「代理物」として使う、ということである。そのことは、「パパ」という「言葉」を、「男性」の「親」という「一般的意味」において使う、ということであるが、この場合、「パパ」という「言葉」を、そうした一般的「意味」において使う、ということは、そのことによって、「母親」と「父親」を、ともにまさに「親」としてとらえ、自分自身を〈「親」-「子」〉の〝公的〟「関係」に基づく、という在り方でとらえる、ということでもある。

そのことは、「幼児」が、「一般的意味」(=「概念」)を持つこととしての「言葉」を、当たり前に使うと

いうことを始める、ということである。さらに言えば、「言語」（「言語システム」）に基づく在り方で「言葉」を使う、ということを始める、ということである。そのようにして、「エディプス・コンプレックス」をめぐる「抑圧」（すなわち「原 - 抑圧」）が起きる、ということは、「幼児」が、「言葉」を「一般的な」在り方において使う、ということの中へと入って行く、ということである。すなわち、「言語」をまさに使う、ということの中へと入っていく、ということである。さらに言えば、「言語」は、夥しい数の「言葉」と、「文法」と、さらには、「修辞法（レトリック）」といったことに基づくが、そうした「言語システム」としての「言語」を使う、ということの中へと入って行く、ということである。

そして、さらに次のことを、述べる必要がある。

「パパ」という「言葉」を、そうした「意味」において使う、ということは、そのことによって、「母親」と「父親」を、ともに〝公的〟在り方において「親」としてとらえ、自分自身を、まさに〈「親」-「子」〉の〝公的〟「関係」に基づくというようにとらえ、さらには、〈「親」-「子」〉の〝公的〟「関係」に基づくことを求める「規範」に従う、ということである。すなわち、そのようにして、「規範」に従うということの中へと入っていく、ということである。そして、「言語」に基づく（「言語システム」としての「言語」に基づく）ということと、「規範」に従うということは、〝構造的に〟重ねてとらえることができる。そして敢えて言えば、実は「規範」に従うということは、「言語」（「言語システム」）に基づくということと〝等根源的に〟はたらくという言い方ができる。

第八節　「象徴界」への問い

ラカンは、「一般「意味」(＝「概念」)を持つものとしての、「言葉」(さらに言えば「言語」、さらには「規範」)について、symbole(サンボル)という言い方をする。英語で言えば、symbol(シンボル)である。「記号」とも邦訳できるが、〝単なる〟「記号」ではない。そして、定訳としては「象徴」と邦訳されて来た。

そしてラカンは、「エディプス・コンプレックス」をめぐる「抑圧」(すなわち「原‐抑圧」)が起きるということは、symbole(サンボル)の「世界」の中に生きるようになる、ということである、と述べている。そして、symbole(サンボル)の「世界」を、le symbolique(ル・サンボリク、邦訳の定訳で、「象徴界」)と呼んでいる。

(なお、この場合、「象徴界」を、「記号界」と邦訳しないことについて、次のことを述べておきたい。「記号」という場合、場合によっては、個々にバラバラの「記号」に「意味」が伴なわれているということが含みとしてはたらくことがある。しかし、「言語」(「言語システム」)においては、「言葉」が個々にバラバラにはたらくというようなことはない。すなわち、「記号」と「対象」が〝単純な〟「対応」関係を持つ、というような場合におけるようなことには、とどまらない。「言葉」はそれぞれが「差異」のはっきりとした「体系的」関係において使い分けられるという「システム」を前提としている。そして、さらに「文法」、「修辞法(レトリック)」といったことに基づくという在り方で、言わば〝多重的な〟までの「システム」ということに基づく。そのようにして「言語」は、

「記号」が単なる「記号」の集合体における「記号」という在り方を持ってしまうような場合におけることではなく、「言語システム」としての在り方を持つ。こうしたことから、le symbolique(ル・サンボリク)を「記号界」ではなく「象徴界」と訳すならば、一定の含みがはたらく。しかし、そうは言っても、「象徴界」という表現は分かりにくいが、次のことを述べることができる。

そこには言語界(「言語」の「世界」)がはたらくという言い方ができる。そして、さらに、含みとして、規範界(「規範」の「世界」)がはたらくということも述べる必要がある。そして、さらには、含みとして、一定の「権威」を持つものに基づく「世界」がはたらくということも述べる必要がある。そして、そうしたことからは、一定の在り方で、広義においての「社会」がはたらく、という言い方もできる。

そして、この場合の「言葉」と「意味」について、ラカンはフランス語で、それぞれ signifiant と signifié(さらに signification)という言い方をしている。日本ではカタカナ表記で、それぞれ「シニフィアン」「シニフィエ」(さらに「シニフィカシオン」)と表記される。

そうしたことは、もともとソシュール[19](1857~1913)が、次のように明らかにしていた。「シニフィアン」は、「音声」に基づく「表現」、「シニフィエ」(さらに「シニフィカシオン」)は、「イメージ(イマージュ)」に基づく(さらには「定義」、言い換えるならば、「概念」に基づく)「意味」ということである。

端的には、次のようにも述べることができる。

「シニフィアン」=「言葉」、「シニフィエ」(さらに「シニフィカシオン」)=「意味」である。

ラカンは、「象徴界」の中に、「幼児」は、「エディプス・コンプレックス」をめぐる「抑圧」（＝「原-抑圧」）が起きることによって生きるようになる、ということを述べた。そして、ラカンは、「象徴界」ということを、フロイトが述べていた「超-自我」ということについて展開させることによってとらえている。すなわち、フロイトが述べていた「超-自我」について、〈「象徴界」がはたらくということ〉として、とらえている。

既に述べたように、ラカンは、「幼児」は、「自我」の「発生」において「想像界」に生きるようになる、ということを述べていたが、このようにして、さらに、その上に、「エディプス・コンプレックス」をめぐる「抑圧」（すなわち「原-抑圧」）が起きることによって「自我」は「確立」し、「象徴界」に生きるようになる、ということを述べた。

そして、ラカンは、「象徴界」は、「個人」に「統合性」をはたらかせると、とらえている。

第九節　「象徴界」の中に生きる、ということ

このようにして、ラカンは、「人間」は、決定的な在り方で「象徴界」に生きる、ということを強調する。そうしたラカンの「象徴界」をめぐる主張について、さらに述べることにしたい。

既に述べたように「幼児」は、「エディプス・コンプレックス」をめぐる「抑圧」（すなわち「原-抑圧」）が起きて以降、「言葉」として夥しい数の「一般的意味の代理物」を使うようになる。

すなわち「幼児」にとってそれ以降、「言葉」の基本的な在り方は、「一般的意味」（＝「概念」）を持

つ「言葉」である。たとえば、「ママ」、すなわち「母親」は、「女性の親」であり、「パパ」、すなわち「父親」は、「男性の親」である。しかし、次のことも述べる必要がある。

「言葉」が、「言葉」を使い始めるという時期においてそうであったように、「存在の代理物」としてはたらくということも、それぞれの「個人」の、その後の人生において、やはり、ともすると起きる。すなわち、その後の人生においても、場合によっては「母親」という「言葉」が、ともすると、私の「母親」として使われ、「父親」という「言葉」が、私の「父親」として使われる。そして、さらには、そのことからそうした「言葉」が、その場にいない、私の「母親」や、私の「父親」が、実際にいるかのように「イメージ(イマージュ)」がはたらくというような在り方で、使われることがある。そして、たとえば、次のようなことも述べる必要がある。「おはよう」とか「こんにちは」といった「言葉」には、「言葉」としてのそれ自体としての「一般的意味」(=「概念」)は、はたらかないが、あいさつするという「行為」において使われる、ということにおいて、私の「存在」を示す、ということをはたらかせる。すなわち、「私」ということの「存在の代理物」としてはたらく。「人間」は、こうした例のように、「自我」の「確立」後においても、「存在の代理物」としての「言葉」を使うということも行ないながら、主に「一般的意味の代理物」としての「言葉」を使い、生きる。そうしたこととして、「人間」が「象徴界」に生きる、ということの、さらに実際の在り方をとらえることができる。

そして、「言葉」を「言語」(「言語システム」)としての在り方で使うことを始めて以降においては、それぞれの「個人」にとって、もはや「イメージ（イマージュ）」がはたらくということには、どのようにせよ基本的には「言葉」がはたらくということが伴なう。「イメージ（イマージュ）」だけがはたらくと思えるような場合でも、どのようにせよ基本的には「言葉」が、フィルターのようにしてはたらいている。「イメージ（イマージュ）」の方が「言葉」よりも豊かであると言えるが、「言葉」というフィルターが、どのようにせよ必然であるかのようにはたらくということの故に、「イメージ（イマージュ）」は、ともすると二次的な在り方を持ってしまう。

そしてラカンは、睡眠中に見る「夢」をめぐって、次のようなことを述べる。

「夢」には、かつてフロイトが明らかにしたように、（1）「置き換え」がはたらく。そして、「隠喩（メタファー）」、「換喩（メトニミー）」といった、「言葉」に特有な「表現」がはたらく。[20] さらに、（2）「圧縮」[21]（「重層化」、「凝縮」）がはたらく。そして、「夢」は、あくまでも、そうしたことに「イメージ（イマージュ）」が伴なわれることによって、視覚的な在り方でつくり出されている。そうであるが故に「夢」は、「言葉」（さらに言えば「言語」）によって「解読（解釈）」ができる。そして「夢」は、そのような在り方でこそ、「無意識」の「表現」である。このことから、次のように述べることができる。

「無意識」は、「言葉」（さらに言えば「言語」）に基づく在り方を持つ。

そしてラカンは、このことを次のように述べている。

「無意識は、言語のように（言語として）構造化されている。[22]」

「夢」が「無意識」の「表現」であるということは、フロイトが明らかにしたように、「夢」は「抑圧」をめぐっての「表現」であり、「欲望」(「欲求」も含めて)がはたらく中での「願望」の「表現」である、ということである。そしてさらに言えば、「夢」は、そうしたこととして「欲動」の「表現」である。そのような在り方で、「夢」は、言わば、「人間」の一定の〝根本〟の「表現」である。こうしたことから、まさに次のように述べることができる。「人間」の一定の〝根本〟は、「言語のように(言語として)、構造化されている。」そして、さらに次のようなことを述べることができる。「無意識は、言語のように(言語として)、構造化されている」ということにおいて、「無意識」は、それぞれの「個人」が、「象徴界」に生きる、ということを明らかにしている。

そして後述するが、ラカンは、「統合失調症」という「精神病」を「象徴界」が〝壊れている〟こととして明らかにする。そして、ラカンは、「統合失調症」が重い場合、「無意識」がはたらかず「夢」を見ない、ということを述べている。

第二章　ラカンの基本的「思想」その2

第一節　あらためて「欲望」について

ラカンの「象徴界」をめぐる主張として、さらに次のことを述べておきたい。

繰り返し述べたように、「幼児」は、「エディプス・コンプレックス」をめぐる「抑圧」（すなわち「原 - 抑圧」）が起きるということによって、「象徴界」の中に生きるようになる。それは、端的に言えば、「規範」の「世界」の中に入る、ということでもあるが、もちろん、「言葉」（さらに言えば、まさに「言語」）の「世界」の中に入る、ということである。そして、さらに言えば、何か「権威」とも言えることをとらえ、そのことに従う、ということがはたらく「世界」の中に入る、ということでもある。そしてさらに敢えて言えば、そのようにして自分の中に、広義の「社会」がはたらくようになる、ということである。

そして、そのことは、「欲動」が、「欲望」としての在り方ではたらくことにおいて、分かり易い〝在り方で異性の親へと向かう、ということが、終わる、ということである。さらに言えば、〝分かり易く〟〝尖った（とがった）〟在り方で異性の親へと向かう、ということが、終わる、ということである。このことを、ラカンは、言い方は分かりにくいが「去勢」と呼んでいる。あるいは、やはり分かりにくいが「欠如」と呼んでいる。そして、この場合の、〝尖った〟在り方、ということをめぐっては、それ以後は、そうしたことの代わりに、そうしたことの、言わば「象徴」（「シンボル」、フランス語ではsymbole（サンボル））がはたらくようになる、ということを、ラカンは述べている。そして、この場合の「象徴」ということを、ラカンは「ファルス」という「呼び名」としての「言葉」であると述べている。〔そして、ラカンは、「ファルス」は、「欲動」の〝根本的な〟在り方での「象徴」とも言えるので、「ファルス」という「呼び名」としての「言葉」は、そうしたことにおいては、〝究極的な〟「象徴」である、ということを述べている。〕[23]

ラカンは、このように、それぞれの「個人」が「象徴界」の中に生きるということにおいて、「欲動」が展開した在り方ではたらく、ということをめぐって、次のことを述べている。

「欲動」は、それぞれの「個人」を踏み込んだ在り方で、そして展開した在り方で、様々に具体的に、まさに「欲望」に基づいて生きる、というようにする。

そして、ラカンは、「象徴界」の〝主題化〟へと行き着いていたが、あらためて、「欲望」の主題化へと立ち返る。そして、「欲望」の主題化から、「想像界」を踏まえ直すことへと向かう。

前述のことであるが、ラカンが「欲望」ということをめぐって、とりわけ踏み込んだ在り方で述べていたことについて、もう一度述べておきたい。

「欲望」は、「他者」に応えることを〝欲する〟こと（「他者」からの「承認」を〝欲する〟こと）である。そして、「欲望」は、充足し切る（満足し切る）ことはない。

そして、ラカンは、「象徴界」を踏まえることにおいては、「想像界」のはたらきを、踏まえ直す必要があるということを、言わば〝図式を際立たせて〟述べる。そうした「想像界」についての〝立ち返った在り方での〟強調は、1950年代のラカンにおいて、「象徴界」についての強調の後に、「対象a」、「シェーマL」ということの主張によって行なわれる。左記において検討したい。

第二節　「対象a」について

「対象a」と言われることの議論は、ラカンが行なっている議論として有名な議論であるが、やや分かりにくい議論である。（aはフランス語でのカタカナ表記は「アー」なので、「対象a」は「対象アー」と呼ばれる。）

ラカンは、「対象a」を「欲望の原因」ということとして述べている。そして、いくつかの例をあげているが、ラカンがとりわけ例として述べているものから、まず、①「まなざし」と、②「声」について述べておきたい。ラカンが言わんとすることは、次のことである。
①或る「他者」の「まなざし」と接することによって、「想像界」がはたらくということに基づいて、「他者」からの「承認」を〝欲する〟こととして、「欲望」がはたらく。

②誰か「他者」の何らかの「声」を聞いた時、それが「声」であるが故に、もちろん「象徴界」がはたらくが、そのことを〝きっかけ〟とした在り方で、さらに「想像界」がはたらくということに基づいて、「他者」からの「承認」を〝欲する〟こととして、「欲望」がはたらく。

そして、こうしたことに基づいて、ラカンは、「対象a」について、次のことを述べている。

「対象a」＝「欲望の原因」は、「欲望」に、様々な「幻想」を持たせながら、それをはたらかせる。そして、そうしたことにおいて、「欲望」の「対象」がはたらく。

「対象a」は、端的に「想像界」における「他者」をめぐることである。そして、ラカンは、「対象a」を、「小文字の他者」という言い方をもしている。「対象a」のaは、フランス語のautre(オートル、「他者」)の頭文字であるが、まさに小文字で書かれているので、「小文字の他者」という言い方がされる。日本語では「小文字の他者」という言い方がされることによって、〝小さくて〟〝二次的な〟ことについて述べているかのようにも誤解されかねないが、ラカンが「対象a」(＝「小文字の他者」)ということをめぐって、とりわけ述べていることは、**「他者」をめぐってはたらく「人間」の「想像界」に基づく在り方である。**

ラカンは、「対象a」(＝「小文字の他者」)のさらなる例として、**「美しさ」**、**「清潔さ」**、**「秩序」**といった**「言葉」**を述べている。そしてラカンは、分かりにくいが、左記のようなことを言わんとする。

フロイトは次のことを述べていた。「幼児」は、1歳半から3歳(3歳半)の頃の間において、「排泄物」に愛着する。そのことに対して、「親」は強く(厳しく)叱責する。そしてそのことによって

「幼児」は、「親」が、「美しさ」、「清潔さ」、「秩序」といったことの「要求」をしているように思うようになる。そして「幼児」は、「親」から自分が「承認」されることを〝欲する〟ことによって、すなわち、そのように「欲望」をはたらかせる、ということによって、「排泄物」に愛着することをやめる。

フロイトが述べるこのことからは、次のことを述べることができる。「幼児」は、やがて「美しさ」、「清潔さ」、「秩序」といった「言葉」を、自分が「承認」されることを〝欲する〟ということとしての「欲望」の、まさに「原因」とするようになる。すなわち、「美しさ」、「清潔さ」、「秩序」といった「言葉」を、「対象a」(=「小文字の他者」)とするようになる。[24]

そして、次のことを述べることができる。「美しさ」、「清潔さ」、「秩序」といった「言葉」は〝抽象的〟であることによって、むしろ、様々な「イメージ(イマージュ)」(「幻想」(=〝思い込み〟)を含めて)をはたらかせる〝スクリーン〟のような在り方を持つ。そして、そうした在り方において、「美しさ」、「清潔さ」、「秩序」といった「言葉」は、「対象a」(=「小文字の他者」)としての在り方を持つ。そしてラカンは、このように述べることができる、という脈絡において、最初の契機となったものとしての「排泄物」を、敢えて〝それ自体として〟「対象a」である、とも述べている。

そして、さらに、ラカンは、「対象a」(=「小文字の他者」)の、さらに〝直接的な〟例として、「他者の心」という「言葉」ということを述べている。ラカンは左記のように言わんとする。

それぞれの人は、「他者の心」において自分への「承認」がはたらく、ということを〝欲する〟、すなわち、そのように「欲望」をはたらかせる。そうであるが故に、「他者の心」という「言葉」を聞いたり見たりするだけでも、そうした「欲望」がはたらく。そうであるが故に、「他者の心」という「言葉」は、「欲望」の「原因」という在り方ではたらく。すなわち、そのようにして「他者の心」という「言葉」は「対象a」(=「小文字の他者」)としての在り方ではたらく。そして、やはり、次のように述べることができる。「他者の心」という「言葉」は、〝抽象的〟であることによって、むしろ、様々な「イメージ(イマージュ)」(「幻想」(=〝思い込み〟)を含めて)をはたらかせる〝スクリーン〟のような在り方を持つ。そして、そうした在り方において「他者の心」という「言葉」は、「対象a」(=「小文字の他者」)としての在り方を持つ。

このようにして、次のように述べることができる。

「対象a」(=「小文字の他者」)は、「欲望」をはたらかせる、という在り方を持つ。そして、「対象a」(=「小文字の他者」)は、「欲望の原因」である。そして、そのようにして、「対象a」(=「小文字の他者」)は、様々な「イメージ(イマージュ)」(「幻想」(=〝思い込み〟)を含めて)を伴なってはたらく、言わば「イメージ(イマージュ)」において「他者」がはたらくという在り方を持つもの、である。

そして、ラカンは、次のように述べている。「対象a」(=「小文字の他者」)には「想像界」こそが、とりわけはたらく。そして、そのことに〝かかわる〟在り方で、どのようにせよ、「象徴界」もはたらく。そして、やはり、そのことに〝かかわる〟在り方で、さらには「現実界」(このことについては後述する)もはたらかざるを得ない在り方ではたらく。

そして、ラカンは、端的に次のことを言わんとする。

様々に「欲望」が「対象a」(=「小文字の他者」)へと向かうということは、「人間」のまったく

〝根本〟においてはたらく。そして、敢えて言えば、様々に「欲望」が「対象ａ」(＝「小文字の他者」)へと向かうということは、そのような在り方において、「欲望」が**「他者」**へと向かうということである。

なおラカンは、さらに**「対象A」**という用語も使っている。「対象Ａ」のＡは、Autre(オートル、「他者」)の頭文字である。大文字で書かれているので、この用語は「大文字の他者」とも言われる。「対象Ａ」は、端的に言えば、とりわけ「象徴界」に基づいて「他者」がはたらくということ、さらに言えば、とりわけ「象徴界」においてはたらく「他者」である。そして、**ラカンは「人間」が当たり前に「象徴界」の中に生きる、ということについて、「人間」は「対象A」(＝「大文字の他者」)との〝かかわり〟において生きる、という言い方をしている。**

けれども、既に述べたように、「象徴界」について強調しながらも、このようにして、「欲望」が様々に「対象ａ」(＝「小文字の他者」)へと向かうということを述べることによって、ラカンは、あらためて、次のことを強調する。

「想像界」もまた「人間」のまったく〝根本〟においてはたらく。

このことをめぐって、さらに左記のことを述べておきたい。

第三節　「シェーマL」について

ラカンは「シェーマＬ」ということを述べている。

「シェーマL」とはどういうことか？　ラカンは基本的には、実は、右記において「対象a」（＝「小文字の他者」）をめぐって述べたようなことの、踏み込んだまとめとも言えることを述べている。それがどういうことか述べたい。

まず、ラカンは、「対象a」（＝「小文字の他者」）を、a′と表記している。ダッシュ（プリム）[25]が付いているので分かりにくいが、「自我」をaと表記しているので区別できるように「対象a」（＝「小文字の他者」）を、a′と表記している。〔ややこしいが「自我」はフランス語では、moi（モワ）ではあるが、ラカンはそれをアルファベット一文字でaと表記している。〕

そして、a′↙aということを書いているが、「対象a」（＝「小文字の他者」）が「自我」にははたらく、ということを言わんとする。

そして、「対象A」（＝「大文字の他者」）、すなわち「象徴界」に基づいて「他者」がはたらく、ということ、さらに言えば「象徴界」においてはたらく「他者」のことを、Aと表記している。そして、**「自我」＝aには、「象徴界」＝Aがはたらく、**ということを、a←Aと書いている。

そして、Sという一文字が使われている。フランス語のsujet（シュジェ）の頭文字を大文字にしているが、sujetは「主体」ということである。そうではあるが、そうしたことにとどまらず、実はSという一文字で表記することによって、この場合は、フロイトがEs（エス）という言い方で述べていた「欲動」を、とりわけ言わんとしている。

そして、**S→a′ということを、→を破線とすることによって書いている。それは、「欲動」が、とりわけ**

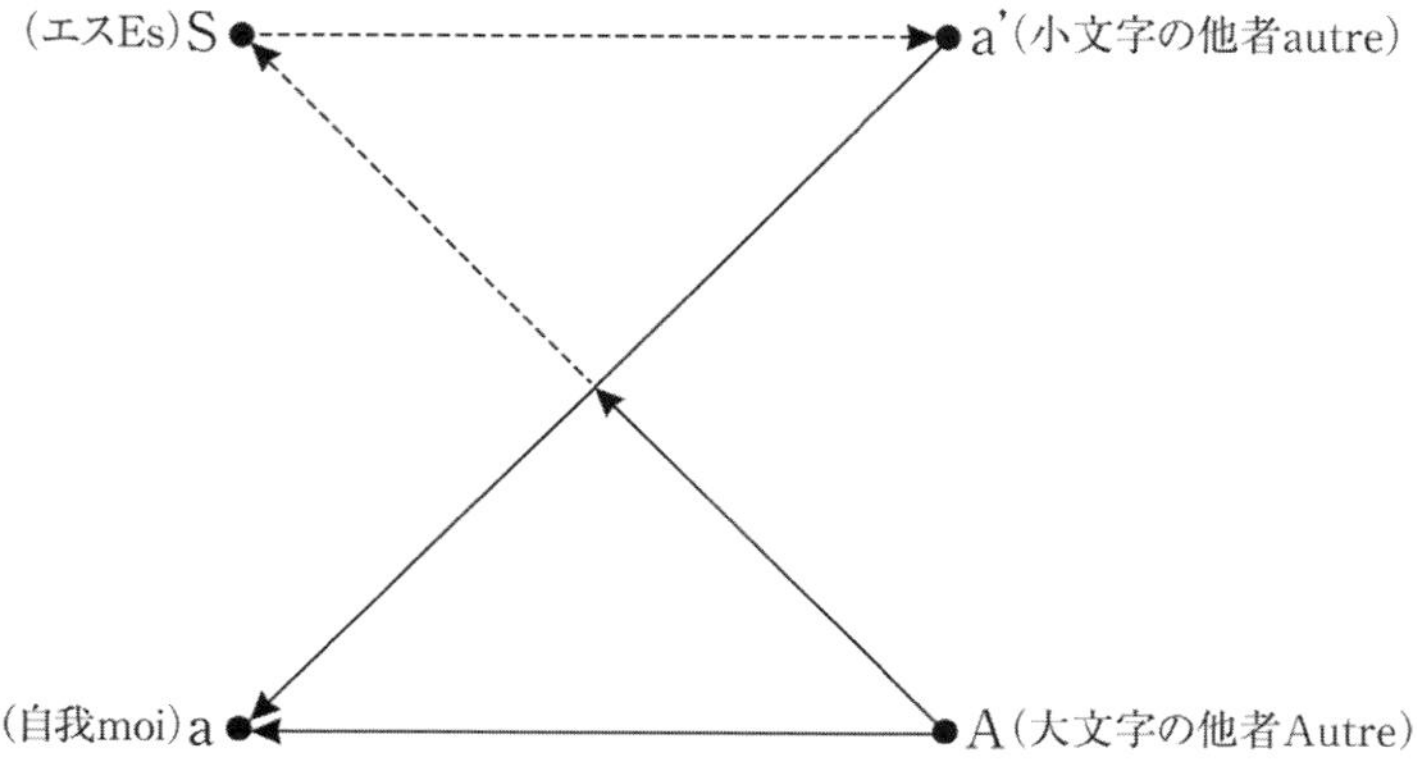

「欲望」に姿を変えてはたらき、そのことに基づいて「対象a」（＝「小文字の他者」）がはたらき、そのことは、「対象a」（＝「小文字の他者」）へと向かう、ということを言わんとしている。

そして、さらに、S↖Aということを↖が半分から破線になる、という在り方で書いているが、「象徴界」が「欲動」に対してははたらくということは、その半分から、a'↙a（「対象a」（＝「小文字の他者」）が「自我」にはたらくこと、すなわち、「対象a」（＝「小文字の他者」）へと「自我」が向かうこと（さらに言えば、とりわけ「想像界」がはたらくということ））が、そのように、介入（介在）する中ではたらく、ということを言わんとしている。

ラカンは全体を上記のように図示している。

そして、a'↙aとa←Aの、Lと、S→a'とS←Aの、逆さのLという、二つのL（いずれも、ちょうど含みを持つようにゆがんだ在り方を持つLなので、分かりにくいが）が、ぶつかり合っているようにも見える。

そして、ラカンは、とりわけ次のことを言わんとする。

「欲動」（さらに言えば、「欲動」に基づく「主体」）には、「象徴界」がまったくはたらく。しかし、そのことには、実は、´a´↙a（すなわち、「対象a」（＝「小文字の他者」）が「自我」にはたらくこと、すなわち、「対象a」（＝「小文字の他者」）へと「自我」が向かうこと」（さらに言えば、とりわけ「想像界」がはたらくということ）が介入（介在）するということが、絶えずはたらく。

そして、ラカンは、このことを´L字型をしたことによって表現できる図式´ということとして、「シェーマL」と呼んでいる。

このようにして、ラカンは、あらためて「人間」における「想像界」のはたらきを、強調する。

ラカンが「想像界」をあらためて重視したことは、「ボロメオ結び」の「思想」とも言えることの背景の一つとなる。このことについては、後述することにしたい。

第三章　ラカンをめぐる問い

第一節　「現実界」への問い

ラカンは、「象徴界」をめぐっては、次のようなことを述べている。

「人間」は、「言葉」（さらに言えば「言語」）ということの〝フィルター〟が絶えず、〝どのようにせよ〟はたらく中で生きている。「人間」は「象徴界」の中に生きるということを〝中心的な〟こととして生きている。そのようにして、「人間」は、多くの場合、そうしたことが当たり前である中で生きている。しかし、このことについては、実は、次のように述べる必要がある。

「人間」は、そのように「言葉」（さらに言えば「言語」）が絶えず、〝どのようにせよ〟間に入るということにおいて、敢えて言えば、「存在」そのものからは隔てられている中で生きている。さらに敢えて言えば、「人間」は、「幼児」期の一定の時期に「象徴界」の中に入って以降、「存在」そのものとしての「現実」からは、隔てられている中で生きている。

ラカンは、こうしたことについて、分かりにくい言い方であるが、「ものの殺害」の中に生きている、という言い方をしている。（さらに言えば、そのようにして、「存在」そのものの殺害、の中に生きている、ということを言わんとする。）

そして、ラカンは、「象徴界」をめぐっては、次のようなことを述べている。

既に述べたように、「幼児」は、まず「鏡像段階」において「想像界」の中に入る。そして、やがて「エディプス・コンプレックス」をめぐる「抑圧」（＝「原・抑圧」）が起きることによって「象徴界」に入る。「象徴界」に入るということは、「想像界」に加えて不可避に「象徴界」の中に生きる、ということが起きるということであるが、「象徴界」に入る前には「想像界」にだけに生きる時期があった。その時期は、ひたすら「イメージ（イマージュ）」をはたらかせながら生きる、という時期であった。「象徴界」に入って以降は、そのことに、不可避に「言葉」（さらに言えば「言語」）がはたらく、ということが加わった。しかし、「人間」には「イメージ（イマージュ）」をはたらかせながら生きる、という在り方が、どのようにせよ、はたらき続ける、ということも踏まえる必要がある。しかし、「イメージ（イマージュ）」をはたらかせながら生きる、ということも、敢えて言えば、「存在」そのものからは隔てられている中で生きる、ということである。そうしたことからは、「人間」は、実は、既に「想像界」に入って以降、敢えて言えば、「存在」そのものからは隔てられている中で生きる、といった在り方を持つと言える。すなわち「人間」は、「想像界」に入って以降、「ものの殺害」（「存在」そのものの殺害）の中に生きている、という在り方を持ち続けていると言える。

こうして、ラカンは、「人間」が、まず「想像界」の中に生きるようになり、そして、さらに、〝決定的な在り方で〟「象徴界」の中に生きるようになる、ということを、どのようにとらえるか、ということを、さらに踏み込んで問う。そして、〝とりわけ〟「象徴界」の中に生きるようになる、ということによって、「言葉」（さらに言えば「言語」）を使うということをまったく第一次的なこととする中に生きる、という在り方を持ったことを、どのようにとらえるか、ということを問う。そして、端的に次のことを述べている。

> 「人間」は、内面において、まさに「考える」ということを行なう時においても、「言葉」（さらに言えば「言語」）にまったく基づくという在り方で、「考える」ということを行なっている。(26)

「人間」は、このように、一方において、〝決定的な在り方で〟、まさに「象徴界」の中に生きる、ということであらざるを得ないのであって、そのことをどのようにとらえるのかが問われる。

そしてさらにラカンは、左記のようなことを述べている。

> 人によっては、「象徴界」の中に生きるということが〝壊れる〟という場合がある。端的に言えば、それは、「言葉」（さらに言えば「言語」）を使うことが〝壊れる〟という場合であり、さらに言えば、「言語システム」がはたらくことが〝壊れる〟という場合である。

そのことは、端的に「象徴界」が〝壊れる〟ということであるが、「象徴界」の中に生きるということには、どのようにせよ「想像界」に生きるということが〝伴なわれている〟ので、「象徴界」が〝壊れる〟ということは、一面においては、「象徴界」にかかわりなく「想像界」がはたらく、ということであるが、別の一面においては、どのようにせよ(どの程度にせよ)「想像界」の中に生きるということが、「象徴界」が壊れることに伴なわれて壊れるということである。

　こうしたことからは、さらにどのようなことが起きるのか？

　言わば、「存在」そのものから隔てられているということが壊れるという状態が起きると言える。**言わば、「存在」そのものがはたらく状態が起きる、と言える。**

「人間」にとって、「象徴界」の中に生きるということは、当たり前に「現実」であると言えるが、**もし、「存在」そのものからは隔てられているということがない状態が起きている、ということを「現実」と呼ぶとするならば、さしあたり、「象徴界」が壊れる場合には、そうしたこととしての「現実」がはたらく、ということが起きていると言える。そうしたこととしての「現実」の「世界」、すなわち、言わば「現実界[27](le Réel)」がはたらく、ということが起きていると言える。**

　こうした「現実界」がはたらく、ということがどういうことか、ということを述べることは難しい。

　たとえば、山や海に行く、ということを、「自然」そのものを見に行く、という言い方をしたくなる。しかし、その場合、「自然」そのものを見ると思っている人は「象徴界」の中に生きてしまっている以上、その人は、実は、「言葉」(さらに言えば「言語」)がはたらくということに基づきながら「自然」を見るということを行なうのであって、「自然」そのものを見るとは言えない。

　たとえば、或る人が現実を直視するということを述べた場合は、どうか？　その人は、「象徴界」の中に生きてしまっている以上、実は、あくまでも「言葉」（さらに言えば「言語」）がはたらく、ということに基づきながら、〝現実を直視する〟ということを行なう、と言わざるを得ない。

それでは、**「象徴界」が〝壊れる〟という在り方において現われることとしての「現実」がはたらく、ということとしての「現実界」がはたらく、ということは**、どのようなことなのか？

既に述べたように、その人において「象徴界」が〝壊れる〟ということは、実は、その人において、「言葉」（さらに言えば「言語」）がはたらくことが〝壊れる〟ということが起きている、ということである。「言語システム」が〝壊れる〟ということが起きている、ということである。そして、**そのようにして「統合性」が「失調」しているということが起きている、ということである。そうしたことについては、その人には「精神病」となるということが起きている、という言い方ができる。**

「精神病」となるとは、どういうことなのか？　〝手短かな〟言い方はできないが、とりわけ起きると言わざるを得ないことは、**「言葉」と「意味」さらには「対象」との結び付きが〝壊れる〟ということが起きている、ということである。**

そのことにおいては、それぞれの「言葉」において、それが伴なうはずの「意味」、さらには「対象」との、結び付きが〝壊れ〟、それぞれの「言葉」が結び付かないはずの「意味」、さらには「対象」と結び付いてはたらく、ということが起きている。この場合、そのようにして、「現実界」がはたらく。「現実界」がはたらくということの一つは、このような在り方で、〝健常者〟が「現実」としてとらえていることとは別の「現実」を「現実」としてとらえる、ということである。ただし、この場合には、

「精神病」として、ともすると、「妄想」といったことがはたらき、さらには、たとえば、「幻覚」などが起きる、ということもある。

第二節　「精神病」への問い

ここで、ラカンが「精神病」についてどのようなことを述べているのか、ということについて、さらに述べておきたい。

まず、ラカンは、次のことを述べている。

「人間」に心的な「統合性」をはたらかせているのは「象徴界」である。「象徴界」は、とりわけ基本的には「言語」の「世界」である。「言語」は、「言葉」の「連鎖」に基づいているが、「言葉」が「名称」としてつくり出される時、その在り方の多くは「隠喩（メタファー）」などのような、言わば「象徴」である。すなわち「言葉」は、とりわけ〝基軸的には〟そうした「隠喩（メタファー）」などのような「象徴」の「体系（システム）」に基づくという在り方を持つ。そして「言語システム」をつくり出している。

もし「象徴界」が〝壊れる〟ことが起きたならば、〝心的な「統合性」が〝壊れる〟ことが起きる。すなわち「統合性」の「失調」が起きる。そのことが「統合失調症」としての「精神病」と呼ばれることである。

そのことについて、ラカンは「父の名の排除」という言い方もしている。「父の名の排除」という言い方は分かりにくい言い方であるが、次のように述べることができる。

「エディプス・コンプレックス」をめぐる「抑圧」（すなわち「原・抑圧」）が起きることによって「象徴界」が形成された時、「パパ」という「言葉」には、〈「親」－「子」〉ということを〝公的〟「関係」としての〈「親」－「子」〉としてとらえ、そのことに基づく、ということを「規範」とするということが、「意味」として伴なわれることになったが、そうしたことこそは、子供が「言語」の「世界」に生きる、さらに言えば「規範」の「世界」の中に生きる、ということの出発点であった。そして、このことは生涯、はたらき続ける。そして、そうした、はたらき続けるはずのことが、はたらかなくなったということが、「父の名の排除」ということである。

そして、ラカンは「臨床的に」確認できたこととして、既に端的に述べた次のことを述べる。

「無意識」は「象徴界」が中心となってはたらく心的「構造」に基づく。「夢」の内容は、そうした「無意識」に基づき、その「表現」としての在り方を持つ。しかし、重い「精神病」の人は、「夢」を見ない。すなわち、「無意識」がはたらかない。そのことは、「精神病」が「象徴界」が〝壊れる〟ということに基づくということを実証している。

そして、「象徴界」が〝壊れる〟ことによって起きることとして、左記のようなことも述べることができる。

「象徴界」が〝壊れる〟ことによって、「言葉」と「意味」そして「対象」との結び付きが混乱することは、既に述べたが、そこまでのことが起きていなくとも、次のことが起きる。

「隠喩（メタファー）」などの在り方が強くはたらくといったように「表現」としての〝含み〟が踏

み込んだ在り方ではたらく、というような「表現」(たとえば「ことわざ」など)に、「意味」を結び付けるということができなくなる。

さらには「文脈(コンテクスト)」の中で「言葉」の「意味」をとらえるということができなくなる。

「精神病」は、軽度な場合、〝本来的に〟「日常生活」において大きな障害が起きない、という場合も多い。しかし、たとえば、「人間」関係の中で「責任」が問われることを任された時、「統合性」という〈「責任」ということを担うという在り方がはたらくことの根拠となること〉に支障が出ていることによって「象徴界」が〝壊れている〟ことを背景とした「症状」が現われる。

たとえば、次のようなことも起きる。自分が思ったことが、誰かが話したかのように聞こえる。すなわち「幻聴」としての「幻覚」が起きる。そして、「幻聴」が聴こえることでそのことに支配されるようになり、そのことに〝独り言〟で答えるようになったり、人に唐突に話しかけたりする。そのように「日常生活」における障害が起きる場合もある。

「精神病」に罹ってしまうということの背景としては、たとえば、次のようなことについて述べることができる。「象徴界」の一面は「規範」の「世界」ということであるが、自分がとりわけ「規範」として来た或ることが、決定的な在り方で「規範」とし得ないと思えることが起きた時、「象徴界」が〝壊れ〟「精神病」となることがある。さらに言えば、たとえば、自分がまったく信頼していた人、自分がまさに「権威」として来たものに〝裏切られた〟という思いを持った場合などである。

「現実界」がはたらくということについて、一つには、こうした「精神病」についてのことを述べることができるが、「現実界」がはたらくということは、このようにだけ言えるというようなことではない。

第三節　「現実界」へのさらなる問い　その1

ラカンの議論からは、「現実界」をめぐることとして、右記の第一節、第二節で述べた、「精神病」についてのことを、(1)として扱い、「精神病」以外のことを、左記において、それぞれ(2)、(3)、(4)とし、(2)から述べることにしたい。

(2)

後期のフロイトが主題化した、「第一世界大戦」(1914～1918)において夥しい数の兵士に起きたあまりにも重度な「神経症」としての「戦争ノイローゼ」については、次のようなとらえ方ができる。その一定の部分は、「精神病」であるとも言わざるを得ない。そして、とりわけ、そのような場合については、一定の在り方で述べることができるが、戦場において起きた酷い「事実」が、「心的外傷(トラウマ)」として「言葉(さらに言えば言語)」を越え、そしてさらに「イメージ(イマージュ)」をも越えるということが、強い在り方ではたらく。この場合の、「言葉」(さらに言えば「言語」)を越え、そして、さらに「イメージ(イマージュ)」をも越えることが、強い在り方ではたらく、ということには、「現実界」がはたらく、ということが起きていると、とらえることができる。そうしたことからは、後期のフロイトも、既にそのような在り方で、「現実界」についてのことを述べていたと、とらえ返すことができる。さらには「心的外傷(トラウマ)」ということにおいてどのようにせよ「現実界」がはたらく、ということが起きるとするならば、「現実界」は、健常者の、まさに日常生活においても、どのようにせよ(どの程度にせよ)様々にはたらいている、ということを述べることもできる。**なぜならば、誰しも、日常生活において、ともすると様々な「出来事(事実)」が「心的外傷(トラウマ)」となる、ということが起きている、**と言えるからである。

ラカンは、「心的外傷(トラウマ)」について「現実界」がはたらく、ということであるとして、さらに次のようなことを言わんとする。それが、言わば、それ自体として、一方的に、はたらき始める時、すなわち、そのようにして、いわゆる**「フラッシュバック」**[28]が起きるという在り方において、「心的外傷(トラウマ)」が「反復される」時、ひどい「不安」が起きる。さらに「パニック」、さらには「錯乱」といった「症状」が起きる。その場合の「症状」は、**「PTSD**[29]**(心的外傷後ストレス障害)」**としての「症状」である。

なぜ、ひどい「不安」が起き、さらに、さらなる「症状」が起きるのか? それは、原因となっている「出来事(事実)」をめぐることが「強烈な体験」であることによって、「言葉」(さらに言えば、「言語」)にも「イメージ(イマージュ)」にも吸収されることがない、ということとして、はたらくからである。そうした「強烈な体験」は、冷静にはとらえ返されない。そして、「安全な」在り方での「記憶」とはならない。**それは、「言葉」(さらに言えば、「言語」)や「イメージ(イマージュ)」の「外側」にとどまり続**

ける。そして、〝きっかけ〟としての、何らかの「言葉」や「イメージ(イマージュ)」をもとに、たちまち〝それ自体として〟〝一方的に〟はたらき始める。

こうしたことは、とりわけ「事故」や「事件」と言われることにおいての「心的外傷(トラウマ)」においては起きる。

そして、こうした「心的外傷(トラウマ)」については、次のようなことを述べることができる。

「心的外傷(トラウマ)」は、「日常性」においての〝軽度〟なものもある。そして、「非日常」における極めて重度なものに至るまで様々に起きる。

重度の場合においても、その「出来事(事実)」について、可能な限り、一定の「他者」との「会話」(さらに言えば「対話」)を行なうことがあり得る。早急に行なうことは困難であるが、そのことは、少しずつでも、一定の「耐性」をつくる。

(3)

ラカンの主張からは、敢えて言えば、逆の意味での「心的外傷(トラウマ)」、すなわち、言わば〝逆トラウマ〟についても、述べることができる。このことについては、ラカンよりも、第三篇で述べるドゥルーズこそが、とりわけ扱った。

たとえば、「強烈な」在り方を持ったポジティヴな「出来事(事実)」が、何らかの「言葉」や「イメージ(イマージュ)」を一定のきっかけとして、〝一方的に〟はたらき始める場合である。しかし、そうした「出来事(事実)」は、まさにはたらいているが、説明し切る、そして、表現され切る、といったことを越えている、という在り方を持つ。すなわち、そのようにして、「言葉」(さらに言えば「言語」)や「イメージ(イマージュ)」には収まらないことが、一方的に、はたらく。そして、そうしたことは、後述する「享楽」ということにおいてのことであるが、たとえば「喜悦」などといったような言い方で一定の言い方をするしかないと言えるが、そうしたことにおいては、そのような在り方で「現実界」がはたらいている、という言い方ができる。

(4)

さらに、左記のようなことも述べることができる。

> 「人間」には、もともとは(出生直後においては、さらに言えば、生後、おおよそ6〜18カ月(1歳半)の頃以前においては)、「想像界」も「象徴界」もはたらいていなかったのだから、「人間」の、もともとのこと、については、どのようにせよ、次のようにも述べることができる。
>
> 「想像界」も「象徴界」もはたらいていない時期の「乳児」・「幼児」は、「現実界」の中に生きていた。しかし、その時期に自分がどのようであったのかは、思い出しようもなく分からない。そのように述べざるを得ない。しかし、「現実界」の中に生きた時期があったということは、まさにあった、ということによって、それぞれの人の奥底にはたらき続けているという言い方ができる。[30] そして、それぞれの人には、実は、そのような在り方での「現実界」がはたらいている、と述べる必要がある。

そして、ここでは、(5)という項目立てはしないにせよ(後述においては行なうが)、そしてラカンが踏み込み得ていたかどうかが問われるが、「他者」を実感せざるを得ない「体験」において、「現実界」がはたらく、ということを述べておきたい。

そしてラカンはやがて「人間」について、「想像界」、「象徴界」、さらに「現実界」ということの〝まさに不可分な〟在り方を持った〝結び付き〟において、とらえ踏まえる必要があるということを主張する。そして、ラカンは、そうした〝結び付き〟について、「ボロメオの輪」がはたらく、さらに言えば、言わば「ボロメオ結び」という言い方をした。

第四節 「現実界」へのさらなる問い その2

ラカンが「現実界」ということをめぐって、踏み込んでさらに言わんとすることについて述べていきたい。

ここでまず、第一篇において述べたフロイトの次のような主張を確認しておきたい。

「乳児」は、かなり多くの場合に、多くの「快(快感)」を感じてニコニコしている。しかし、たとえば「空腹」となった時など「苦(苦痛)」を感じた時には、泣き出す。それは、「快(快感)」を求めるということでもある。そうしたことには、「快(快感)原則」がはたらいているという言い方ができる。しかし、泣き出しても、周りに人がいなければ、何ともならないことに気づき、「待つ」ということをするようになる。そして、さらには、自分で何かをしようとする。そのように「環境」を踏まえ「環境」に対応しようとするようになる。そうしたことにおいて「実世界原則」がはたらく、ということが加わる。

こうしたことまでのことを、フロイトは述べていた。しかし、ラカンは「快（快感）原則」は、それがまさに「原則」と言える在り方を持つ場合は、あくまでも「実世界原則」との対比においての場合であるととらえ、そうしたことを前提として次のことを言わんとする。

「快（快感）原則」、「実世界原則」がはたらく以前には、敢えて言えば、「快（快感）原則」、「実世界原則」に基づくというようなことを越えるようなこと、すなわち、〈言わば「喜悦」などといったような言い方でしか言いようがないような極めて強い「快（快感）」、そして逆に、極めて強い、あまりにも「激しい苦（苦痛）」〉がはたらいた。すなわち、そうしたこととしての「強烈な体験」がはたらいた。

ラカンが述べていることは分かりにくいが、そうした「強烈な体験」の頂点のことが、胎児が嬰児として生まれ〝オギャー〟という叫びをあげる時の「体験」であると言わんとする。

こうして、ラカンは、「人間」の奥底にはたらくこととして、「快（快感）」、「苦（苦痛）」ということによっては収まらない「強烈な体験」がはたらく、ということを言わんとする。そして、そのことを、フランス語で、jouissance（ジュイサンス）という言い方をしている。邦訳しようがないが、ラカンは、あまりにも強い「快（快感）」、さらには、既に述べたように、一方で、言わば「喜悦」などといったような言い方でしか言いようがないような極めて強い、言わば「喜び」がはたらくということを言わんとし、もう一方では、まったく逆に、あまりにも「激しい苦（苦痛）」がはたらくということを言わんとする。そうした両面がはたらくということを、伝わりにくく分かりにくい訳ではあるが、「享楽」[31]と訳すことが定訳となっている。

そして、ラカンは、さらには、「乳児」に「快(快感)原則」、「実世界原則」がはたらく、ということには、むしろ「享楽」を抑制する、ということが伴なわれているとも述べている。

そして、ラカンは、次のように述べている。

「幼児」においては、やがて、さらに「エディプス・コンプレックス」をめぐる「抑圧」(すなわち「原‐抑圧」)が起きることによって、「享楽」はまさに抑制される。しかし、「享楽」は、はたらかざるを得ない時には、「快(快感)」、「苦(苦痛)」ということによっては、まさに収まらない、という在り方ではたらく。

そして、「現実界」がはたらく、ということとして、ラカンは、次のようなことをも言わんとする。

どのようにせよ「自己愛」にとどまることによって起きていた「緊張」が、「他者」に向けて、破られ、「放たれる」(「開かれる」)というような在り方において、言わば「他者をめぐる享楽(としての、他者の享楽)」がはたらく、というようにして「享楽」がはたらく、ということも、場合によって、起きる。

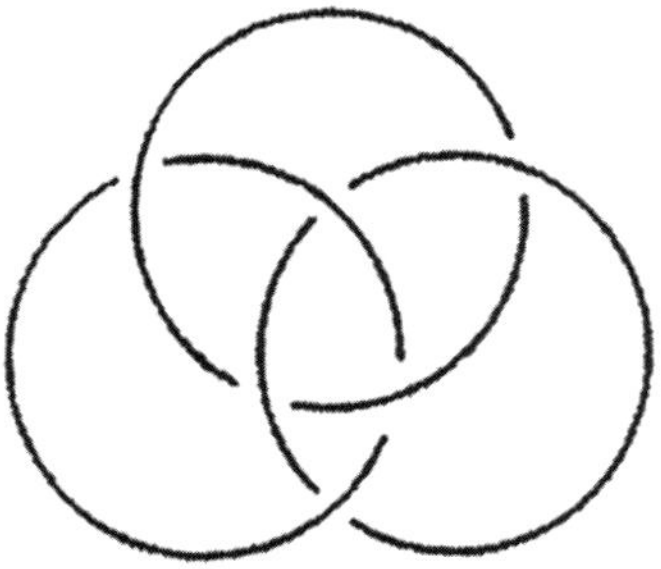

「ボロメオの輪」

第五節　「ボロメオ結び」について

ラカンは、このようにして、さらに、「現実界」ということについて述べることによって、「人間」が「想像界」・「象徴界」・「現実界」に基づく、ということを明らかにした。そしてラカンは、次のようなことを述べている。この三つのことは、どのように単純に〝階層的な〟在り方をしているのではない、というようにして、結び付き合っている。そして、そうした「想像界」・「象徴界」・「現実界」の〝結び付き〟について、ラカンは、自らの後期における１９７２年において「ボロメオの輪」という言い方をしている。「ボロメオ[32]」とは、イタリアのルネサンスを牽引した家柄の一つである「ボロメオ家」のことであるが、その紋章が、「ボロメオの輪」(言い換えれば、言わば「ボロメオ結び」)である。「ボロメオ結び」においては、三つの輪が、そのうちのどの輪を取ってしまっても、〝全体が失われる〟という在り方で〝知恵の輪〟のように結ばれている。

　このことから、ラカンは、次のようなことを言わんとする。

　フロイトは、「人間」は誰しも多かれ少なかれ「神経症的」在り方を持つ、敢えて言えば、そもそも「人間」は誰しも多かれ少なかれ「神経症」の「症状」としての在り方を持つ、ということを明らかにした。しかし、さらに次のようにも述べる必要がある。「人間」は誰しも「精神病」ともなり得る在り方を持っている。そして、そうしたことからは、「人間」ということを踏み込んだ在り方で踏まえた立場に立つということが求められる、ということにおいて、「想像界」・「象徴界」・「現実界」ということを、それらが不可避に持つ〝結び付き〟に基づいて踏まえる、ということは不可欠である。

こうした後期のラカンの「人間」についての主張を、ラカンのもともとの、「象徴界」中心の立場と比べ、後期のラカンが、「人間」をめぐる発想をどのように変えようともしていたのか、について、とらえる必要がある。の提起としたい。

ラカンのもともとの、「象徴界」中心の立場について、左記において、まず、さらに述べるべきことを補いながら、確認しておきたい。

「エディプス・コンプレックス」をめぐる「抑圧」(すなわち「原 - 抑圧」)が起きるということにおいて、「象徴界」が形成される。その時、「パパ」という「父という名(父の名)」には、もはや〈「親」 - 「子」〉の〝公的〟「関係」を踏まえるという「規範」に従う、ということが「意味」として含まれている。このことについては、「父性についての隠喩」がはたらく、という言い方もできる。そして、子供が「象徴界」の中に入ることは、喩《たと》えて言えば、次のように言える。「父という名」のはたらきが、子供に「主体」であるということの「命名」をした。すなわち、「父という名」のはたらきが、子供を、「象徴界」の中の「主体」であるようにした。

ラカンは、このことについて、その後において、次のように補って述べている。

こうした「エディプス・コンプレックス」をめぐることを、実は、すべての人が実際に経験する訳ではない。そうしたことからすれば、このことは、実は、人によっては「幻想」としての在り方を持つ。しかし、そうした言い方もできるにせよ、「エディプス・コンプレックス」をめぐることの〝形式〟は、具体的な経過をそれぞれに経るにせよ、基本的に、すべての人に形成される。こうしたこととして、「エディプス・コンプレックス」をめぐることは、基本的に、すべての人にとって(もちろん男女をも問わず)、〝根本〟としての在り方を持った「心的現実」である。

　そして、こうしたことの立場にも立ちながら、もともとラカンは、「象徴界」が〝壊れる〟ことを、「父の名の排除」という言い方をしていた。そして、このことをめぐって、次のことを述べていた。それぞれの人には、言わば、「父の名」がはたらくという在り方で、何かの「権威」に従う、ということがはたらく。そうした「権威」は、たとえば「思想」、「宗教」、「仕事」、「組織」、「人物」等々といったことの在り方を持つ。しかし、そうしたことの「権威」が、その人にとって、決定的に失われるようなことが、もし起きた場合、ともすると「象徴界」が〝壊れる〟。そして、既に述べたが、たとえば、信頼し切っていた人、さらに言えば自分がまさに「権威」として来たものに〝裏切られた〟ことが、ともすると、「象徴界」が〝壊れる〟背景となる。そして、こうしたことからは、「象徴界」が〝壊れる〟ことがないように、とにかく、それが〝強く〟はたらくこと(あるいは、少なくとも、とにかく「象徴界」が「象徴界」としてはたらくということ)が求められる。

　しかし、ここで、左記のことを述べる必要がある。

　後期のラカンは、こうしたことでは済まない、ということを述べた。そのようにして、後期のラカンは、くだいた言い方で言えば、「精神病」に、〝そのような在り方で、寛容に〟なったと言える。それは、1972年においてのことである。そして、次のことを述べた。

「想像界」・「象徴界」・「現実界」は、それぞれに〝結び付き合っている〟。「象徴界」を上にして「想像界」、

「現実界」に、「制御」をはたらかせる、といったような〝階層的な〟在り方をしているのではない。そうであるが故に、「象徴界」が「制御」をするようにはたらくということが、とにかく求められるのではない。そのようにして、とにかく「罪」意識（＝「罪責感」）がはたらく、ということが求められるのではない。

そして、「精神病」は、「想像界」・「象徴界」・「現実界」の〝結び付き〟（＝「ボロメオ結び」）が壊れた状態において起きる、という言い方ができる。「ボロメオ結び」がはたらく、ということが求められる。

これ以後、ラカンは、とりわけ、作家ジェームズ・ジョイス[33]（1882〜1941）をめぐって、こうしたことを述べている。しかし、踏み込んでとらえるならば、やはり「象徴界」中心の立場は、基盤に、はたらき続けている、と言える。しかし、ラカンは、そのことを〝ここで述べたような在り方で、緩く〟とらえるようになった。そして、ラカンは、ジョイスを踏まえることに基づいて、「他者」がはたらくようにする、ということへと、向かう。

第六節　ラカンがさらに求めること

後期のラカンの立場をめぐって、左記のことを述べておきたい。

それぞれの「個人」は、「統合性」において生きるということにおいて、とりわけ「象徴界」が、まさに「象徴界」としてはたらく、ということが求められる。しかし、そのことは、「個人」ということのまだ一面について述べることにとどまっている。既に述べたように、それぞれの「個人」には、「想像界」・「象徴界」・「現実界」の踏み込んだ〝結び付き〟（＝「ボロメオ結び」）がはたらく必要がある。そして、次のことが踏まえられている必要がある。「象徴界」に対して、「イメージ（イマージュ）」のはたらきとしての「想像界」は、「イメージ（イマージュ）」に「意味」としての在り方を持たせてはたらく。そして「イメージ（イマージュ）」がはたらくということにおいては、どのようにせよ（はたらき方は〝問われる〟にせよ）「現実界」がはたらいている。そうしたことにおいて「現実界」は、「想像界」において「イメージ（イマージュ）」が「意味」としての在り方を持つ、ということを介して「象徴界」に影響を与えている。

そして、後期のラカンは、「個人」についての、こうした踏み込んだとらえ方に基づいて、ジェームズ・ジョイスの1922年の小説『ユリシーズ』[34]を、決定的な在り方を持った作品としてとらえている。そのことが問われる。

『ユリシーズ』は、レオポルド・ブルーム（Leopold Bloom）という主人公（広告会社の社員）のわずか1日の「出来事」を描いた作品である。ダブリンの町の家で、朝、起き、知人の葬儀に出た後、仕事に行き、空いた時間は、ダブリンの町で過ごし、知人たちと飲食店（パブなど）で過ごしたりもする。夜、帰宅し、妻モリー（夫婦として子供のことでいくつかの問題を抱え合っており、そして、それとは別に、夫婦として難をともに持つ）とともに過ごす。そして、〝普通に〟愛し合う。このようなことを描き出すことによって、何かの主張をするのでもなく多くの「出来事」を描いただけのようでもある作品であるが、ラカンは、この作品を書くこと、そして、この作品について、〝それ自体が「出来事」である〟というとらえ方をしている。そして、次のことを言わんとする。

「象徴界」がはたらき「想像界」がはたらき、何気ないようでいて「日常性」におけるいくつもの「出来事」、さらに言えば「事実」において「現実界」が随所にはたらき、そして、何気ないようでいて「現実界」における「享楽」との、どのようにせよ、結び付きを感じさせることが随所に描き出されている。

ジョイスは、細々《こまごま》した緻密な描写(叙述)において、隠喩(メタファー)を頻繁に使うことによって唐突さを数多く持ち込み、煩瑣な言語表現において、イメージ(イマージュ)が豊かにはたらかざるを得ないようにしながら、何気ないようでいて「日常性」における「人間」の「関係」におけるトラブルと言わざるを得ない「出来事(事実)」を持ち込み、描写(叙述)していく。

そして、こうした作品を描くことが、実は、ジョイス自身に「ボロメオ結び」をつくり出していた。そして、実は、ジョイスは「精神病」にかかりそうな状態にあった。(ジョイスの、「言葉」についての徹底した緻密なこだわりは、実は逆に「言葉」を使うことが、壊れる、一歩手前という在り方をも持っていた。)そして、ジョイスにとって『ユリシーズ』という作品を書くこと、そして、この作品は、自らが「精神病」にならないようにする、という在り方を持ち、そして、それ自体が「出来事」である、という在り方をも持った。

このように言わんとすることにおいては、後期のラカンは、「象徴界」による、いかにも「制御」ということが求められる、ということを主張するのではなく、ジョイスをめぐることが明らかにしているような在り方で「ボロメオ結び」がはたらく、ということが求められる、と言わんとする。

第七節　結論：「他者」という主題に向けて

ラカンは、「他者愛」が「自己愛」の延長線上においてその変形として始まる、ということを述べていた。そして、実は、そのことは、ともすると、それぞれの「個人」において生涯、基本的には変わることはない、ということを述べていた。

次のことを問う必要がある。

ラカンは、「人間」をその〝根本〟において問う、ということにおいて、それぞれの「個人」には、ともすると、ひたすら「自己愛」がはたらくとしか言いようがないが故に、基本的には、**「他者」との「関係」と言えることが、まさにはたらくということは**述べようがない、というとらえ方をしていた。

次のことを、問題提起として述べておきたい。

そうした〝決定的な〟問題を持つと言わざるを得ないことの〝突破口〟ともなり得ることとして、ラカンは、「現実界」について明らかにした。「現実界」について踏み込んで問う、ということは、〝自己〟ということの〝枠組み〟にはとどまり得ない、ということについて明らかにする、ということでもある。

かつてフロイトは、「第一次世界大戦」について踏まえ、「人間」に「攻撃欲動」をもとらえ、そのことについての問いと、そのことへの対応(そして、対処)をめざす、ということにおいて、〝自己〟ということの〝枠組み〟にはとどまり得ないことについても踏み込んでいた。

ラカンの「思想」の展開においては、そうした〈〝自己〟ということの〝枠組み〟にはとどまり得ないこと〉について問う、ということの一定の出発点となることとして「現実界」をめぐる議論が行なわれた、ということを述べることができる。

そして、「他者」との「関係」ということについて明らかにし得る「人間」観について、1972年以降のラカンは、さらに「ボロメオ結び」ということをめぐって、一定の提起を行なっていた。

ここで、左記のことを述べておきたい。

ラカンが述べる**「他者をめぐる享楽」**ということをめぐって、応用的に、次のようなことを述べることができる。

「人間」が「生きる」、ということにおいての当たり前の在り方として「象徴界」の中に「生きる」ということにおいては、「象徴界」の中で「他者」をとらえる、ということが行なわれている。そのことには、実は、どうしても「他者」の「存在」それ自体とは〝離れた〟在り方で、「他者」をとらえるということが前提とされている。そして、そうした、「象徴界」の中で「他者」をとらえるということにおいては、「象徴界」に伴なわれるように「想像界」がはたらくという在り方で（そのことには、そうした「他者」についての自分の「幻想」をはたらかせるということも伴なうが）「他者」をとらえるということもはたらく。そして、あくまでもそうしたことに基づいてしまう中で「他者」と〝接する〟ということが行なわれる。

そうではあるが、しかし、次のようなことも、実は、述べることができる。

「他者」との「関係」は、それが〝踏み込んだ在り方ではたらく〟場合、そのことにおいては「快（快感）

原則」、さらには「実世界原則」といったことを〝越えた〟在り方で「他者」と接するということも起きる。さらには「象徴界」、「想像界」を〝越えた〟在り方で「他者」と接するということも起きる。そして、そうしたことにおいて、どのようにせよ「他者をめぐる享楽」ということがはたらく。

　そして、次のことを述べることができる。

　その「個人」の人生において、どのようにせよ「象徴界」、「想像界」を〝のり越えた〟いくつかの何かの決定的な「出来事(事実)」についての「経験」がはたらき、そのことが、はたらき続けている。そうした「経験」には、ともすると「他者」をめぐって、「他者」〝それ自体〟とかかわる、ということが起きている。

　〝自己〟の「鏡像」としての在り方を、結局は持ってしまう「他者」ではなく、〈「私」の〝自己〟ということの〝枠組み〟を〝越えた〟「他者」〉との、かかわりが、問われる。すなわち、〈「私」の〝自己〟にとって〝まさに他なるもの〟としての在り方を持つ「他者」〉との、かかわりが、問われる。そして、さらには、そうした「他者」とのかかわりの、〈展開〉が問われる

　《「実在」としての「他者」》とは、どのようなことなのか？　この問いをめぐって、ラカンは、一定の契機として、「ボロメオ結び」に基づくということ、について述べ、そして、さらには、そうしたことにおいて、ということを含めて、「享楽」ということがはたらくこと、について述べていた。

「精神分析」と「社会」とのかかわりをめぐって、次のような問いを、提起しておきたい。

〔1〕ラカンの、「現実界」についての主張は「事実」ということのはたらきについて述べているが、「社会」における「事実」は、どのようにかかわるのか？

〔2〕「人間」において、どうしても、一方において、やはり、一定の主題ともなる、それぞれの「個人」における、「言語」と「規範」といったこととしての「象徴界」の「統合性」としてのはたらきにおいて、「社会」は、どのようにはたらくのか？

〔3〕「統合性」が「失調」している場合、そのことからの「回復」に向けて、「社会」は、どのようにはたらくのか？

ラカンを、継承、展開させた思想家の代表的な一人が、ジジェク[35]（1949〜）である。補説としての左記のことを、述べておきたい。

ジジェクは、ラカンが、「社会」を扱うことに欠けていた、という問題に対応する、という在り方で、「社会」を扱った主張を行なっている。次のような、2つの主張を、一定の支柱とする主張を行なっている。

（1）

自らが、「主体」として、徹底した「民主主義的個人」としての在り方を〝純化させた〟「個人」である場合を、シミュレーションしてとらえようとしてみる。〝実社会〟が基づいている「象徴界」の〝機能不全〟の部分が実感され、「象徴界」の「切れ目」が実感される。そうしたことにおいて、「現実界」がはたらき始める。むしろ、そのように「主体」であろうとすることが、「象徴界」が持つ「限界」を指摘することになる。そうしたことにおいて、はたらき始める「現実界」を踏まえる必要がある。

（2）

「象徴界」には、実は、「虚偽」の在り方で〝人を誘導するもの〟としての「イデオロギー」が〝正当なもの〟とされて、数多く、はたらいている。さらに言えば、多くのことが、「イデオロギー」としての在り方を持ってしまっている。そうしたことを問うということにおいて、そして、問うことによって「象徴界」だけにはとどまらないという在り方で、「現実界」をはたらかせる、ということが求められる。

〔このように述べることによって、ジジェクは「イデオロギー」論ということで言えば、それを主題の一つとしたアルチュセール（1918〜1990）の「イデオロギー」論が持つ限界を〝あらためて〟問い、それへの一定の〝解答〟を出している。〕

ジジェクは、こうしたことを述べ、「社会」を扱うことによって、ラカンの限界を〝越える〟ということを主張する。

ジジェクは、このようにして、「社会」について踏まえた「思想」の〝一定の試み〟を明らかにし得ている。

ジジェクは、ラカンを、継承、展開させ、とりわけ1989年以降、において活躍している。しかし、実は、ラカンに対しては、「精神分析」それ自体への批判を前提として、「社会」を踏まえた主張が、とりわけ1972年以降、ドゥルーズ(1925〜1995)、そしてガタリ(1930〜1992)によって行なわれていた。第三篇においては、ドゥルーズ、第四篇においては、ガタリについて、検討する。ドゥルーズ、そしてガタリは、ラカンを批判した。しかし、ラカンが明らかにした、「想像界」・「象徴界」・「現実界」についての、基本的な主張は、踏まえていた。

註

(1) この「欲動」について、1920年代のフロイトは、「生への欲動」という言い方をした。

(2) フロイトは次のように述べている。「人間」は、「生物」として自らがそこから発生した「無生物」(「無機的なもの」)をも「無意識」においてとらえ返す。そのことに「原初性」をもとらえる。そして、「生物」には、自らが結局は「無生物」(「無機的なもの」)に戻る、ということにおいて、実は、そのことをめぐっての「原初的欲動」がはたらいている。そして、それを「死への欲動」と呼ぶことができるが、それは「他者」へと向かう在り方をも持つ。そのようにして、それは、自らへの、そして、「他者」への「攻撃欲動」としてはたらく。

(3) フロイトは次のようなことまでは述べている。「神経症」の場合とは異なり、「精神病」においては、つらい「出来事(事実)」について、当該の「個人」において、「抑圧」されている、というとらえ方には思い至らない、という在り方での、「自我」のはたらきにおける障害が起きている。

(4) Jacques Lacan. ラカンは1901年パリに生まれ、1927年(26歳)パリ大学医学部を卒業し、その「精神障害者収容施設」のインターンとなり、パリで「サンタンヌ病院」の研究所に勤務し、1928年(27歳)、警視庁付属特殊医務院において医師としての生涯を始める。1930年(29歳)、「精神分析」の「チューリヒ学派」の拠点であったスイス・チューリヒの「ブルクヘルツリ(Burghölzli)病院」の研究員となる。1931年(30歳)、「サンタンヌ病院」に病棟主任医師として戻る。同年「精神分析家会議」で発表を行なう。そして、1936年(35歳)、「国際精神分析学会」で「鏡像段階」

論を発表する。「第二次世界大戦」(1939～1945)中は、軍の命令によって軍の病院に勤務した。1949年(48歳)、「国際精神分析学会」の「総会」で、あらためて「鏡像段階」論を発表する。1951年(50歳)、私的なかたちで「ゼミナール」〔(フランス語で「セミネール(Séminaire)」〕を始める。以後、亡くなる前年の1980年(79歳)まで続ける。そして、「セミネール」の内容は著作として、随時、出版された。そうしたことをもとに、いわゆる「ラカン派」が形成され展開した。1966年(65歳)、主著『エクリ』を出版した。1981年に80歳で亡くなった。この第二篇では、とりわけ「セミネール」、そして主著『エクリ』を参照した。『エクリ』の原著は次の通りである。Écrits,Seuil,Paris,1966. 次の邦訳を参照した。『エクリ』宮本忠雄・佐々木孝次他訳(Ⅰ・Ⅱ・Ⅲ、弘文堂、1972年・1977年・1981年)。

(5) フランス語では besoin(ブゾワン)、ドイツ語では Bedürfnis である。

(6) フランス語では désir(デジール)、ドイツ語では Begierde(Begehren,Wunsch) である。

(7) 「欲望」の、とりわけ、基本的な、例は、次の通りである。「乳児」が泣き叫んでいる時、そのことについて、空腹を満たしたいという「欲求」に基づく「要求」をしていると、**「他者」に応えることを、欲する、こと(「他者」からの「承認」を、欲する、こと)としての「欲望」**に基づいて解釈し、その「乳児」に応答し、その「幼児」の空腹を満たそうとする。

(8) フランス語の原語では、既に述べたように、désir(デジール)である。

(9) 『人格との関係から見たパラノイア性精神病』である。邦訳としては、宮本忠雄・関忠盛訳(朝日出版社、1987年)を参照した。さらに『症例エメ』宮本忠雄・関忠盛訳(『二人であることの病 パラノイアと言語』(講談社・講談社学術文庫、2011年)所収)を参照した。

(10) エメには息子が一人いたが、その息子の不都合をめぐっても、「被害妄想」を持っていた。

(11) 邦訳として『鏡像段階論』小出浩之・鈴木國史・小川豊昭訳(『岩波講座 精神の科学 別巻』(岩波書店、1984年)所収)を参照した。

(12) 「現実原則」という言い方がされて来たことであるが、「現実原則」という言い方では、ラカンの思想について述べる場合、その言い方における「現実」ということが、後述する「現実界」に、単純に、結び付くかのような誤解を生みかねないので、「実世界原則」という言い方をすることとした。

(13) 「人間」以外の動物は、基本的には、自分の「鏡像」を自分としてとらえることはない。

(14) このように述べることによって、ラカンは、「言葉」によって分かるということの、不充分な在り方であるにせよ、萌芽的な始まりについても述べている。

(15) l'imaginaire.
(16) narcissisme. ドイツ語ではNarzissmus、英語ではnarcissism。
(17) 既に述べた用語であるが、自分を当てはめて、その当てはめたものを、自分である、と思うことである。
(18) 「エディプス・コンプレックス」として、フロイトは、とりわけ「男児」についてのことを述べている。「母親」と、一体化していたが、「父親」を、踏まえる、ことによって「母親」から、自らを引き離す、という思いがはたらく。第一篇の註(31)でも述べたが、「女児」についてはフロイトは次のように述べている。実は「女児」もまず「母親」と、一体化しているが、やがて「母親」から離れる経過を経て、「父親」と、一体化、する。しかし、さらに、やがて「父親」とは別の男性への思いがはたらくようになるということが、どのような時期にせよ、起きることによって「父親」から離れる。こうしたことについて、フロイトは、「女児」における「エディプス・コンプレックス」という言い方をした。
(19) Ferdinand de Saussure. スイス人であり、ジュネーヴ大学で教えた。「構造言語学」、さらには「構造主義的な方法」の先駆者の一人という言い方がされる。没後の1916年に出版された『一般言語学講義』によって、その主張が確認できる。
(20) S III 243-262. 邦訳 P.97~126.
(21) ラカンは、さらに次のようなことも述べている。二つ以上(複数)の「言葉」の頭文字を取り出してつなげることによって造語をつくるような「表現」の仕方(「言葉」の圧縮(「シニフィアン」の圧縮))といったことに基づくことなども行なわれるようになる。
(22) Inconscient est structuré comme langage.
(23) phallus.
(24) ただし、「美しさ」、「清潔さ」、「秩序」といった「言葉」が「対象a」となることになった直接的なきっかけは、「幼児」(とりわけ1歳半~3歳(3歳半)の頃の「肛門期」における「幼児」)にとっての「排泄物」である。そうであるが故に、本文でも述べたが、ラカンはこの場合の「対象a」は「排泄物」、それ自体、である、という直接的な言い方もしている。
(25) prime.
(26) ラカン的な議論として左記のようなことも述べることができる。
かつて「近代」の出発点において、デカルト(1596~1650)は「私は考える」ということを主題化したが、次のような議論を行なう必要がある。「私は考える」ということを、自分の内面においてまさに、考える、ということとして行なう時、「私」という「言葉」を使う。そして、その「私」という「言葉」を、あらゆる人にとっての「自分」=「私」(一般的な

「自分」＝「私」ということの「代理物」として使っている。すなわち、一般的な「自分」＝「私」ということとしての「一般的意味の代理物」として使っている。こうしたことにおいては、「私は考える」ということを主題化するということは、「私」という「言葉」を、「一般的意味の代理物」として使う、ということにおいて、実は、「私」ということの「存在」そのものからは隔てられているということが、起きている。しかしデカルトは、さらに、「私」という「言葉」を、自分自身の「存在の代理物」として使ってもいるが、「私」という「言葉」を、デカルト自身としての「私」ということの「存在の代理物」として使ってもいると言える。こうしたことによって、「私」という「言葉」において「一般的意味の代理物」であることと、自分自身の「存在の代理物」であることが、〝二重写し〟になっているということがはたらく。

そして敢えて言えば、その二つのことにおいて「私」について、「私」という「言葉」を使うということにおいて、「私」ということの「存在」そのものからは隔てられているということがはたらく。そして、そのように議論されることにおいての、それぞれの「私」ということについて、どのように始まったのか、という「発生的」問題も問われる。そして、「発生」の以前ということも問われる。

そして次のようなことも言える。「言葉」が「存在の代理物」である、ということがはたらいていることにおいては、そうした「言葉」には、それが「存在」に基づいているということによって、「言葉に取り込むことができない領域」としての「現実界」が、〝覗いている〟とも言えるような「穴」がはたらくとも言える。

(27) ラカンは、「象徴界」から（さらに、どのようにせよ（どの程度にせよ）「想像界」からも）〝外《はず》れている〟ことについて、le Réel（〝現実的なこと〟）という言い方をしている。このことが「現実界」と邦訳されていることである。ラカンはこのことの議論を、１９５９〜１９６０年の「セミネールⅦ」の『精神分析の倫理』において始めている。SVII92. 邦訳としては、小出浩之他訳（上・下、岩波書店、２００２年・２００２年）を参照した。（上）p.114.

(28) flashback.

(29) posttraumatic stress disorder. 典型的な「症状」は、本文にも書いたが「フラッシュバック」による「パニック」、さらには「錯乱」である。

(30) 既に述べた「幼児」が「言葉」を〝使い始める〟ということをめぐってラカンが述べていたことについて、繰り返しとなるが左記において、その要点を確認しておきたい。

「幼児」はどのように〝「言葉」を使い始める〟のか？　「幼児」は、「母親」と〝一体化している〟時期において、「ママ」といったような「母親」の呼び名を発声する。「母親」がいない時に「不安」から「母親」の実際の「存在」の代わりとして、その「言葉」を発する。この「言葉」は、「言語システム」の中の「言葉」ではない。この場合の「言葉」に伴なわれているのは、その「幼児」自身の「個別的な」「母親」である。その「幼児」は、他ならない自分の「母親」が、そこにいるように思う。この「言葉」は、「個別的な」「存在」の「代理物」である。**そうした「言葉」には、そのような在り方で「存在」に基づいていることによって、「言葉に取り込むことができない領域」としての「現実界」が〝覗いている〟。そのような「穴」がはたらいているという言い方もできる。**

（31） ラカンが使うフランス語のjouissance（ジュイサンス）という用語の定訳である。英語ではenjoymentであるが、enjoymentではラカンの言わんとすることは伝わらず、英語の文献でもjouissanceとフランス語がそのまま書かれていることが多い（ラカン自身がenjoymentという訳を明言する在り方で拒んだことはよく知られている）。ドイツ語ではGeniessenまたはBefriedigungであるが、やはりラカンの言わんとすることは伝わりにくい。そして、ここで述べた邦訳での「享楽」という言い方も、やはりラカンの言わんとすることは伝わりにくい。しかし、他の〝適訳〟はまだない。

（32） Borromeo. 原語に近い表記をするならば「ボッロメーオ」である。

（33） James Joyce. アイルランド、ダブリン出身である。後述するように1922年の『ユリシーズ』が主著である。ユリシーズ』の主人公のレオポルド・ブルーム（Leopold Bloom）もダブリンで生きる人物である。そして、第二の主著は、やはり後述するように1939年の『フィネガンズ・ウェイク』である。1914年の『ダブリン市民』、1916年の『若き芸術家の肖像』でも知られる。『ダブリン市民』の原著は、Dubliners,Grant Richards,London,1914. である。邦訳としては、安藤一郎訳〔新潮社（新潮文庫）、1953年〕を参照した。『若き芸術家の肖像』の原著は、A Portrait of the Artist as a Young man,Frankilin Watts, N.Y.,1916. である。邦訳としては、丸谷才一訳（集英社、2010年）を参照した。

（34） Ulysses,Shakespeare & Co.,Paris,1922. 邦訳としては、丸谷才一他訳〔Ⅰ〜Ⅳ、集英社（集英社文庫）、2003年〕を参照した。「ユリシーズ」は、紀元前700年紀の古代ギリシアのホメロスの叙事詩『オデュッセイア』の主人公「オデュッセウス」のラテン語名の英語読みである。「オデュッセウス」は「トロイア戦争」後、地中海の各地における約10年間にわたる苛酷な流浪においての多くの「出来事」の中を生きた。ジョイスはそのことの「パロディ」のようにして、ブルームという人物の、1904年6月16日という一日の「出来事」を描いた。本文で述べたように、**ラカンは、この作品を書くこと、そして、この作品は、〝それ自体が「出来事」である〟と、とらえている。**ラカンは、ジョイスのもう一つの主著も高く評価している。その作品は、1939年に出された『フィネガンズ・ウェイク』である。Finnegans Wake I〜IV. Faber&Faber, 1939. 邦訳としては、柳瀬尚紀訳〔Ⅰ・Ⅱ・Ⅲ・Ⅳ（邦訳は、全三巻に編集されている）、河出書房新社（河出文庫)、2004年・2004年・2004年)を参照した。『フィネガンズ・ウェイク』は、主人公のエアウィッカー(Airwicker)が見た或る一夜の夢を描いている。その夢は、人類史が凝縮されて描かれているという在り方を持つ。多くの外国語と英語を融合させた「ジョイス語」とも言われる言語によって描かれ、極めて難解であるが、ラカンはその独特な、あまりの難解さにおいて、「他者」がはたらくということへと向かわざるを得ないとは言え、「他者」がはたらく以前の「現実界」の〝深み〟、そして、そのことによる「享楽」がはたらく〝一人遊び〟のようなことを描き出す、ということによって、この作品を書くこと、そして、この作品は、やはり、〝それ自体が、「出来事」である〟と、とらえている。そしてラカンは、これらの作品が**「症状」**としての在り方を持っている、という言い方をもしている。そして、そうしたことについて、「症状(symptôme)」のフランス語における古語である sinthome、カタカナ表記するならば**「サントーム」**という言い方をしている。

(35) **Slavoj Žižek. スラヴォイ・ジジェク**は、ラカンの思想的な継承者の一人であり、**「後期のラカン」**を特に踏まえた上で、他の思想家(カント、ヘーゲル、マルクス等)の思想を吸収した立場に立った。

ジジェクは、1949年3月21日、当時ユーゴスラヴィアの一部であったスロヴェニア〔スロヴェニア(Slovenija)は、西の国境でイタリアに隣接する位置関係にあり、1991年6月に、ユーゴスラヴィアから独立した。〕の首都リュブリャナで、公務員の両親のもとで生まれた。1981年、リュブリャナ大学で、「哲学」の博士資格を得た。

ジジェクは、ミレールに学んでいる。ミレール〔Jacques-Allain Miller(ジャック＝アラン・ミレール)は、ラカンの娘婿であり、ラカンの〝正統な継承者〟とも言われる。〕は、ラカンの遺産を管理した人物であり、パリの「フロイト学院」で小人数(約30人)のセミナーを行なっていた。ジジェクは、そこに招かれ、「後期のラカン」の思想を、とりわけそこで、学んだ。そして、1985年に、パリ第8大学で、ミレールのもとで、「精神分析」の博士資格を得て、その後、リュブリアナ大学教授となった。

なお、ジジェクは、その後、ミレールとは不和となり、やがて、既に述べたように、他の思想家の思想を踏まえた上で、「後期ラカン」を解釈し直し、自ら自身の主張を行なうようになる。ジジェクの思想の一定の中心は、「後期のラカン」を踏まえた、**「主体」概念をめぐる主張である。**

「ポストモダン」系の思想はもちろんのこと、「精神分析」系ではない「現代思想」の多くが、「主体」概念へのこだわりは、単純な「近代」の立場であるとして、そのことを批判する中、そうした流れに抗する在り方で、ジジェクは、**1989年以降、とりわけ1990年代に基礎を持つ思想家として、「主体」概念にこだわった主張を行ない続けている。**そうした

「主体」概念を踏まえた「思想」は、「精神分析」を踏まえた「思想」に特徴的な「思想」を、敢えて〝強く〟継承している。

ジジェクの、とりわけ、次の2つの著作を参照した。

The Ticklish Subject: The Absent Centre of Political Ontology, Verso, London, 1999.『厄介なる主体 - 政治的存在論の空虚な中心』鈴木俊弘・増田久美子訳（1・2、青土社、２００５年・２００７年）。

The Sublime Object of Ideology, Verso, London, 1989.『イデオロギーの崇高な対象』鈴木晶訳（河出書房新社（河出文庫）、２０１５年）。

なお、原著以外に、次の紹介書も参照した。Tony Myers, Slavoj Žižek , Routledge, London, 2003. 邦訳、トニー・マイヤーズ著『ジジェク』村山敏勝訳（青土社、２００５年）。

第三篇　ドゥルーズ

序　ドゥルーズを、どのようにとらえるか？

第二篇で述べたように、ラカンは、「言語」や「規範」、さらには一定の「権威」のはたらき、といったこととしての「象徴界」が、それぞれの「個人」にとって、「統合性」としての在り方を持っていることを述べていた。この第三篇で述べるドゥルーズは、そうしたことが、「社会」において、という在り方で〝壊れる〟、ということについて、述べている。どのようなことなのか？

次のことを述べることができる。

人類史において「資本主義経済システム」は、その「原理」（「公理系」）によって、それまでの人類史にはたらいた「統合性」を〝壊し〟、そして、はたらき続ける。そして、その「原理」は、さらに、自らを〝壊す〟、という在り方をも伴なう。しかし、そうしたことは、実は、「資本主義経済システム」を〝踏まえながら〟の、〝前向きさ〟としての「生産」（「創造」）をつくり出す。

こうしたことによって、どのようなことを展望するのか？

ドゥルーズは、次のように主張する。

「資本主義経済システム」にはたらく、貨幣[1](金《かね》)がほとんどのことを決める、ということは、さしあたり「近代」が求める、というようにして、「人々」に、受け入れられ、、「公理系」(＝準コード)として、はたらく。そして、実は、あらゆる「権威」を相対化すること、すなわち「脱コード」を、はたらかせる。そして、そのことによって、「現代」に生きる者を、あくまでも「社会的に」ということではあるが、「統合性」の「失調」(的状態)の者＝「スキゾ」にする。しかし、さらに「人々」は、多くの場合に、貨幣(金《かね》)だけでは済まない、ということを思い知る。そのことによって、「公理系」(＝準コード)さえも相対化された者＝さらなる「スキゾ」となる。こうしたこととしての「スキゾ」となることによって、「人々」には、次のような「人間性」の深みがはたらく。そして、「人々」は、そのことに基づき「文化」をつくり出す。

(1)展開性を持った「イメージ(イマージュ)」、(2)「出来事(事実)」それ自体、(3)「生産的欲望」(「欲望的生産」)としての「欲望」。

「資本主義経済システム」は、こうした在り方で、「人間」と密に「接続」した有機的全体(「マシン」)としての「資本主義経済マシン」として、はたらく。

こうして、ドゥルーズにとっての決定的な主題は、こうしたことの中で、新たな「文化」をつくり出す、ということである。そして、絶えざる前向きさにおける「生産」(「創造」)である。そして、次のようなことを、述べている。

〈「人間」ということと、密に「接続」した〝有機的〟全体（「マシン」）〉が、数多くはたらく、ということに基づき、（1）、（2）、（3）のことをはたらかせた「文化」をつくり出す、ということの中で「生きる」ことが求められる。そして、そのことにおいては、「スキゾ」（さらなる「スキゾ」を伴なう）ということをも前提とした、現代的な「人間」の在り方の分析（「スキゾ分析」）を、「精神分析」に〝代えて〟はたらかせることが求められる。そして、こうしたことに基づき、あらためて、次のことが求められる。

様々な「分野」において、「マシン」としての〝有機的〟全体としてはたらくことを、踏まえる。展開性を持った「イメージ（イマージュ）」、そして、「出来事（事実）」それ自体を、踏まえる。〝自己〟の「外部」もはたらく中、「生産的欲望」（「欲望的生産」）の〝前向きさ〟を基盤として、「人間性」の〝深み〟に基づく多彩な「文化」を「つくり出す」。そうしたことの中で、まさに「生きる」。

こうしたことを踏まえ、ドゥルーズの「思想」の一定の中心となることについて、検討することにしたい。

なお、本書は、ドゥルーズについて、1972年の『アンチ・オイディプス』という、ガタリとの共著に、ガタリからの影響を一定の基盤としながら、ガタリとは区別されるドゥルーズの「思想」が明らかになっていると、とらえる立場に立ち、『アンチ・オイディプス』を一定の主題とした議論を行なっている。１９６０年代の、ガタリと出会う以前の、ドゥルーズについて、どのようにとらえるか？

1969年の『意味の論理学』に、一つの〝結実〟があったとも言える。しかし、このことについて、後述の、第三篇本文の註(41)で述べた、ドゥルーズの「『意味の論理学』イタリア語版への覚書1976年」における彼の主張を、あらかじめ、述べておきたい。ドゥルーズは、次のように述べている。

『意味の論理学』の「系列(構成立て、セリー(série))」における議論は、「精神分析に対して、無邪気で、罪深い愛想を振りまいている。」求められることは、「セリーではなく、リゾームである。」「『アンチ・オイディプス』は、セリーと決別する。」このように述べることによって、ドゥルーズは、『意味の論理学』における、「精神分析」と〝結び付いた〟独特な〝論理学主義〟(あるいは〝論理主義〟)と〝決別〟し、『アンチ・オイディプス』の〝続巻〟である『千のプラトー』では「序」の主題ともなった「リゾーム(rhizome)」という〝人と人との具体的な関係〟へも〝応用〟されることの立場に立つことを〝根本〟とすることを、明言している。

さらに、1960年代の、さらに言えば、ガタリと出会う以前の、ドゥルーズの、とりわけ、支柱となった「思想」として、次のことを述べておきたい。

それは、『意味の論理学』のように、1969年に出版はしたものの、その立場については〝打ち切り〟としていた、というようなことではなく、既に1964年に出版し、1970年、1975年に、こだわって、改訂版を出版し、その「思想」を展開させ続けた『プルーストとシーニュ』における「思想」である。すなわち、プルーストの『失われた時を求めて』を踏まえ、「出来事」、そして「事実」(敢えて言うならば「出来事(事実)」)、そして、そのことを〝引き出す〟「シーニュ(signe)」をめぐる「無意識」が〝この上ない〟ほどの〝快〟、〝幸福感〟、〝喜び〟といったことをはたらかせる、ということを主題化し、「精神分析」が、負の「出来事(事実)」についての「抑圧」をめぐる理論であることの〝向こうを張った〟「思想」である。ガタリが、１９５５年以降、〝精神医療スタッフ〟として「制度的精神療法」の「実践」を踏まえた「思想」によって、「精神分析」と〝決別〟していた一方において、ドゥルーズは〝プルースト論〟によって独自に、「精神分析」と〝決別〟していた。１９６９年においての、二人の出会いの後、やがて、〝盟友〟の「関係」がつくり出され、二人のそれぞれの「思想」は、結び付く。１９６０年代のドゥルーズにおける支柱には、ここで述べたように、「精神分析」との〝決別〟を導き出す在り方での、「文学」を始め、具体的にいくつもの「文化」をめぐる「思想」こそが、〝彩りよく〟はたらいている。

註

(1) 〝貨幣〟という用語を「通貨」という含みで使用することとした。

第一章　ドゥルーズへの問い

第一節　ドゥルーズへの問いに向けて：ラカンへの批判、「現実界」への問い

第一篇、第二篇で述べた「精神分析」の、フロイト（1856〜1939）からラカン（1901〜1981）へと至る展開は、「現代」における一定の有力な潮流である。その潮流は、もちろん、まず「精神医学」の一面を一定の在り方で〝牽引しているˮが、その展開が明らかにした「人間」論は、「思想」を始めとして、様々な分野に大きな影響を与えている。そして、ラカンがフランス人であることから分かるように、とりわけフランスにおける「現代」思想に対して与え続けた影響は大きい。

第二篇において検討したラカンの、「人間」についての、「想像界」・「象徴界」・「現実界」という三つのことに基づくとらえ方は、「現代」において、どのようにせよ踏まえざるを得ない「人間」観の一つである。「第二次世界大戦」後のフランスにおいては、常識の一つとして踏まえられるほどの影響力を持って来た。しかし、とりわけ1970年代以降、そのフランスにおいて、〈フロイト→ラカ

ン〉の主張に対して、根本的な批判を行なう潮流も形成された。その、〝とりわけての〟一つをつくり出したのは、**ドゥルーズ**[1]**(1925〜1995)とガタリ**[2]**(1930〜1992)**の二人であった。この二人は、いくつもの共著を出版していることから〝**ドゥルーズ・ガタリ**〟という一つにまとめた言い方をされることも多い。しかし、ドゥルーズは、とりわけ、その主張を、まさに「思想」ということにおいて主張したので、「思想史」を問う場合には、ドゥルーズを、二人の代表のように扱うこともある。左記においては、二人の共著である、**1972年の『アンチ・オイディプス』**における主張を中心に述べるが、**ここでは、主に、ドゥルーズという言い方で、その主張を検討していくことにしたい。**

　ドゥルーズの、ラカンへの批判をめぐって、とりわけ決定的なこととなることについて、いきなりではあるが、次に述べておきたい。

　第二篇において述べたように、ラカンの主張の〝実質的な〟出発点は、「人間」における「自我」の「発生」を、生後6カ月〜18カ月(1歳半)の頃において起きる「鏡像」段階に基づくととらえる、ということであった。そのことの主張から始まるラカンの基本的立場について、まず、確認しておきたい。

　「自我」の「発生」は、「幼児」が、鏡に映った自分の姿(「鏡像」)を、自分であると分かることに始まる。そのことからは、「自己愛」が始まるが、そのことは、自らの「鏡像」という〝他者〟を愛することでもある。そのようにして「自己愛」は、実は、〝他者〟に映った自分を愛する、という在り方を持つ。しかし、このことは、それ以後の生涯における、すべての「他者愛」に、〝基本的には〝はたらき続ける。「他者愛」は、当該の「他者」を愛する、ということであるとは言え、そのことには、自分にとって〝好きなこと〟をその「他者」が持つと思い、その「他者」を愛する、ということがはたらく。〈敢えて言えば、「他者」をめぐる「幻想」において「他者」を愛する、ということがはたらく。〉すなわち、「他者愛」には、「他者」が自らの「鏡像」となり、その自らの「鏡像」に映った自分を愛する、ということがはたらく、ということも述べる必要がある。すなわち、実は、あらゆる「他者愛」は「自己愛」の延長線上にあるとも述べる必要がある。そのようにして、結局は〝自己〟だけしかないという在り方、すなわち〝自己〟ということの〝枠組み〟がひたすらはたらき続けているという在り方を、「人間」は持ってしまうとも述べる必要がある。**そうであるが故に、「自己愛」にとどまらない在り方での「他者愛」をはたらかせることが、求められ、問われ続ける。**

そして、「鏡像」段階は、そのようにして、「幼児」が「イメージ（イマージュ）」をはたらかせながら生きるということ、さらに言えば**「想像界」**に生きるということの始まりであった。そして「想像界」においては、「他者」を、「想像界」の〝枠組み〟の中でとらえる、ということがはたらく。そして、そうしたことにおいて、「他者愛」が「自己愛」の延長線上であることがはたらく。そして、やがて「幼児」は、さらに3歳～6歳の頃において、「言語システム」にまったく基づく「世界」、すなわち、**「象徴界」**の中に生きるようになる。「象徴界」は、「幼児」にとっての、〈「母親」・「父親」・子としての自分〉ということの〝公的〟関係を踏まえることによって起きる**「エディプス・コンプレックス」**をめぐる**「抑圧」（＝「原‐抑圧」）**に基づいてはたらくようになる。そして、「象徴界」

においては、「他者」を、あくまでも「象徴界」の〝枠組み〟の中でとらえる、ということが行なわれる。そして、そうしたことに基づく在り方で、やはり「他者愛」が「自己愛」の延長線上にある、ということがはたらく。こうして、それぞれの「個人」は、「他者」と接するということにおいて、「想像界」、「象徴界」ということの〝枠組み〟の中で、そして、そのことに基づく在り方で〝自己〟ということの〝枠組み〟の中で、接する、ということにとどまり続ける。

こうしたことにおいて、それぞれの「個人」に求められることは、どのようにせよ、どこかでは〝自己〟ということの〝枠組み〟を越える、ということがはたらくようにする、ということである。すなわち、そのような在り方で、**まさに「他者」とかかわる、**ということがはたらくようにする、ということである。そうしたことからは、「象徴界」を越え、そして「想像界」をも、どのようにせよ、越えた在り方ではたらく〝何か〟との〝かかわり〟が求められる。それは、**「現実界」**がどのようにはたらくのかが問われる、ということである。「現実界」がはたらくとはどういうことなのか？　「現実界」とは、どういうことなのか？　そのことについては、とりわけ次のようなことを述べることができる。

（1）「象徴界」が〝壊れ〟、「象徴界」と〝ともにはたらく〟「想像界」も〝壊れている〟（〝かなり壊れている〟）状態、すなわち、とりわけ「精神病」に罹《かか》っている状態。

（2）強烈な在り方を持った「トラウマ（心的外傷）」としての「出来事（事実）」がはたらく状態。

（3）強烈な在り方を持った〝逆トラウマ〟としての「出来事（事実）」がはたらく状態[3]。

（4）「象徴界」以前であり、さらに「想像界」以前の状態。発生的原初として、出生の時のこと、さらに、その直後、及び、その後の、約6カ月〜18カ月（1歳半）の頃における「自我」の「発生」までにおけること。

そして、（1）〜（4）を、どのようにせよ、踏まえたこととしての、次のことに（5）という項目立てをするならば、（5）として、次のことを述べることができる。

（5）「他者」が、〝自己〟による「同一化」ということを〝越えた〟在り方として、互いを「差異」としてとらえ合うことにおいて〝とらえられている〟、言わば「他者」〝それ自体〟がはたらくこと。

こうしたラカンの主張をめぐって、とりわけて言うならば、さしあたり、（2）、（3）のことをめぐって、左記のことを述べる必要がある。

強烈な在り方を持った「トラウマ（心的外傷）」としての「出来事（事実）」、そして、そのことに加えて、強烈な在り方を持った〝逆トラウマ〟としての「出来事（事実）」がはたらく、ということにおける「出来事（事実）」は、ともすると、どのようにせよ、「社会」において起きたことという言い方をせざるを得ない。そのことからは、〝自己〟ということの〝枠組み〟を越える〝何か〟、すなわち「現実界」についての問いは、ともすると、「社会」におけることについての問いであらざるを得ない。

そして、ラカンへの批判として、次のことを述べる必要がある。

ラカンの「人間」についてのとらえ方は、「エディプス・コンプレックス」をめぐる「抑圧」（＝

「原 - 抑圧」）ということを基軸として主張され、「想像界」、そして「象徴界」に生きる、ということに基づいて、「人間」について明らかにしていた、ということであったが、さらに、「現実界」について問わざるを得ない、ということにおいて、実は、「社会」についての問いに、踏み込まざるを得ない。

ラカンは、後期において「現実界」について問わざるを得ない、ということを述べ続けた。そしてラカンは、「象徴界」による「制御」を強調するということにはとどまらず、結局、「想像界」・「象徴界」・「現実界」という三つのことの不可分な〝結び付き〟（＝「ボロメオ結び」）に基づいて生きる、ということが求められる、ということまでのことは述べた。しかし、その主張は、「現実界」をめぐっても「社会」について踏み込むことはなく、結局、どのようにせよ「社会」について踏み込むことはなく、どのようにせよ「社会」について踏み込むことは、言わば、そのことを〝めざす〟ということにとどまっていた。

「現実界」について問うことを、さらに踏み込んで行ない、「社会」についての問いへと進んでいくならば、どのようなことが起きるのか？

ドゥルーズの「思想」は、こうした問いに答えるという面を持つ。この第三篇は、そのことを一定の〝支柱〟とする。

第二節　「生産的欲望」（「欲望的生産」）について

右記における、「精神分析」についてのとらえ返しからは、実は「精神分析」が、「単体」としての「個人」の〝内なる〟在り方についての問いを前提としながら、「他者」とのかかわりということをはたらかせることに向けて〝もがく〟ようにしている、というようにも思える。言い換えるならば、「単体」としての「個人」への「還元主義」に基づいて、「他者」とのかかわりということを、はたらかせることに向けて〝もがく〟ようにしている、というようにも思える。

そして、次のことを述べる必要がある。「精神分析」は、〈「人間」についての問いを、単に「意識」ということのレヴェルのことを問うことにとどまらず「無意識」ということを踏まえて心的「構造」の全体ということにおいて問うことへと展開させた、ということ〉によって「現代」の立場に立つと言えるが、「個人」についての「単体」としての在り方での問いにとどまる、という〝マイナスの〟「近代」の立場に立っている、ということも述べざるを得ない。

こうしたことから、ドゥルーズのラカン批判(そして「精神分析」批判)の基本的立場について述べることができる。ドゥルーズは、次のように批判する。ラカン(そして「精神分析」)は、「人間」を、単に「単体」としての「個人」としてとらえることを前提として、「エディプス・コンプレックス」をめぐる「抑圧」(=「原 - 抑圧」)に基づくことに還元してとらえている。

ドゥルーズは、ラカン(そして「精神分析」)が決定的に主題化する「幼児」にとっての〈「母親」・「父親」・子としての自分〉ということとの関係を、「エディプス三角形」と呼ぶが、彼は、ラカンの立場(そして「精神分析」の立場)を、「エディプス三角形」還元主義と呼んで批判している。

そうは言っても、後述するように、実は、ドゥルーズは、ラカンが述べた〈「個人」を「想像界」・

「象徴界」・「現実界」に基づく在り方でとらえる〉ということについては、基本的に踏まえている。ただし、ドゥルーズは、そのことを、「社会」の中に生きるということを前提としてとらえ直す。そして、次のことを述べる必要がある。そうしたことの立場に立つならば、もはや、「精神分析」の立場にとどまらず、別の立場が展開せざるを得ない。

こうしたドゥルーズによるラカン批判(そして「精神分析」批判)は、さらにどのようなことであるのか？ その問いをめぐって、次にまず「言語」についてのことをもとにした議論を述べることにしたい。

第二篇において述べたように、ラカンは次のことを述べていた。「言語」は、「言語システム」としての在り方を持ち、それぞれの「個人」に「象徴界」をはたらかせる、という決定的な在り方を持つ。そして、「象徴界」は、フロイトが「超‐自我」として述べていたことを展開させることによって述べることができる。「言葉」が「一般的意味の代理物」としてはたらくということが、「エディプス・コンプレックス」をめぐる「抑圧」(＝「原‐抑圧」)に基づいて起きることによって「象徴界」は形成され、はたらく。そして、「象徴界」こそは、それぞれの「個人」に「統合性」をはたらかせる。そして、「象徴界」は、それが〝壊れる〟ならば、「統合失調症」としての「精神病」が起きるという、決定的な在り方ではたらく。

こうしたラカンの主張を、「個人」が「社会」の中に生きる、ということを前提としてとらえ直すならば、どうなるのか？ 左記の【1】、【2】のことを述べることができる。

【1】

まず、そもそも「言葉」、「言語」、そして「言語システム」といったことは、すべて、もともと「社会」の中でつくり出されて来た、そして、つくり出されている、ということを述べる必要がある。

ラカンが「象徴界」の出発点として述べている「父親」への「呼び名」の「言葉」(その典型は、「パパ」)も、もともと「社会」の中で(言い換えれば、「人々」の中で)、「男性の親」の呼び名として、そのように「命名」をされたことが、「人々」の中で、どのようにせよ「合意」・「同意」された上で、「規則(ルール)」としてはたらき続けているという在り方を持っている。そして、夥しい数の「言葉」、「文法」、「修辞法(レトリック)」といったことのすべては、「人々」の中でつくり出され、はたらき続けている。

そのようにして、「象徴界」がはたらくということは、実は、「社会」がはたらく(そして「人々」がはたらく)という在り方を持っている。

そして、「象徴界」がはたらくということをめぐっては、次のことが、問われざるを得ない。

(1) 「社会」がはたらく(言い換えれば、「人々」がはたらく)ということは、どのようなことなのか?

(2) 「個人」において、「社会」がはたらく(言い換えれば、「人々」がはたらく)ということは、どのようなことなのか?

そして、「象徴界」の形成ということをめぐっては(すなわち、「幼児」に、「言葉」、「言語」そして「言語システム」といったことがはたらくようになる、ということをめぐっては)、次のようなことを述べる必要がある。

「母親」と〝一体化〟していた「幼児」が「父親」を踏まえ、そして、三者についての〈「親」-「子」〉という〝公的〟「関係」としての「関係」を踏まえるようになり「象徴界」へと入って行くというような〝劇的なこと〟が、〝絵に描いたような〟在り方で、実際に起きる、ということ(あるいは、そうしたことが起きていなくても、そうしたことを〝理念〟とした上での、まさにその〝理念〟がはたらくようになる、というようなことが起きる、ということ)が、それぞれの「個人」において〝一般的に〟起きると主張する、ということには無理がある。

「幼児」は、「母親」、「父親」に限らず、どのようにせよ、様々な「他者」と接する。たとえば「幼児」は、祖母、祖父、兄弟姉妹、母親父親の友人・知人、病院で出会った医師や看護師、たまたま出会った人などといったような人々と接する。そして、そうした「他者」たちとの「関係」の中で、「幼児」は、「言葉」、「言語」、そして「言語システム」といったことがはたらくようになる。

すなわち、端的な言い方をするならば、「幼児」には、とりわけ「母親」、「父親」を窓口とするような在り方がはたらくとは言え、そうした窓口をも通して、「社会」がはたらく(言い換えれば、「人々」がはたらく)。そうしたことこそが、「幼児」に「象徴界」を形成する。

このようにとらえることによって、「男児」とは〝違い〟がある「女児」における「象徴界」の形成[4]についても述べることができる。そして、さらには、片親の子供や、孤児としての子供においての「象徴界」

の形成についても述べることができる。

そして、前述の(1)、(2)の問いは、さしあたり、とりわけ「言葉」、「言語」、そして「言語システム」といったこと(端的に**「言語」**)をめぐって問われる。そして、前述の(1)、(2)の問いを、さしあたり、とりわけ「言語」をめぐる問いとして、次のようにはたらかせることができる。

(1)「言語」をめぐって、「社会」がはたらく(言い換えれば、**「人々」**がはたらく)ということは、どのようなことなのか?

(2)「言語」をめぐって、「個人」において、「社会」がはたらく(言い換えれば、**「人々」**がはたらく)ということは、どのようなことなのか?

(1)のことをめぐっては、次のことを述べることができる。

「言語」は、「人々」の**「必要性」**に基づく。そして、さらに踏み込んで言えば、**「言語」は、「必要性」も含む、さらに広義の「欲すること」に基づく。広義の「欲すること」は、広義において、何かをつくり出そう、とすること(広義においての「生産」)である。**この場合の、広義の「欲すること」を**「欲望」**[5]と呼ぶことができる。そして、この場合の、広義においての「生産」を、端的に**「生産」**と呼ぶとするならば、**「欲望」は「生産」としての在り方を持つと言える。**〔そして、ドゥルーズが言う「欲望」を、**「生産としての欲望」(「欲望としての生産」)**、端的に、**「生産的欲望」(「欲望的生産」**[6]**)**と言い換えることができる。〕そして、次のように述べることができる。**「言語」は、「欲望」(さらに言えば、「生産的欲望」(「欲望的生産」))に基づく。**

（2）のことをめぐっては、次のことを述べることができる。

「言語」を習得し「言語」に基づくようになるということは、その「個人」が、「人々」の「欲望」（「生産的欲望」（「欲望的生産」））の中に、自らも入り、自らもそのことを担う、ということである。そして、自らの中に、「人々」の「欲望」（「生産的欲望」（「欲望的生産」））がはたらく、ということである。

【2】

こうして、「言語」をめぐってここまで述べて来たことを踏まえ、あらためて「欲望」ということについて、述べることにしたい。

前置きとして、第二篇において述べたことであるが、「精神分析」において、とりわけラカンが述べる**「欲求」と「欲望」との区別**について確認しておきたい。〝欲すること〟が、〝生物本能〟に基づく、または、そのことを前提とした在り方を持つこと（〝生物本能的〟次元において、マイナスをゼロに戻すこと、たとえば、空腹を満たすこと、さらに、〝生物本能的〟次元を前提として、ゼロをプラスにすること、たとえば、単に食べるだけではなく〝おいしいもの〟を食べること）に向けてはたらく場合、それらは、いずれも**「欲求」**である。そして、〝欲すること〟が、「他者」からの、言わば「要求」に応えることを〝欲する〟という在り方ではたらく場合、それは**「欲望」**である。すなわち**「他者」に応えることを〝欲する〟ことが「欲望」**である。さらに言えば、そのようにして**「他者」からの「承認」を〝欲する〟ことが、「欲望」である。**

それでは、ドゥルーズが述べる「欲望」とは、どのようなことか？ ドゥルーズが言う「欲望」

には、ラカンが述べる「欲望」のような在り方での〝ラカン的「他者」論〟の〝繊細さ〟はない。端的に言えば、ラカンが述べる「欲望」さえも含めて、ひっくるめて〝欲する〟ことを「欲望」と言っているとも言える。それどころか、後述するが、ドゥルーズは、次のようなことさえ述べる。「言語」は、「人間」(「人々」)との〝結び付き〟を不可分なこととするが、**「言語」と「人間」(「人々」)の〝結び付いた〟〝全体〟において「欲望」ははたらく。**

ドゥルーズが述べる「欲望」について、次のことを述べておきたい。「個人」が「社会」の中に生きる、ということを前提として、主題として述べる必要があることは、「人々」における、そうした在り方での**「欲望」**である。そして、自らの中に「人々」における、そうした**「欲望」**がはたらくということを、さらに述べることができる。

そしてドゥルーズは、そうした「欲望」をこそ、既に述べたように**「生産的欲望」(「欲望的生産」)**という言い方をしていた。そして、そうした「欲望」についての主張は、ドゥルーズの主張の、その根幹において貫かれる。

一定の〝全体〟となることを〝強調して〟述べているようでもあるが、単なる〝全体論〟ではなく、ドゥルーズは、むしろ**「生産」**ということが、絶えざる、すべてにわたる〝前向きさ〟において、はたらく、ということが、それぞれに一定の〝全体〟を持つ、ということを言わんとしている。

第三節　「欲望するマシン」とはどういうことか？

ドゥルーズによるラカン批判（そして「精神分析」批判）をめぐって、さらに左記のことを述べておきたい。

「言語」は、「人間」が「人間」である以上、基づかざるを得ない。そして、次のことを述べる必要がある。**「言語」は「人間」が使わなければ「言語」とはならない。**「人間」と「言語」は、まったく不可分な在り方で結び付いている。「人間」と「言語」は、まったく不可分に**「接続」**[7]という在り方を持つ。

この場合の「接続」ということは、次のようなことにおいて、イメージし易い。

馬車（馬が付いた車両＋人）、自転車（車両＋人）、自動車（車両＋人）等々。

こうした「接続」がはたらく〝全体〟、すなわち〝接続した全体〟について、ドゥルーズは、フランス語のmachine（マシン）という言い方をしている。[8]しばしば複数形も使っているが、その場合、言うまでもなく**machines（マシーヌ）**である。こうした**〝接続した全体〟**は、さらに言えば**〝自ら動く接続した全体〟**ということである。そして、そのようであることによって、こうした**〝接続した全体〟**について、ドゥルーズは、**〝全体〟として一種の〝生命体〟**としてはたらく、ということを言わんとする。そして、そうしたこととして**一種の〝有機体〟**であるとして、次のように言わんとする。**「言語」だけを取り出せば、〝無機物〟であるという言い方をせざるを得ないが、「言語」は、それだけ取り出せるという在り方をしていない。そして、「人間」と〝接続した全体〟としての在り方を持たざるを得ない。**それだけ〝取り出した〈ならば、もはや「言語」ではなくなる。そうであるが故に、「言語」は〈無機物〉ではなく、「人間」と〈接続した全体〉として一種の〈有機体〉であり、そうした在り方において、一種の〈生命体〉である。machineは、日本語では、「機械」と訳さざるを得ないが故に「機械」という訳が定訳となっているが、「機械」という表現では伝わらないドゥルーズが言わんとする含みを踏まえる必要がある。そうした含みが、極力はたらくように、これ以降においては、敢えてカタカナ表記を使い、「マシン」〔場合によっては、「機械（マシン）」〕という表記をすることにしたい。例えば、直訳での「言語機械」を「言語マシン」〔場合によっては「言語機械（言語マシン）」〕と表記した。

こうして、ドゥルーズは、「言語」については、「言語機械（言語マシン）」という言い方をしている。(9)

そしてドゥルーズは、「欲望」〔すなわち、「生産的欲望」（「欲望的生産」）〕は、たとえば「言語マシン」に、まさにはたらくと述べる。

そして、ドゥルーズは、次のことを述べる。

このように述べることができる「マシン」ということは、言わば「欲望する」という在り方を持つという言い方ができる。すなわち、「マシン」は、そもそも「欲望する機械（欲望するマシン）」(10)という在り方を持つ。そして「言語」は、そうした「欲望するマシン」としての、まさに「マシン」の一つである。

こうして、ドゥルーズは、「個人」を、絶えず〈外向きに〉おいてとらえ、「エディプス三角形」をもとにとらえることは、行ないようがないこととして、行なわない。

そして、ドゥルーズは、基本的な主張として次のことを述べている。[11]

「マシンを、欲望（生産的欲望（欲望的生産））とともにはたらかせることを、結局は、現実界と直接的にかかわることに基づくようにして行なうことが求められる。」

こうしたドゥルーズの主張がどのようなことなのか、さらに検討することにしたい。

第四節　『アンチ・オイディプス』への問いに向けて

こうした主張を1972年に、ドゥルーズはガタリとの共著である『アンチ・オイディプス（アンチ・エディプス）[12]』において述べている。この著作は、邦訳では『アンチ・オイディプス』とされているが、「オイディプス」は、「エディプス・コンプレックス」のことである。Ödipuskomplex（エディプス・コンプレックス）という用語をかつてフロイトが使った時、Ödipus（エディプス）は、もともと古代ギリシアのソフォクレス（紀元前497～406）の作品『オイディプス王』の主人公「オイディプス」の名前に基づいていたが故に日本語表記として「オイディプス」という表現が使われているが、この場合の「オイディプス」とは、要するに「エディプス・コンプレックス」のことであり、さらに言えば、〈「エディプス・コンプレックス」をめぐる「抑圧」（＝「原・抑圧」）についてのことがそれぞれの「個人」の基盤にはたらくとすること〉への還元主義（「エディプス三角形」還元主義）のことである。そうした「エディプス三角形」還元主義への、「アンチ」（＝反対）ということが、「アンチ・オイディプス」という題名が言わんとすることである。

ドゥルーズは1960年代以降、ガタリは1950年代以降、それぞれの立場からラカン(さらに言えば「精神分析」)への批判の立場を明らかにしていった。そして二人は、1969年に出会い共同研究するようになり、そして1972年、この『アンチ・オイディプス』を出版した。

関連したこととして、次のことを述べておきたい。

ラカンは1959年には、「現実界」についての主張を始めていたが、1960年代には踏み込んだ在り方で、「現実界」をめぐる主張を行ない続けた。そして、やがて第二篇において述べたように(そして、既に確認したように)、「象徴界」による「制御」を強調するばかりではなく「ボロメオ結び」という言い方で「想像界」・「象徴界」・「現実界」の不可分の〝結び付き〟をはたらかせることが求められると主張した。そして、そのことには、「現実界」について踏み込んで主題化するという立場が伴なわれていた。こうしたラカンにおける展開は第二篇において述べたように、1972年に始まるが、それは実は、ドゥルーズ・ガタリが『アンチ・オイディプス』を出版した年に重なる。そして『アンチ・オイディプス』に〝結実〟するようなラカンへの批判を、前述の通りガタリは、既に1950年代に始め、ドゥルーズは1960年代に始めていた。ラカンの場合には、「現実界」を「社会」(言い換えれば、「人々」)ということに向けて主題化するとはならなかったが、「ボロメオ結び」の立場は、1981年に彼が亡くなるまで貫かれた。そうしたことにおいて、後期のラカンの展開には、ドゥルーズ・ガタリの「精神分析」批判がつくり出していた思想的動向との〝かかわり〃を、陰に、または陽に想定し得る。

第五節　ガタリをめぐっての、あらかじめの問題提起

ドゥルーズの「エディプス三角形」還元主義への批判の立場が、基本的にはどのようなことであったのかについて述べた。前述のように、実はドゥルーズは、1960年代において既に、ラカン（さらに言えば「精神分析」）への批判を始めていた。ドゥルーズはそのことを、とりわけ「思想史」、そして「文学」などの研究を背景に行なっていた。一方、ガタリは、「精神医学」の人物であった（しかも、もともとは「ラカン派」の人物の一人であった）が、前述のように1950年代において既に、ラカン（さらに言えば「精神分析」）への批判を行なっていた。そして、ガタリは、もともとラカンの立場の「治療法」の「実践」を「精神病」の患者に行なっていた「経験」を踏まえた上で、ラカン（さらに言えば「精神分析」）への批判を行なっていた。詳しくは第四篇において述べる（また、この箇所に註を設け(13)、この篇でも基本的なことを述べた）が、ガタリは、ラカン（さらに言えば「精神分析」）の立場の「治療法」が、医師と患者との一対一の関係の中で患者の「分析」を進め「治療」を行なうということであることについて、患者についてとらえそこない、そのことによって「治療」を〝行いようがない〟という思いを持っていた。そうしたガタリの思いは、1969年に、ドゥルーズがガタリと共同研究を始めて以降、ドゥルーズに大きな影響を与えた。

ガタリにとっては、ラカンが、〝とらえる〟ことに〝もがいて〟いた〈「私」ということとの〝枠組み〟（〝構

造〉を越えた「実在」の「他者」〉は、患者と担う〈コミュニティー〉における「実践」において〈はたらいている〉のであり、「他者」論は〈決着がついている〉ことであった。

第六節　あらためて「生産的欲望」(「欲望的生産」)について

ドゥルーズの主張にたち戻って、さらに検討したい。

ドゥルーズは、「無意識」ということについて次のように言わんとする。

「無意識」として踏まえるべきことは、それぞれの「個人」において、人々の「欲望」がはたらくということ、すなわち「生産的欲望」(「欲望的生産」)がはたらく、ということである。さらに言えば、**自らが様々に、「欲望するマシン」としての「マシン」の中に生きるということが、「無意識」として踏まえるべきことである。**

ドゥルーズは、このように言わんとすることによって、ラカン(さらに言えば、「精神分析」)が述べる「無意識」ということの主張にはとどまり得ない、という立場を明確にする。

それでは、そうしたことにおいて、「精神分析」の出発点ともなることであるが、もともとフロイトが述べていた、**〈つらい「出来事(事実)」をめぐる「抑圧」〉→〈「欲動」の「消耗」〉→「神経症」**ということとしての「無意識」ということを、どのようにとらえるのか？

ドゥルーズ(そして、実は、とりわけガタリ)にとって、「神経症」は、「個人」に〈内的な〉ことについての「分析」を行なうことによって明らかになる、ということにはとどまらない。それぞれの

「個人」においては、様々に「生産的欲望」(「欲望的生産」)がはたらく「欲望するマシン」としての在り方がはたらく、ということに基づいて「分析」が行なわれる必要がある、と言わんとする。そして「神経症」、そしてさらには、「精神病」は、「生産的欲望」(「欲望的生産」)がはたらく「欲望するマシン」の、在り方における障害によって起きる、と言わんとする。ドゥルーズは、「無意識」を、あくまでも、こうしたことにおいてのこととして、とらえる。そして、「生産的欲望」(「欲望的生産」)がどのようにはたらくのか、ということが、「精神病」をめぐる(後述するように「社会的」にさえ問うべき)ことの一つの重要な背景となる、ということを述べている。

そして、ドゥルーズは、詳細は後述するが、次のように言わんとする。

そうした在り方で「分析」を行なう時、どの「出来事(事実)」も、「欲望するマシン」にとっての一面として、〝前向きな〟在り方においてとらえられる、ということによって、「生産的欲望」(「欲望的生産」)をはたらかせるという在り方を持つ。

そして、さらに、そうしたことについて、次のことを述べることができる。「他者」論に一定の決着を付ける在り方での、まさに「他者」論がはたらく。すなわち、そうしたことには、どのようにせよ「実践」において〈「私」ということの〝枠組み〟(〝構造〟)を越えた「実在」の「他者」〉がはたらく。

第七節　「商品マシン」(「貨幣マシン」を伴なう)について

こうして、ドゥルーズは、それぞれの「個人」が、自らを、そして「他者」を、そして、互いを

「生産的欲望」(「欲望的生産」)がはたらく「欲望するマシン」においてとらえる、ということを求める。そして、それぞれの「個人」を、そのような在り方において「社会」(「人々」)ということにおいてとらえる立場は、さらに左記のように展開する。

既に「欲望するマシン」として「言語マシン」について述べた。そして、その言わんとする含みについてとらえ返す必要があるが、さらに「商品マシン」(「貨幣マシン」を伴なう)等々といったことについて述べる必要がある。端的に言えば、とりわけ「商品システム」(「貨幣システム」を伴なう)といったことがどのように「欲望するマシン」なのかについてとらえ返す必要がある。

こうした主張には、独特な含みがはたらいている。そして、次のようなことを述べる必要がある。「商品システム」(「貨幣システム」を伴なう)は、「人間」にとって、「人間」が「経済」の中に不可欠に生きているということの故に、まったく不可欠に〝属し〟、〝まったく〟その中に生きている、という在り方を持つ。そうであるが故に、そうしたことを踏み込んで踏まえることは、人によって〝度合いが違う〟とは言え、まさに求められる。

しかし、「人間」が「人間」であることにおいて、〝ただ単に〟「経済」の中に生きるということだけでは、「人間性」の〝深み〟をなくすということも起きると言わざるを得ない。そして、ともすると、次のような、言わば「二元論」に基づく主張がされる。

「商品システム」(「貨幣システム」を伴なう)の中に生きているということは不可欠であるが、それだけでは、ともすると〝「貨幣(金《かね》)」がほとんどのことを決める〟という〝思想〟にひたすら基づくようになり、「人間性」が〝浅薄に〟なる。そうであるが故に、そのこととは別途に、失われる「人間性」を補う必要がある。言い換えるならば、別途に、そのことだけでは済まない、という立場をはたらかせる必要がある。

しかし、この「二元論」に基づく主張は、次のような「一元論」に基づく主張である必要がある。「商品システム」（「貨幣システム」を伴なう）は、「生産的欲望」（「欲望的生産」）がはたらく「欲望するマシン」としての「商品マシン」（「貨幣マシン」を伴なう）としてとらえることができる。そのことには、「欲望するマシン」としての〈「人間」と不可分な全体〉という、言わば一種の〝生命体〟とも言える一種の〝有機的全体〟としての在り方において、「生産的欲望」（「欲望的生産」）がはたらいている。すなわち、「商品システム」（「貨幣システム」を伴なう）は、「商品マシン」（「貨幣マシン」を伴なう）としての「欲望するマシン」としての在り方によって、独特に「人間性」の〝深み〟をもはたらかせる。そして、「生産的欲望」（「欲望的生産」）が、独特に、新たな「文化」に向けて、そうした在り方においてはたらく。

第二章　『アンチ・オイディプス』への問い

第一節　「器官なき身体」について

既に述べたドゥルーズの基本的主張をもとに、彼の基本的「思想」について、さらに述べることにしたい。

既に、ドゥルーズの次のような主張について述べた。

「商品システム」(「貨幣システム」を伴なう)は、「商品マシン」(「貨幣マシン」を伴なう)としての、「欲望するマシン」という、一種の〝生命体〟とも言える〝有機的全体〟として、実は、独特に「人間性」の〝深み〟がはたらくという在り方で、「生産的欲望」(「欲望的生産」)をはたらかせる。

ドゥルーズは、こうしたことに基づいて「資本主義経済システム」が、さらに「資本主義経済マシン」としてはたらく、ということを述べる。

そして、ドゥルーズは、「資本主義経済システム」(さらに言えば「資本主義経済マシン」)には、様々なことが、根本的なところで〈何がどう生成し、どう結び付き、そして、どうつくり出されるのか〉が分かり難い在り方で（「計画」し切る（「設計」し切る）ということを行なえない在り方で」〝溶け合っている〟かのようにしてはたらく、と言わんとする。さらに言えば、そのようにして、根本において〝把握の不可能性〟とも言えることが伴なう、ということを言わんとする。

そしてドゥルーズはそのことについて、**やがて雛《ひな》として生まれるがまだ雛の形のような状態にはなっていない、ということとしての「卵」のようなもの**、という比喩に基づく表現として、**「器官なき身体」**[14]という言い方をしている。

なお、「器官なき身体」という用語は、もともとは演劇家のアントナン・アルトー[15]（1896〜1948）が、即興の在り方で踊る踊り手（ダンサー）の「身体」、言わば〝**器官分けができないような在り方で**〟〝**とろけるような全体**〟である**「身体」**についての比喩として述べた表現であったが、ドゥルーズは、ここで述べたような〝とらえ方〟で使った。

第二節　「脱コード」について

ドゥルーズは、「資本主義経済システム」を「資本主義経済マシン」として、さらに踏み込んでどのようにとらえていたのか?

ドゥルーズは、次のように言わんとする。

その〝根本〟にはたらいているのは、「商品システム」（「貨幣システム」を伴なう）であるが、そのことに

基づいて、〝ほとんどのことは「交換」を行ない得る〟（さらに言えば〝ほとんどのことは「商品化」し得る〟）ということがはたらく。

しかし、そのことはさしあたり、まさにはたらくと言えるが、そのことがまさにはたらくということにおいて（さらに言えば、はたらけば、はたらくほど、という在り方において）、〝「交換」し得ないものがある〟ということに気づく。そして〝「交換」し得ないもの〟をめぐって〝深い部分〟の「事実」がはたらく。しかし、そうしたことをも伴なうという在り方において、まず、〝ほとんどのことは「交換」を行ない得る〟ということがはたらく。

「交換」とは、どういうことなのか？

前提にはたらくことは、〝欲しいということ〟と〝欲しいということ〟の「交換」である。言い換えるならば、狭義での「欲望」同士の「交換」、すなわち、そうしたこととしての、「欲望」と「欲望」の「交換」である。

「交換」の前提としてはたらくことは、こうした、狭義の「欲望」がはたらく、ということであるが、狭義の「欲望」は、実は、やはり「生産的欲望」（「欲望的生産」）の中においてはたらくということも述べる必要がある。

そして、「交換」ということにおいては、「商品価値」（「貨幣価値」）としての一定の「価値」がつくり出されている。さらに言えば、そうしたこととしての一定の「意味」がつくり出されている。そうした「価値」（すなわち、そうした「意味」）ということの基盤には〈狭義の「欲望」、そしてそれらがその中ではたらく「生産的欲望」(「欲望的生産」)としての、端的に「欲望」〉がはたらいている。

そして、そうした「欲望」の、そうしたはたらき方は、どのように「権威」を持つものをも、根本においては、のり越えてはたらく。そして、そのようにして、ともすると「権威」を失わせる。

こうしたことにおいて、そうした「欲望」は、基本的には、あらゆる「権威」を相対化し得る。

そして、こうしたことにおいては、「近代」における「自由」がはたらく。

そして、このことについて、次のようなことを述べることができる。

〝ほとんどのことは、商品価値(貨幣価値)に基づく〟ということは、基本的には、あらゆる「権威」を相対化し得る。そして、敢えて言い換えれば、〝貨幣(金《かね》)がほとんどのことを決める〟ということが、基本的には、あらゆる「権威」を相対化する。

〝「権威」を持つもの〟(さらに言えば〝「権威」を持つことによって人を従わせるという在り方を持つもの〟)を、ドゥルーズはcode(「コード」)と呼ぶ。そして、次のことを述べる。一定の「欲望」は、基本的に、あらゆる「コード」を相対化し得る。すなわち一定の「欲望」は、基本的には「コード」から脱する、ということをはたらかせる。端的に言えば、一定の「欲望」は、「脱コード(décode)」ということをはたらかせる。さらに言えば、一定の「欲望」がはたらくということに、まさに基づくこととしての「資本主義経済マシン」は、端的に言えば「脱コード」をはたらかせる、という在り方を持つ。そして、この場合の「欲望」は、〈狭義の「欲望」、そしてそれらがその中ではたらく「生産的欲望」(「欲望的生産」)としての、端的に「欲望」〉においての、一定のものである。

しかし、さらに左記のことを述べる必要がある。

「資本主義経済システム」、さらに言えば「資本主義経済マシン」においては、まさに「交換」がはたらく、ということをめぐって、既に述べたように、〝ほとんどのことは「交換」を行ない得る〟ということがはたらき、このことは、基本的には、それまでのすべての「コード」を相対化する、という在り方を持つが、実は、このこと自体が、「コード」に近い在り方ではたらく。

しかし、次のようにも述べる必要がある。そのことは、「コード」に近い在り方ではたらくと言っても、まさに〝その在り方から〟、やはり「コード」から区別された呼び方をする必要がある。

そして、ドゥルーズは、〝ほとんどのことは「交換」を行ない得る〟ということ（そして、そうしたことを実質とした、いくつもの〝言い換え〟）について、「公理系」[16]という言い方をしている。

ただし「公理系」という言い方をするにしても、実質において「コード」に〝近い〟面を持ち、どのようにせよ（どの程度にせよ）、そうした「コード」に〝近い〟在り方でのはたらき方をする。言い換えるならば〝準コード〟としての在り方ではたらく。そして、「コード」に〝近い〟在り方を持つもの（「公理系」＝〝準コード〟）がはたらくということについては、やはり、そのことが持つ問題について問う必要がある。「公理系」＝〝準コード〟は、端的に、既に述べたように、〝貨幣（金《かね》）がほとんどすべてのことを決める〟ということ、すなわち〝ほとんどのことは、商品価値（貨幣価値）に基づく〟ということである。そうであることにおいて、そのことについては、そのことにはそれ自体として持つ問題があると述べる必要がある。

問われるべきこの問題については、あらためて後述するが、そのようにして、さらに踏み込んだことについても述べる必要がある。しかし、さしあたり、次のことを述べることができる。「資本主義経済マシン」は、「欲望」が〝担う〟という言い方もできる。そして、そのことに基づいて、はたらく、ということとして、さしあたり、どのようにせよ〝究極的に〟求められる。

しかし、ここで、さらに次のことを述べる必要がある。

既に述べたように、「資本主義経済マシン」においては、「脱コード」をはたらかせるという在り方において、まさに「欲望」がはたらく。そして、そうしたことによって、基本的には、あらゆる「権威」を相対化し得るということがはたらく。そしてそうしたことにおいては、実は、敢えて言えば、それぞれの「個人」にはたらく「統合性」が、〝緩められる〟、さらには〝壊れる〟という在り方で、一定の在り方で〝失われる〟、ということが起きる[17]。

こうしたことを、〝前向きさ〟においてとらえ返すことができる、ということを、ドゥルーズは述べる。このことについて、さらに検討することにしたい。

第三節　「スキゾ」とはどういうことか？　その1

ドゥルーズが、どのように「資本主義経済システム」(さらに言えば「資本主義経済マシン」)を主題化したのかについて検討したい。

ドゥルーズは左記のようなことを言わんとする。

「資本主義経済システム」(さらに言えば「資本主義経済マシン」)において起きていることについて、次のように述べることができる。

一定の〈「労働」が求められること〉に対して、「労働」を行なうことによって応え、そのことによって「賃金」を得る。その「賃金」としての「貨幣」を使って「商品」としての必要なものを買う。「価格」(「商品価値」)に相当するだけの「貨幣」を払うことによって必要なものを買う。そして、使う。こうしたことに基づくならば、基本的に生きていくことができる。すなわち、基本的に〈生きる〉ことができる。

このことをもとに、人類史を、どのようにとらえ返すことができるか?

まず、人類史には、そもそもその基底に、次のことが起きて来た。

「土地」をめぐる「所有」関係(「所有」―「非所有」)に決められる。

そして、それに続いて、そのことに加えて、次のことが起きた。

「身分」などをめぐる「権力」関係に決められる。さらに言えば、「権力」(端的に「政治権力」)をめぐる関係に決められる。

人類史上において〈生きる〉ということは、不可避に、その'根本'においてこうしたことに基づくという在り方を持った。そして、こうしたことは、在り方を変えながら、どのようにせよ、その後もはたらき続けている。しかし、「資本主義経済システム」(さらに言えば「資本主義経済マシン」)は、大きな変化を惹き起こした。そして、「資本主義経済システム」(さらに言えば「資本主義経済マシン」)においては、〈生きる〉ということをめぐって、前述したようなことが起きた。すなわち、端的に言い換えるならば、次のようなことが起きた。

〈生きる〉ことは、基本的に、次のことによってだけできる。

「労働」、そして、「商品」(「貨幣」に基づく)。

さらに敢えて言えば、〈生きる〉ことは、基本的には、とりわけ「貨幣」(金《かね》)に基づくだけでできる。

ドゥルーズは、「土地」をめぐる関係(「所有」—「非所有」)においてはたらく「コード(制度、規範など)」について、とりわけ、まさに「コード(code)」という言い方をしている。そして、「権力」(端的に「政治権力」)をめぐる関係においてはたらく「コード(制度、規範など)」については、やはり「コード」と言えるが、言わば、「コード」の「コード」として、より〝強く〟はたらく「コード」として、「超コード(surcode)」という言い方をしている。そして、既に述べたように、ドゥルーズは、次のことを述べた。

「資本主義経済システム」(さらに言えば「資本主義経済マシン」)においては、「コード」・「超コード」から脱するということ、すなわち「脱コード(décode)」がはたらく。

そしてこうしたことから、ドゥルーズは基本的に次のことを言わんとする。

「資本主義経済システム」(さらに言えば「資本主義経済マシン」)においては、「コード」・「超コード」といった、言わば「統合性」が基本的なところで〝外れる〟ことが起きている。もちろん「コード」・「超コード」がなくなり切ることはない。しかし、もはや「統合性」がまさにはたらくとは言えない、ということが起きている。すなわち、どのようにせよ、「統合性」が〝壊れる〟ということが起きている。「統合性」が〝壊れる〟ということは、敢えて言えば、どのようにせよ、一定の在り方で「統合失調症」としての「精神病」とも言える状態が起きている、ということである。

ドゥルーズは、「資本主義経済システム」（さらに言えば「資本主義経済マシン」）を根本のところで、このようにとらえている。

そして、端的に、「資本主義経済システム」（さらに言えば「資本主義経済マシン」）においては、どのようにせよ「統合失調症」としての在り方がはたらく、ということを言わんとする。「統合失調症」は、フランス語で「スキゾフレニー[18]（schizophrénie）」であるが、略して述べるならば「スキゾ（schizo）」である。ドゥルーズは「資本主義経済システム」（→「資本主義経済マシン」）の中に生きる者たちには、端的に、言わば「スキゾ」としての在り方がはたらくと述べる。

そして、「スキゾフレニー」に相対《あい》することとして、ドゥルーズは「パラノイア（paranoia）」ということを述べている。いわゆる「偏執《へんしゅう》病」、または「妄想症」（「偏執」に基づく「妄想症」）であるが、特定のことに異常に執着する在り方を持つ状態である。〝異常な〟執着がはたらき、執着に基づく「幻想」が病的な在り方を持ち、執着したことがすべてのことを決めているという病的な「幻想」（「妄想」）を持つ、という在り方を持った「精神病」である。略して述べるならば「パラノ

（parano）」である。

ドゥルーズがこの場合、「パラノ」として、とりわけ述べているのは、既に述べたような〈人類がかつて「土地」についてのこと、そして「権力」（端的に「政治権力」）についてのことに執着せざるを得ないとは言え、まさに執着して来たということ〉である。[19]

そして、ドゥルーズは次のように述べる。

こうしたことからは、人類は、かつて（〈かつて〉とは言っても「土地」所有が始まって以降のことであるが）、基本的には「パラノ」としての在り方を持ったが、「資本主義経済システム」（さらに言えば**「資本主義経済マシン」**）の中に生きることによって「スキゾ」としての在り方を持つことになった。

結局、この場合、ドゥルーズは「パラノ」か「スキゾ」かという二択しかない中、「現代人」は「スキゾ」としての在り方を持つが、まさに「スキゾ」が求められる、ということを言わんとする。

ドゥルーズは『アンチ・オイディプス』の「第三章」を「未開人、野蛮人、文明人」という分かりにくい題にした上で、人類はまず**「土地マシン」**、そして「君主マシン（ともすると「専制君主マシン」）」としての**「権力マシン」**の中に生きて来たが、「現代」において「資本主義経済システム」（さらに言えば**「資本主義経済マシン」**）の中に生きるようになった、ということについて、詳述している。[20]

第四節　「精神分析」への〝さらなる〟批判

ここで、さらに述べる必要があることは、こうした議論をもとにした上でのドゥルーズの、フロイト・ラカンの「精神分析」についてのとらえ方である。ドゥルーズは、次のようなとらえ方をしている。

フロイト・ラカンの「精神分析」は、「エディプス三角形」還元主義として「エディプス三角形」についての「パラノ」の立場である。すなわち、「エディプス三角形」還元主義に基づくことによって、「現代」が「統合性」だけでは済まないにもかかわらず、「統合性」がはたらくということに、基本的に、執着せざるを得ない、という在り方での「パラノ」の立場である。

ドゥルーズは、さらには、次のように言わんとする。

フロイトが、後期において、「攻撃欲動」を主題化するほどに、踏み込んだ在り方で心的「構造」の全体を踏まえ、ラカンが最後期において「ボロメオ結び」の主張を行なうほどに、やはり踏み込んだ在り方で心的「構造」の全体を踏まえていたといったことを、とらえ返すにしても「精神分析」は、結局は「エディプス三角形」還元主義に基づくことによって、そして、そのことを、まったくの前提として、「エディプス・コンプレックス」をめぐる「抑圧」についてのことに執着せざるを得ない、という在り方で、「統合性」がはたらく、ということに執着せざるを得ない、という在り方を持つが故に、「パラノ」の立場である。

そして、ドゥルーズは、次のように言わんとする。

「精神分析」は、「社会」が「スキゾ」の「社会」になっているにもかかわらず、「パラノ」の立場であり、そして実は、自らが〝行なう〟「治療」の対象とする「精神病」の一つに自分自身が〝罹《かか》っている〟という在り方を、皮肉にも、持ってしまっているにもかかわらず、そのことに気づいて、踏まえるということを行なえていない。

第五節　「スキゾ」とはどういうことか？　その2

さらに、次のことが問われる。

ドゥルーズが明らかにした〈「現代」においては、「人々」は「資本主義経済システム」（さらに言えば「資本主義経済マシン」）の中で生きることによって「スキゾ」としての在り方を持つ、ということ〉は、具体的にはどのようなことなのか？　そして、そうしたことにおいて具体的に何が求められるのか？

そして、次のことが問われる。

「現代」において「人々」は具体的にどのような在り方を持つのか？

次のことを、述べることができる。

「現代」において「精神医学」上においての「統合失調症」としての「精神病」に罹《かか》っていて「スキゾ」であるという人々が多い、ということを述べようとする訳ではない。多くの人々は、「精神医学」上においては、言わば〝健常者〟である。しかし、「資本主義経済システム」（さらに言えば「資本主義経済マシン」）の中に生きている以上、「人々」には、どのようにせよ「脱コード」がはたらいていて「統合性」

がはっきりと、緩んでいる、ことによって、「スキゾ」であることが、言わば「社会的に」はたらくが故に、「人々」は言わば、「社会的」「スキゾ」である、ということを、述べる必要がある。そして、「人々」は、「資本主義経済マシン」によって得られる「自由」を得ている者たちである。

この場合に、ドゥルーズは、「スキゾ」ということを、基本的には、次のようなこととして述べている。

「現代」の「人々」は、「歴史」上において「現代」以前の「人々」において「象徴界」に基づく「統合性」がはたらいたようには、「象徴界」に基づく「統合性」がはたらかない、という在り方を持っている。

それでは、この場合の「スキゾ」とは、どういう在り方を持つことなのか？　ドゥルーズが、とりわけ言わんとすることは、次の、3つのことである。

（1）

「象徴界」以前の「想像界」が、展開性を持った在り方で、強く、はたらく。すなわち、展開性を持った在り方で、強く、「イメージ（イマージュ）」に基づくことがはたらく。

（2）

どのようにせよ「現実界」がはたらく。「現実界」をどのようにとらえるのか、ということは問題であり続けるが、まず「象徴界」（←とりわけ「言語」）に収まらず、そしてさらに「想像界」（←「イメージ（イマージュ）」）にも収まらないという在り方で、「出来事（事実）」それ自体がはたらく。

（3）

「欲動」として、〈狭義の「欲望」、そしてそれらがその中ではたらく「生産的欲望」(「欲望的生産」)としての、端的に「欲望」〉が〝前向きさ〟の在り方ではたらく。

「スキゾ」といったような〝強い〟言い方で言っていいのか、という問題はあるにせよ、ドゥルーズが、基本的にとりわけ言わんとすることは、こうしたことである。(ただし、第四篇において述べるが、ガタリの場合には、精神医療スタッフとして、「スキゾ」ということについてとりわけ、まさに「スキゾフレニー」の患者をとらえ、そして、そうした人々においては、とりわけ「現代」ということがはたらいているととらえ、そうした人々を踏まえて〈生きる〉ことが求められる、ということをも言わんとする。)

ドゥルーズがとらえる「スキゾ」ということからは、さらに左記のようなことを述べる必要がある。

ドゥルーズは、「現代」の「人々」には、「スキゾ」として、ここで述べた(1)、(2)、(3)のことが、どのように具体的な在り方においてにせよ、はたらく、ということを言わんとする。そして、彼が出版した数多くの、多彩な著作を踏まえるならば分かるが、彼は次のような立場に立っている。

「現代」の「人々」には、「スキゾ」として、(1)、(2)、(3)のことがはたらくのであって、そのことをまさに展開させる必要がある。そのことをまさに展開させるとは、そのことに基づき「文化」をつくり出す、ということとして展開させるということである。

第六節　「文化」に向けて　その1

右記において述べたような、ドゥルーズの「文化」についての立場をめぐって、ドゥルーズの基本的「思想」について、繰り返しとなるが、「文化」がどのようなことから展開するとしているのか、前提となることを確認しておきたい。

ドゥルーズは、こうした「文化」についての立場を、既に述べたように「現代」の「人々」が「スキゾ」としての在り方を持つ、ということに基づいて述べている。

既に述べたように、ドゥルーズは、「現代」の「人々」が「スキゾ」としての在り方を持つということは、「資本主義経済システム」(さらに言えば「資本主義経済マシン」)が「脱コード」をはたかせることを背景とする、ということを述べていた。そして「資本主義経済システム」(さらに言えば「資本主義経済マシン」)の、まったくの基盤を、次のことであるとしていた。

一定の〈「労働」が求められること〉に対して「労働」を行なうことによって応え、そのことによって「賃金」を得る。その「賃金」としての「貨幣」を使って「商品」としての必要なものを買う。「価格」(「商品価値」)に相当するだけの「貨幣」を払うということによって必要なものが買える。そして、使う。こうしたことに基づくならば、基本的に生きていくことができる。すなわち、〈生きる〉ことができる。

そして、「資本主義経済システム」(さらに言えば「資本主義経済マシン」)は、端的に言えば「商品経済」(という「交換」に基づく「経済」)が全面展開する、ということとしての在り方を持つ。そして「資本主義経済システム」(さらに言えば「資本主義経済マシン」)においては、ほとんどのことは「商品化」し得る〟ということがはたらく。すなわち、〝ほとんどのことは「交換」を行ない得る〟ということがはたらく。さらに言えば、端的に〝貨幣（金《かね》）がほとんどのことを決める〟ということがはたらく。

しかし、ここで、さらに左記のことを述べる必要がある。

ドゥルーズは、さらに次のことを言わんとする。

〝ほとんどのことは「商品化」し得る〟ということがはたらくということは、そのことがはたらけば、はたらくほど、さらに、次のようなことに気づくということである。そして、そのことを思い知る。

「商品化」し得ないものがある（「商品」とはならないものがある）。

そして、ドゥルーズの基本的主張として、次のことを述べることができる。

まず「資本主義経済システム」（さらに言えば「資本主義経済マシン」）の全面的な展開が求められる。そのことには、「脱コード」という在り方での、〈「コード」、そして「超コード」〉からの「解放」として「自由」がはたらく。そのことは、あらゆる「権威」を相対化する。そして、「人々」において、言わば、自らが「スキゾ」としての在り方を持つ、ということを、踏まえざるを得ない在り方で踏まえる、ということが起きる。しかし、そうした〝貨幣（金《かね》）がほとんどのことを決める〟ということに対しても、「脱コード」がはたらく。

それは、〝「商品化」し得ないものがある（「商品」とはならないものがある）〟ということ、端的に、〝貨幣（金《かね》）だけでは済まない〟ということに気づき、そのことを思い知る、ということである。このことは、「人間」の、まさに「人間」としての〝深み〟に気づかざるを得ない、ということでもある。とかく金《かね》に目が〝眩んでいた〟が、「人間」の〝深み〟に気づく、ということである。そのことによって、「人々」は、さらなる「スキゾ」となる。そして、そうした、さらなる「スキゾ」であることを伴なう「スキゾ」として、「人々」は「文化」を展開させる、ということが起きる。

第七節　さらなる「スキゾ」を併せた「スキゾ」とは、どういうことか?

「スキゾ」をめぐって、さらに述べることにしたい。

ドゥルーズは、１９６８年5月のフランスにおけるパリを中心とした〝騒乱〟[21]（さらに言えば、〝動乱〟）の直後の１９６９年、ガタリと出会い、そのことをきっかけとして、ガタリと交流する中で、右記のような主張についての着想を得て、既に述べたように、１９７２年に共著によって『アンチ・オイディプス』を出版した。１９６８年5月のフランスにおける〝騒乱〟（さらに言えば、〝動乱〟）は、いくつもの〝「権威」を持ってしまったもの〟による「抑圧」が社会を停滞させているということを問い、そして、社会の〝新しい展開〟を求める社会運動でもあった。次のことは、日本人からすれば想像し難いが、当時のフランスにおいて「精神分析」はほぼ〝常識〟としての在り方を持ち、踏まえるべきこととして「権威」を持っていた。そして、そうしたことによって実は、ともすると、「精神分析」は批判を受ける側の一つでもあった。この〝騒乱〟（さらに言えば、〝動乱〟）では、様々な〝左翼〟の〝人々〟が〝指導部〟であろうとした一方において、フランス各地にまでも広がった在り方で参加した、夥しい〝人々〟の〝基調〟にあったことは、あくまでも、「民主主義」における「直接民主主義」の高まり、そして、それぞれの〝現場〟においての「自主的であること」の〝うねり〟といったことであり、「思想」としての、たとえば「アナーキズム」がはたらくというようなことではあり得なかった。そうした中で、ドゥルーズは、「精神分析」への批判と、そのことに基づく新しい立場の主張へと向かった。１９６８年には、日本でも学生を中心とした〝騒乱〟があったが、そのことの中では、当初においての大学の学内問題を問うことに起ちあがった広範な学生たちとは別に、「マルクス主義」としての「社会主義」を教条的に主張する立場が〝有力な〟立場の一つであった。そのことと比較すると、ともに１９６８年におけることであるとは言っても、フランスと日本とでは、ともすると、かなり異なっていた。

しかし、そうは言っても、ドゥルーズの立場も「社会主義」の主張という面は〝ない〟とは言え、「資本主義経済システム」を単純に肯定しているのではない。

既に述べたように、「資本主義経済システム」には、くだいた言い方で端的に言うならば〝貨幣(金《かね》)がほとんどのことを決める〟ということがはたらく。しかし、次のようなことも述べる必要がある。

そうしたことからは「資本主義経済システム」(さらに言えば「資本主義マシン」)においては、〈狭義の「欲望」、そしてそれらがその中にはたらく「生産的欲望」(「欲望的生産」)としての、端的に「欲望」〉を、「商品経済」(という「交換」に基づく「経済」)においてはたらく、ということへと「制限」する(さらに言えば「抑圧」する)ということが起きている。

繰り返し、「資本主義経済システム」(さらに言えば「資本主義経済マシン」)には「公理系」(=〝準コード〉がはたらく、という言い方ができる、というドゥルーズの主張について述べたが、既に述べた通り「公理系」(＝〈準コード〉)とは、端的に言えば、ここで述べた〈貨幣(金《かね》)がほとんどのことを決める〉ということである。すなわち、〈ほとんどのことは「交換」を行ない得る〉ということ、言い換えれば〈ほとんどのことは「商品化」し得る〉ということである。

〈貨幣(金《かね》)がほとんどのことを決める〉ということは、独特に「規範」のようにはたらくが、そのことは、「公理系」(＝〈準コード〉)が、言わば「規範」としてはたらく、ということである。敢えて、「精神分析」の用語を使うならば、「超・自我」、さらに言えば「象徴界」が、そうした「規範」としての在り方ではたらく、ということである。そして、そうであるが故に、そのことは、そのような在り方で、それぞれの「個人」を「制御」する、ということが起きているということである。そして、そのことは、そのような「規範」が、「人々」においてはたらき、それぞれの「個人」を「制御」する、といったことが起きているということである。そして、そのように「統合性」がはたらく、ということである。

そして、繰り返しになるが、次のことを、述べることができる。

〈「商品化」し得ないものがある(「商品」とはならないものがある)〉ということ、端的に〈貨幣(金《かね》)だけでは済まない〉ということに気づき、そのことを思い知ることによって、さらに、「公理系」＝〈準コード〉に対する「脱コード」がはたらく。そのことは、「現代」に生きる者たちにおいて、「スキゾ」としての在り方を、〈まったく〉踏み込んだ在り方ではたらかせる。そのようにして、さらなる「スキゾ」としての在

り方をはたらかせる。このようなこととして「人々」は、さらなる在り方での「スキゾ」であることを伴なう在り方で、あらためて「スキゾ」である。すなわち、そのような在り方での「社会的」「スキゾ」である。

しかし、ここで、次のようなことも述べておきたい。

「資本主義経済システム」(さらに言えば「資本主義経済マシン」)の中に生きる、ということにおいて、〝**貨幣(金《かね》)がほとんどのことを決める**〟ということが、そればかりがはたらくという在り方で(それだけに〝のめり込む〟という在り方で)その「個人」を「制御」する、といったことが起きている場合、右記のような、〈**狭義の「欲望」、そしてそれがその中にはたらく「生産的欲望」(「欲望的生産」)としての、端的に「欲望」**〉のはたらき方は、「人々」において、ともすると、予想や想像といったことを越えた在り方を持つ。そして、たとえば、倒産、破産、等々といった破綻に陥り、そのことが〝破滅的〟在り方を持ち、もはや〝**貨幣(金《かね》)がほとんどのことを決める**〟という「公理系」(＝〝準コード〟)を〝生かしようがない〟ということが起きることがある。そのように、〝のめり込んでいた〟にもかかわらず「公理系」(＝〝準コード〟)を〝生かしようがない〟ということが起きた場合、そうした場合は、一つの典型であるが、そのことが、「精神医学」上での「統合失調症」としての「精神病」に罹《かか》ることの原因となり「発症(発病)」が起こることがある。たとえば、そのように「発症(発病)」した人は、〝直接的な〟脈絡において、「精神医学」上の「スキゾ」としての在り方を持つ。

そうした「精神医学」上の「スキゾ」と比較して述べるならば、ドゥルーズが述べる、既に述べて来たような「スキゾ」、すなわち、「社会的」「スキゾ」は、「資本主義経済システム」(さらに言えば「資本主義経済マシン」)の「公理系」(=〝準コード〟)は、一方でははたらいたままである。しかし、そうした「社会的」「スキゾ」は、**さらに、〝「商品化」し得ないものがある(「商品」とはならないものがある)〟ということ、端的に、〝貨幣(金《かね》)だけでは済まない〟ということに気づき、そのことを思い知る、ということによって、「公理系」(=〝準コード〟)は、はたらいているが、**そのことを相対化し、そのことを〝のり越える〟在り方で、さらなる「社会的」「スキゾ」として、さらなる「スキゾ」であることを伴なう**「スキゾ」**である。

　ここでさらに、左記のことを述べておきたい。

既に述べたように、**「資本主義経済マシン」**が、それが持つ「公理系」(=〝準コード〟)をはたらかせ、それまでの「人類史」においてはたらいて来た「統合性」を〝壊し〟、「個人」を、言わば、「近代」の「自由」へと解放する、というようにして、つくり出すのが、「社会的」「スキゾ」としての「スキゾ」である。このことをめぐっては、さらに、次のことを述べる必要がある。

　こうしたことにおいての「近代」の「自由」へと解放された「個人」の一定の〝裏面〟をめぐって、かつて、フロイトは「精神分析」をつくり出したと、とらえることができる。すなわち、「個人」を単に「単体」として主題化するということが起きたことを背景として、そうした「個人」の一定の〝裏面〟をめぐって、「エディプス三角形」に基づく「個人」に、すべてを還元する、という立場として、「精神分析」はつくり出されたと、とらえることができる。

こうしたことからは、〈「資本主義経済マシン」によって解放された「個人」としての、「社会的」「スキゾ」としての「スキゾ」ということ〉だけでは、「精神分析」に向かうということも起きる。そして、「個人」をめぐることに〝沈潜〟し、「社会」を見失うことも起きる。[22]

しかし、そうしたことも起こり得ることを踏まえ、そうではないようにして、「資本主義経済マシン」をめぐることを踏まえ、そうした在り方で、「社会」を踏まえる、という在り方での、「スキゾ」(「社会的」「スキゾ」)である必要がある。そして、そうしたことが〝引き出した〟「人間性」の〝深み〟をはたらかせ、そのことに基づいた在り方での「文化」をつくり出す(=「生産」(「創造」)する)ことが求められる。

さらに、左記のことを、述べておきたい。

ドゥルーズは、まず、「資本主義経済マシン」を、決定的な在り方でまったく踏まえる立場に立っている。しかし、ドゥルーズは、「資本主義経済マシン」に単に〝とどまる〟立場には立っていない。しかし、〝軽々しく〟変える、ということを主張する立場にも立っていない。しかし、少なくとも、「資本主義経済マシン」を踏まえることに基づきながら、「資本主義経済マシン」を、それ自体として相対化する、ということの立場に立っている。

そして、ドゥルーズは、自らの立場を「スキゾ分析」という言い方をした上で、「現代社会」の展望として、次のことを述べている。

「社会的生産の体制と、欲望的生産の体制の和解は、どのような在り方となるのか、スキゾ分析は、そのことを問う。[23]」

すなわち、ドゥルーズは、「資本主義経済マシン」は「生産的欲望」(「欲望的生産」)と「和解」において、はたらかなければならない、と言わんとする。

そして、ドゥルーズは、既に述べたように、「社会的に」、さらなる「スキゾ」であることを伴なう「スキゾ」であることが、次のことを、まさに、さらなる在り方で、はたらかせることに基づく「文化」をつくり出すことを求める。

(1)

「象徴界」以前の「想像界」が、展開性を持った在り方で、強く、はたらく。すなわち、展開性を持った在り方で、強く、「イメージ(イマージュ)」に基づくことがはたらく。

(2)

どのようにせよ「現実界」がはたらく。「現実界」をどのようにとらえるのか、ということは問題であり続けるが、まず「象徴界」(←「言語」)に収まらず、そしてさらに「想像界」(←「イメージ(イマージュ)」)にも収まらないという在り方で、「出来事(事実)」それ自体がはたらく。

(3)

「欲動」として、〈狭義の「欲望」、そしてそれらがその中ではたらく「生産的欲望」(「欲望的生産」)としての、端的に「欲望」〉が〝前向きさ〟の在り方ではたらく。

そして、こうしたことにおいて、〝根底から〟という在り方で「生きる」ということがはたらく。

そして、さらに言えば、第四篇において述べるように、盟友のガタリは、「精神医学」上の「スキゾ」となることとしての「統合失調症」としての「精神病」を、主題化することの視点を、はたらかせる。ドゥルーズも、そうした視点をもはたらかせる。

第八節　「文化」に向けて　その2

ドゥルーズは「文化」をめぐって、次のことを言わんとする。

「人間性」の〝深み〟をはたらかせる、というようにして、それ自体が〝深み〟を伴なった在り方において、「生産的欲望」(「欲望的生産」)がはたらく、ということが求められる。そのことは、とりわけ「出来事(事実)」がはたらく、ということとしての、言わば「存在」それ自体ということをめぐって、究極的に求められることがはたらく、ということをもたらす。そして、そのことは、そうしたことに基づく「文化」をはたらかせる。

こうした主張を基盤としながら、ドゥルーズは、自らの「思想」の前提となることとして「思想史」研究・「文学」論などを展開させ、そのことに基づいて、さらに「映画」論、「絵画」論、「演劇」・

「舞踏」論など、幅広く「文化」論を踏み込んで展開させた。

ドゥルーズは、その「思想史」研究においては、「近代」思想史からは、とりわけスピノザ(1632～1677)、ライプニッツ(1646～1716)、そしてヒューム(1711～1776)をとらえ返し、そして「現代」のとりわけ基盤となる立場を主張しているとして、ニーチェ(1844～1900)、ベルクソン(1859～1941)を踏み込んでとらえ返している。

そして、「文学」論においては、とりわけプルースト(1871～1922)をとらえ返している。ドゥルーズが主題化しているのは、言うまでもなく、とりわけ『失われた時を求めて』である。

なお、ドゥルーズは、1978年に、D・H・ロレンスの遺著『アポカリス』をめぐる、妻ファニー(Fanny)と共著の「ロレンス論」を、ロレンスのもう一つの遺著『逃げた雄鶏』(原題)を掲載した上で出版している。

そして、1980年代においては、とりわけ「映画」論を、「映画」史の〝全体を踏まえる〟ほどの在り方で踏み込んでとらえ返し、展開させた。

一方、ガタリは、精神医療スタッフとして「精神病」の患者たちのただ中に生きつつ、患者たちとともに絶えず〝前向きさ〟を貫いた。そして、ドゥルーズはと言えば、大学の教員として生きながら、敢えて言えば、次のような主張をはたらかせ続けた、と言える。

「人々」におけるそれぞれの人の様々な〝現実〟が、絶えず〝前向きさ〟においてとらえられ、踏まえられるような「文化」が、言わば〈「存在」それ自体が、一種の「生きるということ(生命)」として、まさに

「生きる」ということ〉に向けてはたらく。

ドゥルーズの「文化」についての立場をめぐって、ドゥルーズの著作活動を踏まえて、さらに一定の例を挙げておきたい。

まず(1)の展開性を持った在り方で〝強く〟「イメージ(イマージュ)」に基づくことがはたらく、ということをめぐって次のことを述べることができる。

ドゥルーズは、そのことを主題化したベルクソンの「哲学」のとらえ返しを求めている。そして**ドゥルーズは、ベルクソンが「イメージ(イマージュ)」に基づく「文化」としてとらえていた「映画[24]」を徹底して主題化することを主張している[25]。**

そして、「映画」は、(2)のこととも結び付いている。すなわち、「象徴界」に収まらず、さらに「想像界」にも収まらないこととしての「出来事(事実)」それ自体、ということの主題化とも結び付いている。そして「映画」が基づく「映像」については、とりわけ基本的なこととして、次のようなことを述べることができる。

その「映像」が、「フィクション」としての「作品」としての在り方を持つ場合、それには基本的に展開性を持った〝強い〟在り方で、「イメージ(イマージュ)」に基づくことがはたらく。すなわち、そのことには「想像界」がはたらく。この場合、「映画」という「文化」は、「想像界」の「文化」としての在り方を持つ。

その「映像」が、「ノン・フィクション」としての「記録」映像である場合、それには基本的に

「想像界」にも収まらない在り方で、「出来事(事実)」それ自体がはたらく。すなわち、そのことには、言わば「現実界」がはたらく。この場合、「映画」という「文化」は、言わば「現実界」の「文化」としての在り方を持つ。

そして、とりわけ(2)のことをめぐっては、次のようなことを述べることができる。

アントナン・アルトー(Antonin Artaud.1896〜1948)の強く即興性がはたらく〝身体的〟表現としての「演劇」をドゥルーズは特に取り上げる。その「演劇」には、それ自体として「想像界」にも収まらない在り方で「出来事(事実)」それ自体がはたらく。そして、ドゥルーズは、**サミュエル・ベケット**[26](Samuel Beckett.1906〜1989)の「演劇」を、やはり、特に取り上げる。ドゥルーズは、１９９２年には『消尽したもの』と題した「ベケット論」を出版している。ベケットの「演劇」において描かれていることは「不条理」と言うべき現実であり〝出口がない〟。そして、舞台においては俳優には、そのことを〝噛みしめる〟ようにして一定の在り方で、「即興性」がはたらく。そして、そのことを前提とする。そうしたことにおいて、その「演劇」には、やはり一定の在り方で「想像界」にも収まらない在り方で、「出来事(事実)」それ自体がはたらく。

(2)のことをめぐってはさらに、たとえば現代「絵画」の担い手の一人である**フランシス・ベーコン**[27](Francis Bacon.1909〜1992)の「絵画」について、ドゥルーズは踏み込んで取り上げている。ドゥルーズの「フランシス・ベーコン」論[28]からは、次のようなことも述べることができる。フランシス・ベーコンの絵画には、肉塊のような人物が描かれている。そして、そうした肉塊のような人物の描かれている作品には、描き切ろうとはしないような書きなぐりの部分がある。そしてそのことには、言わば〝穴〟のようなことがはたらく。そして、描かれた人物からは、時に、独特に〝強烈な痛み〟、そして、時に、独特に〝強烈な〟喜びが伝わってくる。そして見る者に、どこかで経験したように思える、何かの「強烈な体験」が蘇ってくる。そのようにして、その「絵画」においては、どのようにせよ、言わば「現実界」がはたらく。

ドゥルーズは、「現代」の「人々」は「スキゾ」、さらには、さらなる「スキゾ」であることを伴う「スキゾ」であることによって、このような在り方での踏み込んだ在り方を持つ「文化」が展開する、ということを言わんとする。そして、一見〝不可解な〟在り方で「現代文化」が展開する、ということにおいて、ドゥルーズは、次のように言わんとする。

こうした「文化」は、「現代」の「人々」の在り方に基づいているのであって、こうした「文化」が展開するということは、実は「現代」の「人々」において、言わば、〝根底から〟〈生きる〉ということをはたらかせる。すなわち「象徴界」にはとどまらない在り方で、そして「想像界」にもとどまり切らない在り方で、そして「現実界」に踏み込んだ在り方で、「象徴界」・「想像界」・「現実界」におけることが、「現実界」という〝根底〟にも届いた在り方ではたらく。そのことは、(3)のこととして述べた、「欲動」として、〈狭義の「欲望」、そしてそれらがその中にはたらく「生産的欲望」(「欲望的生産」)としての、端的に「欲望」〉をはたらかせる。そして、まさに〈生きる〉ということがはたらく。

第九節　「文化」に向けて　その3

右記において、ドゥルーズが行き着いたことが、とりわけ「文化」をめぐる立場であることについて述べた。

ドゥルーズは、「文化」についての立場に立つことによって、フロイト・ラカンの「精神分析」の立場との〝かかわり〟において、批判として、左記のことを言わんとする。

（1）

フロイト・ラカンの「精神分析」の立場に立つ場合、「個人」について、結局は〈「母親」・「父親」・子としての自分〉ということの「エディプス三角形」とのかかわり、ということにおいてとらえる、というように、〝まったく〟視野が狭められた立場がひたすらはたらき、「文化」を、様々な形**態において多彩な在り方で展開させようがない。すなわち「文化」について、それ自体として踏み込んで展開させるということは行ないようがない。**

（2）

「精神分析」に基づくということによっては、それぞれの人は、日頃から〝こだわり〟〝強い〟「執着」の在り方で、「幼児期」におけることが気にかかり、「性的なこと」が気にかかり、そして「精神医学」上においての「神経症」、そして、さらには「精神病」についてのことが気にかかる、ということが起きる。そのように、〝まったく〟視野が狭まる。そして、むしろ、そのように〝病的〟であることによって、「文化」から遠ざかる。

(3)

「欲望」ということをめぐって、次のことを述べる必要がある。「欲望するマシン」に基づく「生産的欲望」(「欲望的生産」)には「社会的」であることがはたらく。「性的なこと」をめぐることにはとどまっていない。「欲望」についてのとらえ方が、このようである場合にこそ、様々な形態において多彩に「文化」へと向かうという在り方がはたらく。

第十節　「スキゾ分析」

右記において述べたようにして、「スキゾ」ということについて二つの在り方でとらえる必要がある。

すなわち、まず、もともとの「スキゾ」としての「社会的」「スキゾ」である。そして、さらなる「社会的」「スキゾ」である。

さらなる「社会的」「スキゾ」は、次のような在り方を持つ。

「脱コード」の立場を、「資本主義経済システム」(さらに言えば「資本主義経済マシン」)にはたらく「公理系」(＝準コード)にもはたらかせる、というように徹底させ、そのことを背景として、踏み込んだ在り方で、まさに、いくつもの「文化」をつくり出す、ということにおいて、〈狭義の「欲望」、そしてそれらがその中ではたらく「生産的欲望」(「欲望的生産」)としての、端的に「欲望」〉が、前向きさにおいてはたらく。

そして、あらためて、こうした、さらなる「社会的」「スキゾ」を伴なった在り方を持つこととしての、「社会的」「スキゾ」としての、まさに「スキゾ」、ということが問われる。

そして、前述のように「精神医学」上の「スキゾ」としての、「統合失調症」としての「精神病」を「発症(発病)」している場合における「スキゾ」をも伴なう、ということは、「精神医学」上の「スキゾ」も、もちろん、問われる。すなわち、「スキゾ」ということは、「精神医学」上の「スキゾ」をも伴なうこととして、「スキゾ」について、次のことを前提としている。そして、「スキゾ」ということを踏み込んでとらえている、ということは、「現代」に生きる「人間」を、根底的な、在り方でとらえている、ということである。

「スキゾ」ということを、「人間」についての「分析」の前提とする必要がある。そして、ドゥルーズは、「スキゾ」ということを踏み込んでとらえる、ということに基づいて「人間」を、根底から、とらえることを、「スキゾ分析」[29]と呼ぶ。「スキゾ分析」が、最終的に、主題とすることは、どういうことか? 端的に言えば、あらためて、次のような言い方ができる。

〈狭義の「欲望」、そしてそれらがその中ではたらく「生産的欲望」(「欲望的生産」)としての、端的に「欲望」〉が、「人間」において、根底から、という、深々とした在り方で、まさに、前向きさ、においてはたくということ、そして、さらに、そうしたことが、そうしたことにこそ基づく、いくつもの「文化」に向けて展開する、ということである。そして、そうしたことにおいて、それぞれの「個人」が、まさに〈生きる〉ということである。[30]

そして、このことについて、ドゥルーズは、次のような言い方をしている。

まさに「生産」ということ、すなわち、〈生きる〉こと(「生」)が「つくり出す(創造する)」ということとしての「創造」ということである。

そして、ドゥルーズは、こうしたことにおいての「欲望」についての主題化こそは、フロイトによって「欲動」が主題化されたことに始まり、ラカンによって「欲望」が主題化されたことを経て、「欲望」についての問いに〝決着をつける〟在り方を持つ、ということを言わんとする。

第三章　その後のドゥルーズを、どのようにとらえるか？

第一節　『千のプラトー』について

ドゥルーズは、やがて、やはりガタリとの共著で、1980年に『千のプラトー』[31]という大著を出版する。既に述べた『アンチ・オイディプス』には実は副題が付いていて、それは『資本主義とスキゾフレニー』であった。『千のプラトー』にも、同じ副題『資本主義とスキゾフレニー』が付けられている。このことから『千のプラトー』が『アンチ・オイディプス』の続編であることが分かる。しかし、『千のプラトー』の著作としての〝形式〟は、『アンチ・オイディプス』とはまったく異なっている。『千のプラトー』は「リゾーム[32](根茎)[33]」と題された「序」から始まって、「抽象化マシンの在り方」と題された「結論」に至る15の「プラトー[34]」ということを内容とする、それぞれ別々のテーマの章から成り立っている。「プラトー」とは、「多様体としての内容を持つもの」とされている。[35]そして、それは「地下茎(リゾーム)」のような在り方によって他の「多様体としての内容を持つもの」と「接続」(「連結」)をするとされている。

たとえば「7」とされている「プラトー」の章は、その題は「紀元0年 顔貌《がんぼう》性[36]」とされ、述べられていることの一つは、次のようなことである。

西洋の中世の「絵画」の歴史においてイエスが描かれる場合に、もともとは顔が正面を向き静止した姿で描かれ続けて来たが、1200年紀のドゥッチョ[37](1255頃~1319頃)の「絵画」においては、初めて顔を横に向け手をさし伸べるイエス(言わば、そのような在り方での「出来事(事実)」としてのイエス)が描かれた。

そして、たとえば「12」とされている「プラトー」の章は、題に「1227年」と書かれているが、そこでは「ノマド(遊牧民)」ということの在り方についての問い(提起)が、テーマの一つとなっている。

そして、このようにして、それぞれの「プラトー」についての章のテーマは、一見してそれぞれまったく別々である。しかし、実は、この『千のプラトー』という著作の題名は、「プラトー」ということが、人類史において、夥しい数、はたらいて来た、ということを言わんとしている。そして、そうしたことに「人間」は基づいている、ということの主張となっている。

それでは、この著作は一体、どのように『アンチ・オイディプス』の続編なのか、そしてどこに副題となっている『資本主義とスキゾフレニー』ということが書かれているのか?

そうした問いをめぐって、まず、前述において述べた『アンチ・オイディプス』の基本的主張の中で、とりわけ踏み込んだ主張として述べられた、左記のことを、あらためてとらえ返す必要がある。

「人々」には、「資本主義経済システム」(さらに言えば「資本主義経済マシン」)の中に生きていることによって「脱コード」(さらに、さらなる「脱コード」を伴なう)がはたらいていて、「統合性」ははっきりと緩んでいる、が故に「スキゾ」(さらなる「スキゾ」を伴なう)としての在り方がはたらく。

そして、繰り返し述べて来たように、ドゥルーズは、「スキゾ」(さらなる「スキゾ」を伴なう)ということによって、端的には、とりわけ次のことを言わんとした。それぞれの「個人」は、「現代」に生きる、ということにおいて、〈「象徴界」に基づく「統合性」がはたらくということ〉を、結局は強調する、ということでは済まないという在り方を持つ。

それでは、どういう在り方を持つのか？　とりわけ述べる必要があることの中の、特筆するべきことの一つは、端的な言い方をするならば、次のことである。

「現実界」が、ラカンが言わんとしていた在り方にはとどまらない或る在り方ではたらく。「現実界」を、どのようにとらえるのか、ということは問題であり続けるが、「現実界」における一つのことは、「象徴界」に収まらず、さらに「想像界」にも収まらない、という在り方を持つこととしての「出来事(事実)」がはたらく、ということである。

そして、「スキゾ」(さらなる「スキゾ」を伴なう)である、ということには、決定的な一面として、そうした「出来事(事実)」がはたらく、ということが起きている。

『千のプラトー』という著作は、人類史上におけることとして、そうした「出来事(事実)」が、どれほど〝豊かな〟在り方を持つのかということを、例をあげて明らかにする、という在り方を持っている。

そして、次のことを述べることができる。

15の「プラトー」についての章のうち、1は、序とされていること、15は、結論とされていることを述べているが、2〜14には、すべて年号(場合によっては日付も含む)が、題とされている。

2は、1914年、3は、紀元前10000年、4は、1923年11月20日、5は、紀元前587年と紀元後70年、6は、1947年11月28日、7は、既に述べたが、紀元後0年、8は、1874年、9は、1933年、10は、1730年、11は、1837年、12は、既に述べたが1227年、13は、紀元前7000年、14は、1440年である。

このようにして、ドゥルーズは、わざわざ、時間的順序をランダムにして、時間順序を〝越える〟在り方で、言わば、「出来事(事実)」〝それ自体〟を強調する。すなわち、そのようにして、人類史としての「歴史」という在り方においての「出来事(事実)」としての〝濃さ〟・〝豊かさ〟において、そうした「出来事(事実)」がはたらく、ということを言わんとする。

そして、こうしたこととの対比において、「精神分析」が「個人」を〈「母親」・「父親」・子としての自分〉ということの「エディプス三角形」に還元してとらえようとすることが、どれほど、それぞれの「個人」を〝狭めた〟在り方でとらえることなのか、ということを、際立った在り方で問おうとしている。そして、逆に、「スキゾ」(さらなる「スキゾ」を伴なう)という在り方で、それぞれの「個人」をとらえることが、どれほど〝視野を広げる〟在り方を持ち、そして、「出来事(事実)」の〝濃さ〟・〝豊かさ〟を踏まえる、という在り方を持つのか、ということを言わんとしている。

こうしたことは、既に述べた、ドゥルーズが「スキゾ」(さらなる「スキゾ」を伴なう)の在り方として述べていたことの中の、(2)のこと(「スキゾ」(さらなる「スキゾ」を伴なう)は「出来事(事実)」がはたらく、という在り方を持つ。」として述べたことの展開としてとらえることができる。

そして、さらに、次のことを述べることができる。

ドゥルーズは、そうした人類史上における「出来事(事実)」を、さらに「イメージ(イマージュ)」においてとらえ、そして、はたらかせる、ということを求める。

こうしたことは、前述の、ドゥルーズが「スキゾ」(さらなる「スキゾ」を伴なう)の在り方として述べていたことの中の、(1)のこと(「スキゾ」(さらなる「スキゾ」を伴なう)は展開性を持った在り方で〝強く〟「イメージ(イマージュ)」に基づくことがはたらく、という在り方を持つ。」の展開としてとらえることができる。

そして、こうした(1)をめぐることによって、ドゥルーズは、「現実界」に「象徴界」より近い「想像界」をはたらかせることが、一定の在り方で「現実界」をはたらかせることに準じることである、ということを言わんとする。

そして、さらに、こうしたことをめぐっては、この『千のプラトー』においては、「15」とされた「結論」の章において、ドゥルーズは「抽象化マシンの在り方」という言い方で、「イメージ(イマージュ）」がはたらくこととしての「マシン」いうことをめぐって、次のことを述べている。「抽象化マシンは、他の抽象化マシンにかかわる。それらは、不可分な在り方で、政治的、経済的、科学的、芸術的、生態的、宇宙的、さらには、知覚的、情動的、行動的、記号的であるばかりではなく、それらの様々なタイプを交錯させている。(38)」

そして、ドゥルーズは、「交錯する」、さらに言えば「接続」（「連結」）をする、すなわち、結び付く（さらには、「互いに染み込む（浸透し合う）」ということは、**「根茎（地下茎）」**のように起きるということを述べている。すなわち、そのことは、中心や階層などがなく、煩雑ではあるが、まさに結び付き合っている一定の全体のように起きる、ということを述べている。そして、樹木状の「秩序」ではなく**「根茎（地下茎）」状の「秩序」をつくり出す**、ということを述べている。そして、既に述べたように、この『千のプラトー』は、「序(39)」において「地下茎（根茎）」ということを、「リゾーム」という言い方で述べることに始まっていた。

そして、こうしたことを述べることにおいてドゥルーズは、「スキゾ」（さらなる「スキゾ」を伴なう）の在り方として述べていたことの中の、(3)のこと、すなわち、次のことを言わんとする。

「欲動」として、〈狭義の「欲望」〉、そしてそれらがその中ではたらく「生産的欲望」（「欲望的生産」）としての、端的に「欲望」〉が、まさに前向きさの在り方ではたらく。

そして、こうした在り方において、ドゥルーズは『千のプラトー』において、『アンチ・オイディプス』の主張を深々とした在り方で展開させている。そして、『千のプラトー』が一定の例の集成として明らかにしているように、人類史上における**「出来事（事実）」**を、「イメージ（イマージュ）」においてとらえ、はたらかせ、そのことから、さらに、どのようにせよ、まさに「出来事（事実）」をとらえ、はたらかせる、ということを求める。

そして、こうしたことからは、次の主張もはたらく、ということを述べる必要がある。

「出来事（事実）」から「マイノリティー」が、堂々と、引き出される。そして、そのことの立場がはたらく。そうしたことにおいて、「マイノリティー」の、自己主張、がはたらく。そして、そうしたことを求める、という立場がはたらく。

第二節　結論：「出来事（事実）」の立場に向けて

ドゥルーズの最後のまとまった著作となった１９９２年の著作**『哲学とは何か**[40]**』**における主張をもとに、一定のことを述べておきたい。

ドゥルーズは、『哲学とは何か』において、「哲学」は「概念」の立場であると述べているが、ドゥルーズがこの場合に述べる「概念」は、もはや、独特な在り方を持っている。端的な言い方をするならば、**この場合の「概念」とは、とりわけ、「出来事（事実）」に根を張った「イメージ（イマージュ）」である。**

ドゥルーズは、次のように述べている。

「概念」は、「特異とも言うべきこと」（＝「出来事（事実）」）に基づくが、そうした「特異とも言うべきこと」は、ともすると、「概念」と、言わば「共振」し合う、というような在り方で結び付く。そして、そうしたことに基づくという在り方においてこそ、「概念」は「自己指示的」とも言える在り方を持つ。

　そして、「出来事（事実）」ということをめぐっては、次のようなことも述べることができる。たとえば、カント（1724〜1804）は、一方で「近代」の頂点であり、そして、その一方で「近代」が持つ限界を明らかにしている。そして、次のようなことを述べる必要がある。そうした在り方を持つカントが、「出来事（事実）」としてどのようであったのか？　そうしたことにおいて、カントは、人類史（という「歴史」）における「出来事（事実）」として、〈「出来事（事実）」に根を張った「イメージ（イマージュ）」としての「概念」〉という在り方においてはたらく。たとえば、そうしたこととしての「概念」は、そうしたことの、言わば「意味」としてはたらく[41]。そして、「哲学」史の展開において、**「哲学」がとりわけ基づく「人間」**像が、それぞれに問われる。そうした「人間」像を、**「概念としての人間」**[42]と呼ぶことができる。こうしたとらえ方からは、どのようなことが言えるか？　カントの場合には、「自律した個人」である。そして、一定の在り方で、次のように述べることができる。そうしたカントの場合の「概念としての人間」を、一方で「近代」ということの頂点としての**「成果」**としてとらえることができる。そして、その一方で「近代」においてはたらく**「恥辱」**（**「恥」**であって「罪」ではない[43]）としてもとらえる必要がある。

　次のような応用した主張がはたらく。

「現代」における「概念としての人間」は何か? ドゥルーズが明らかにした「概念としての人間」は、「スキゾ」(さらなる「スキゾ」を伴なう)である。そして、一定の在り方で、次のように述べることができる。「スキゾ」(さらなる「スキゾ」を伴なう)であることは、一方で「現代」ということの、その「成果」として、とらえることができる。しかし、その一方で「現代」においてはたらく「恥辱」(「恥」であって「罪」ではない)としてもとらえる必要がある。「恥辱」(「恥」であって「罪」ではない)であるのは、とりわけ、次のようにしてである。「スキゾ」(さらなる「スキゾ」を伴なう)であることは、さらに言えば、そのようにして、「社会的」「スキゾ」(さらなる「社会的」「スキゾ」を伴なう)であることは、「現代」において「マジョリティー」としての在り方を持つが、そのことによって、単に「マジョリティー」としての在り方がはたらいている、ということならば、そのことは、「マイノリティー」を踏まえることにおいて不充分である、ということであり、自らの「恥辱(恥)」に気づく必要がある。そして、そのことを、思い知り、踏まえる必要がある。「象徴界」、言い換えれば、とりわけ「規範」に問われることによってはたらく「罪」意識(「罪責感」)ということにとどまることはできない。一定の「出来事(事実)」に、具体的・「事実的に」直面する[44]ことによって、気づき、思い知る「恥辱(恥)」を、踏まえる必要がある。

そして、ドゥルーズは、左記のことを言わんとする。

「概念」、すなわち「出来事(事実)」に根を張った「イメージ(イマージュ)」としての「概念」には、数々の「襞(ひだ pli)」が伴なわれている。それらは、次のような在り方で〝はたらく〟。そうした「襞」

には、様々に「出来事(事実)」が「折り畳まれている」[45]。めくり出すならば、自己ということにはとどまり得ない「外部」がはたらく。そして、「私」ということの枠組み(構造)を越えた「実在」としての「他者」が、あらためて、はたらく。

次のことが、求められる。

「出来事(事実)」をめぐって「襞を開く(expliquer)」[46]こと、そのようなこととして自己の「外部」をはたらかせる。そのように自己の「外部」がはたらき、微細な在り方に至るまでの「出来事(事実)」がはたらく中で、そうした「出来事(事実)」を踏まえる。

「つくり出す」ということ(「生産」、すなわち「創造」)をはたらかせる。

「欲望」、すなわち、〈狭義の「欲望」、そしてそれらがその中ではたらく「生産的欲望」(「欲望的生産」)としての、端的に「欲望」〉を、〈生きる〉ことの奥底から、はたらかせる。

次のことが、求められる。

基底において「出来事(事実)」に根ざす、という在り方を持った「文化」の展開において、そうした「文化」の背景においてはたらくこと、すなわち、「イメージ(イマージュ)」を踏まえることの展開、そして、「出来事(事実)」を踏まえることの展開、そして、「生産的欲望」(「欲望的生産」)であることを伴なった「欲望」を、はたらかせる。

「社会」において、「恥辱(恥)」となることに気づき、さらには、思い知り、踏まえ、そのことの解決へ向けて、自らを戦わせる。

こうしたことにおいて、「文化」をつくり出す。

次のことを述べておきたい。

ドゥルーズの、単著での最大の大著は、『シネマ1』(1983)・『シネマ2』(1985)という2巻の「映画」論である。その中で、ドゥルーズは、交流もあったゴダール(Jean-Luc Godard,1930～2022)、アラン・レネ(Alain Renais.1922～2014)、ロブ=グリエ(Robbe-Grillet,1922～2008)を始め、数多くの監督の作品について述べ、日本人監督では、溝口健二(1898～1956)、小津安二郎(1903～1963)、黒澤明(1910～1998)、市川崑(1915～2008)の作品、計28作品を、取り上げている。(47)

ドゥルーズが、とりわけ求めていたことの一つは、「文化」としての「映画」の展開、さらに言えば「映像」の「文化」の展開であった。

補説として、ドゥルーズの「思想」と、応用において一定の在り方で、〝結び付く〟「思想」の例を、フーコーと、ネグリ・ハート(ネグリ、及びハート)の「思想」から述べておきたい。

〔1〕フーコーの主張から。

フーコー(1926～1984)は、「権力」をめぐって、次のようなことを述べている。

「権力」は、「外」から従うことを強いる、ということにとどまらず、外からの「権力」がはたらく一定の〝体制〟がある中で、ともすると、それぞれの「個人」の「内」において、自ら自身に対して、わざわざ「外」からの「権力」への、従属がはたらくようにする、という在り方をはたらかせる。そうしたことについて、**「生‐権力(bio-pouvoir)」**がはたらく、という言い方ができる。

それに対して、それぞれの「個人」において、「生‐権力」への「対応」が行なわれることを、**「生‐政治(bio-politique)」**と呼ぶことができる。「生‐政治」は、まず、「生‐権力」が「個人」の「内」において、どのようにはたらいてしまっているのか、ということの「現実」について気づく、ということである。そして、そうしたことでは済まない、として、「生‐権力」をのり越えようとして、のり越える、ということである。

〔2〕ネグリ・ハートの主張から。

ネグリ(1933～)・ハート(1960～)は、「現代」を、担う、「人々」について、「マルチチュード(mulititude)」と呼び、左記のように述べている。

「マルチチュード」は、次のような在り方を持つ。

「価値観」の「多様化」を担う「人々」である。「国民国家」の境界線を越えた「ハイブリットな(異種混交的な)」在り方での「アイデンティティ」を持つ「人々」が、夥しく、伴なわれている。一定の背景として、「世界経済」の「グローバリゼーション」がはたらく。

「通信ネットワーク」の「グローバル化」をも踏まえ、**「連帯」**をはたらかせる。

「生‐権力」を、「生を支配する力」であるとし、それに対抗する「生‐政治」を「生の力」であるとし、「生の力」に基づく「生」の「解放」を求める。[48]

「労働」には、次のことを生かす必要があると、とらえる。

「情報」、「知識」、「アイデア」、「イメージ」、「関係性」、「情動」など。

そうしたことが、「生 - 政治」にとって、〈前向きさ〉において、極めての〝繊細さ〟に至までの在り方ではたらく。

次のことが求められる。

「マルチチュード」であることが〝はたらく〟中、「単に従属的ではあり得ない在り方で」「働き」、「生きる」。そのようにして「生をはたらかせる」。

註

（1）Gilles Deleuze. フランス・パリに生まれ、１９４４年、パリ大学文学部（ソルボンヌ校）に入学し、１９４８年、卒業した。リセ（高等学校）の哲学教師などをしていたが、１９６４年（39歳）、リヨン大学准教授となり、１９６９年（44歳）、パリ第８大学（ヴァンセンヌ校）教授となった。１９８７年（62歳）で退官した。

（2）Félix Guattari. 生い立ちについて後述の註（13）の中で、述べたので、参照してほしい。

（3）このことの例として、ドゥルーズが、とりわけ注目しているのは、プルースト（Marcel Proust, 1871～1922）が『失われた時を求めて』（1913～1927）に描く主人公において、独特な在り方で人生における数々の「出来事（事実）」がはたらく、ということである。とりわけ典型的なことは、次のことである。主人公はかつて過ごしたコンブレー（Combray）という町における「出来事（事実）」を、一定のきっかけをもとに「無意志的に」（「無意識に」）思い出すが、そのように思い出す時には、〝この上ない〟ほどの〝快〟、〝幸福感〟、〝喜び〟といったことがはたらいた。

（4）フロイトによれば、「女児」が、異性の親（「父親」）と〝自らを結び付ける〟ことから離れるのは、同性の親（「母親」）を〝踏まえる〟からだけではなく、「父親」とは別の男性と〝自らを結び付ける〟ことが起きることによってであり、その時期には個人差がかなりある。

（5） フランス語では、désir（デジール）である。ドゥルーズが述べる「欲望」がどのようなことかについては、本文において後述した。
（6） AŒ458. 邦訳（下）P.309.（著作は後掲した。）
（7） jonction, connexion. ドゥルーズはさらに「連結（attelage アトゥラージュ）」という言い方もしている。
（8） 英語でも、もちろん machine である。
（9） さらにたとえば「商品マシン」（「貨幣マシン」を伴なう）などといったことを述べている。
（10） machines désirante.
（11） AŒ62. 邦訳（上）p.103. 訳し直した。（著作は後掲した。）
（12） Gilles Deleuze et Félix Guattari, L'Anti-Œdipe: Capitalisme et schizophrénie, Minuit, Paris,1972. 略号 AŒ. 邦訳としては、『アンチ・オイディプス』宇野邦一訳〔上・下、河出書房新社（河出文庫）、２００６年・２００６年〕を参照した。
（13） ここでは、あらかじめ、次のことを述べておきたい。
ガタリは、パリ大学で「哲学」を学んだが、そのことに基づくという在り方で「精神分析」へと向かった。そして、もともとは「ラカン派」に属したが、ラカンの立場の「治療法」を「精神病」の患者に行なうことに、本文で述べたような思いを持ち、１９５５年から、新たに**「制度的精神療法」**という「治療法」を「実践」するようになる。「ラカン派」は、フロイトの「自由連想法」の展開において「対話療法」を行なっていたが、それに対してガタリは、次のことを主張した。「対話療法」という一対一の「関係」にとどまらず、**複数の人々との「関係」に基づき**「会話」を行ない合いながら（または「会話」が不充分にならざるを得なくとも〝やりとり〟を行ない合いながら）、それぞれの人において「社会性」がはたらく、ということを促すことが、「治療法」として求められる。そのような、言わば〝**コミュニケーション療法**〟、言い換えれば〝コミュニティー療法〟が求められる。そのことにおいては、「患者」同士において、ともに「精神病」に苦しむ者同士ということの「交流」も行なわれる。そして、病院（医療組織）を、単に「施設」としてとらえるのではなく「治療」のための「共同体」としてとらえることがはたらく。

そして「治療」のための「共同体」は、**「制度（institution アンスティトゥシオン）」**という言い方がされたことによって、この「治療法」は「制度を使った精神療法」（「制度論的精神療法」）、さらには「制度的精神療法」と呼ばれた。フランス語の原語では、psychothérapie institutionnelle（プシコテラピー アンスティトゥシオネル）である。「制度的精神療法」においては、**「患者」、「医師」、「看護師」はもちろん、その「共同体」にかかわるすべての人々による「治療」のための「共同体」がは**

たらく。

なお、institution(アンスティトゥシオン)は分かりにくい単語であるが、フランス語では「学校」など、高度に人間的な組織をも含意している。ドゥルーズ・ガタリが言うmachineと重ねてとらえることができる。

この「制度的精神療法」は、フランスにおいては、1953年には行なわれていた。ガタリは、既に述べたが1955年から参加し、それ以降、この「実践」を牽引する一人となった。すなわち、ガタリは「ラ・ボルド病院」においてその「実践」を担い続けた。「ラ・ボルド病院」(フランス中央部ブロワにある)は、精神科医師ジャン・ウリ(1924~2014)によって、1953年に創設された。ウリもまた、もともとはラカンと親交があり「ラカン派」に属していたが、そこから離れた人物である。なお、ウリは、1940年代に始まる南フランスの「サンタルバン病院」での、スペイン人精神科医師フランソワ・トスケル(トスケイェス、トスケイジェス1912~1992)による「制度的精神療法」の先駆的な「実践」に接し決定的な影響を受け、そのことをもとに「制度的精神療法」をつくり出した。

(14) corps sans organes.

(15) Antonin Artaud. ギリシア系フランス人としてマルセイユで生まれた。その演劇は、即興性が強く「身体演劇」と呼ばれ「実験演劇」の嚆矢《こうし》と言われる。主著はLe théâtre et son double, Collection Métamorphoses IV, Gallimard, Paris, 1938. である。邦訳として『演劇とその分身』安堂信也訳(『アントナン・アルトー著作集』(I、白水社、1996年)所収)を参照した。

(16) l'axiomatique.「公理系」が定訳であるが、直訳するならば「公理のようなもの」である。

(17) ドゥルーズは、次のように述べている。
「資本主義は、貨幣のつくり出す、それまで知られなかった状況によって、そうしたことの流れをまさに流れさせ、そして、それまでのことに切断を行なった。」AŒ272. 邦訳(下)P.32.

(18) 英語ではschizophrenia(スキゾフレニア)である。

(19) ドゥルーズは、このようにして、「現代」以前におけることについて基本的に「パラノ」という言い方をしているが、実は、後述するように「精神分析」について、「現代」以前の、「単体」としての「個人」という「個人」観に基づき、「エディプス三角形」にすべてを還元する、という在り方で「エディプス三角形」に極端に執着し、そのことに基づいたことばかりを主張しているとして、「パラノ」という言い方をしている。

(20) AŒ163-324. 邦訳(上)p.263~409.

(21) 「五月危機」と呼ばれる。国際情勢として、アメリカによる「ヴェトナム戦争」の激化、ソ連による「東欧」諸国への圧迫・抑圧・介入、中国における毛沢東による「文化大革命」の推進、世界的な民族自決の動き、そして、フランスを含めた先進諸国における既成文化への様々な問いとしての「対抗文化《カウンターカルチャー》」の動き、等々を背景に、パリ大学ナンテール分校（現在のパリ第10大学）における学生運動の高まりの中で、学生たちがパリ大学ソルボンヌ校を占拠し、次いでパリ市街になだれ込み、「解放区」をつくるなどすることによって〝騒乱〟となった。そして様々な不満のはけ口を見出すようにして、フランス全土において、学生、そして学生に加えて労働者・一般市民が、数多く呼応し、ストライキ、大学・学校や職場の占拠、大規模なデモなどを行なった。しかし、社会に対してのまとまった対案が出せないまま、反対派との抗争、さらには内部抗争が起き、そして停滞が起き、さらに過激な行動へと〝跳ね上がる〟者たちが出てそうした者たちへの反発も広がる中、同年10月31日、ドゴール政権の介入によって、終息した。次の著作等を参照した。Laurent Joffrin, Mai 68; Une histoire du mouvement, Seuil, Paris, 1988. 邦訳『68年5月』コリン・コバヤシ訳（インスクリプト、２０１５年）。『パリ五月革命私論』西川長夫著（平凡社（平凡社新書）、２０１１年）、『パリ68年5月』江口幹著（論創社、１９９８年）。

(22) ドゥルーズは、このことをめぐって、次のようにまで述べている。AŒ371. 邦訳（下）p.177.「スキゾ分析の課題は、破壊を通じて、無意識をめぐることについて、清掃を行なうことである。」（「スキゾ分析」については、本文、註(29)、(30)で後述した。「スキゾ分析」は、ドゥルーズの、そのような基本的主張である。）

(23) AŒ456f. 邦訳（下）p.305.

(24) １８９３年、アメリカでエジソンが、「写真」技術の応用として「映写機」を発明し、フランスのリュミエール兄弟が、「複合機」（カメラ＋映写機＋プリンター）を、１８９５年3月に、パリで公開し、同年12月28日、パリで世界初の映写会を行なった。日本でも、早くも１８９６年12月に大阪で試写会が開催され、１８９７年1〜2月に京都で上映会が開催された。日本では「映画」は初期においては「活動写真」と呼ばれた。１９０２年にフランスのジョルジュ・メリエスが世界初の「物語」構成で複数シーンに基づく「映画」である『月世界旅行』という「ＳＦ映画」を制作、発表した。以後「映画」は、「映像」の「文化」として展開していった。

(25) Gilles Deleuze, Cinéma1 L'image-mouvement, Minuit, Paris, 1983. 邦訳として『シネマ１：運動イメージ』財津理・齋藤範訳（法政大学出版局、２００８年）、Gilles Deleuze, Cinéma2,L'image-temps,Minuit,Paris,1985. 邦訳として『シネマ２：時間イメージ』宇野邦一・石原陽一郎他訳（法政大学出版局、２００６年）を参照した。ドゥルーズは、フランスの映画監督として、特にゴダール（Jean-Luc Godard,1930〜2022）には、時に「実写」を交えた表現法等々について、強く共鳴している。

(26) アイルランドのダブリン州フォックスロック出身である。ダブリンのトリニティ・カレッジ（ダブリン大学）に学び、パリの高等師範学校の教師となる。パリに滞在中のジェームズ・ジョイス(1882～1941)と出会い、大きな影響を受け、著述業を志し、フランスに帰化した。第二次世界大戦中は、フランスを占領したナチスへの抵抗運動《レジスタンス》に参加し、長く潜伏生活も送った。戦後、1952年に発表した『ゴドーを待ちながら』は、「不条理劇」の代表作として、現代演劇に決定的な影響を残した。1969年、ノーベル文学賞を受賞した。Samuel Beckett, En Attendant Godot, Minuit, Paris, 1952. 邦訳としては『ゴドーを待ちながら』安藤信也・高橋康也訳(白水社、1990年)を参照した。

(27) アイルランドのダブリン出身である。「近代」初期の思想家フランシス・ベーコン(1561～1626)の直系の子孫と言われる。独学で絵画創作を学び、ベルリン、パリに滞在し、ロンドンに滞在を始めた1929年頃、油絵を始め、1934年に初めて個展を開き、とりわけ第二次世界大戦後、デフォルメされた(歪められた)、しかも、叫ぶような姿の人物画などが、見る者に衝撃を与え、独特な評価を受け続けた。

(28) Gilles Deleuze, Francis Bacon, Logique de la sensation, Le Sphinx, Paris, 1981. 邦訳として『感覚の論理　画家フランシス・ベーコン論』山縣熙訳(法政大学出版局、2004年)、『フランシス・ベーコン 感覚の論理学』宇野邦一訳(河出書房新社、2016年)を参照した。

(29) schizo-analyse.「スキゾ分析」は、邦訳では「分裂者分析」といった訳や「分裂分析」といった訳がなされていることも多いが、主題であるschizoに「スキゾ」というカナカナ表現を行なう〝慣例〟があったことを踏まえ、また、この場合「分裂者」とか「分裂」といった用語を使うことは誤解を招き易く意味が伝わりにくいので、「スキゾ分析」と表記した。

(30) ドゥルーズは、次のようなことも述べている。

「スキゾ分析」の立場に立つということは、「世界」について、「内在性」の立場と「肯定性」の立場に立つということである。

ドゥルーズは、「西洋」において、どのようにせよ様々に主張されて来た、何か「超越性」を持つものを想定する立場が、どのようなことであったのかについて、あらためて問い、そして、もはやまったく「内在性」の立場に立つ以外にはあり得ない、ということが明らかになった、ということを述べる。

そして、ドゥルーズは、「肯定性」の立場ということで、ニーチェが述べていた、言わば〝大肯定〟の立場について繰り返し取り上げている。そして、その立場に立つということを述べている。その立場とは、どのような「出来事(事実)」についても、まったく徹底した「内在性」においてとらえることによって、そして、そのことの徹底したとらえ返しに基づいて、最終的には「肯定」という在り方でとらえる、ということである。

(31) Gilles Deleuze et Félix Guattari, Mille Plateaux, Minuit, Paris,1980. 邦訳として『千のプラトー』宇野邦一他訳〔上・中・下、

河出書房新社（河出文庫）、２０１０年）を参照した。

（32）rhizome.

（33）さらに言えば「地下茎」である。

（34）plateau. 基本的に複数形（plateaux）で表記される。

（35）「プラトー」は、もともとフランス語の単語として〝盛り上がった状態の一定の規模を持つもの〟ということである。直訳では、「台地」（さらには「高原」）と訳すことができる。（「台地」（さらには「高原」）は、〝張り詰めた状態〟ということの比喩としても使われる。）ドゥルーズが、そうしたこととしての「プラトー」という用語によって言わんとしていることは、さらに言えば「出来事（事実）」の「接続」（「連結」）に基づくものの中の規模の大きなもの、ということである。

（36）Année Zéro - visagéité. MP205-234. 邦訳 P.11〜59.

（37）Duccio di Buoninsegna. ドゥッチョ・ディ・ブオニンセーニャ。イタリア中部シエナにおける「シエナ派」の祖とされ、「国際ゴシック様式」の形成を担ったとされるが、人物の「人間的」描写、着衣の「自然的」描写などにおいて、「ルネサンス」の先駆と言える面がある。

（38）MP640f. 邦訳（下）p.323.

（39）もともとは『リゾーム』と題された別の著作として出版されていた（１９７６年）が、『千のプラトー』の「序」となり、巻頭における主張となっている。別著は次の通りである。Gilles Deleuze et Félix Guattari, Rhizome: Introduction, Minuit, Paris, 1976.

（40）Gilles Deleuze et Félix Guattari, Qu'est-ce que la philosophie? Minuit, Paris, 1991. 邦訳として『哲学とは何か?』財津理訳（河出書房新社、１９９７年）を参照した。

（41）ドゥルーズは、自らの「意味」論をめぐって、『意味の論理学』としてかつて（１９６９年に）述べたことからは、まったく脱却した、ということを述べてきた。１９７６年に、『意味の論理学』について、ドゥルーズは、次のことを述べている。『意味の論理学』の「系列」（構成立て、セリー（série））における議論は、「精神分析に対して、無邪気で、罪深い愛想を振りまいている。」求められることは「セリーではなく、リゾームである。」「『アンチ・オイディプス』は、セリーと決別する。」出典は次の通りである。「『意味の論理学』イタリア語版への覚書　１９７６年」（『狂人の二つの体制　1975―1995』宇野邦一他訳（河出書房新社、２００４年）所収）。引用は、原典 p.60. 邦訳 P.88. からである。原典は、次の通りである。Gilles Deleuze,Deux Régimes de Fous: Texte et Entretiens 1975―1995, Minuit, Paris, 2003. 邦訳は、1975―1982, 1983―

1995の二分冊となっている。なお『意味の論理学』は、次の通りである。Gilles Deleuze et Félix Guattari; Logique du sen, Minuit, Paris, 1969. 邦訳は、次の通りである。『意味の論理学』岡田弘・宇波彰訳（法政大学出版局、１９８７年）、小泉義之訳（上・下、河出書房新社（河出文庫）、２０１０年・２０１０年）。

(42) les personnages conceptuels.

(43) la honte. QP105. 邦訳 P.158. このことをめぐる議論は「4　哲学地理学（Géophilosophie）」（QP83-108. 邦訳 P.123~163.）において行なわれている。

(44) このことについて、ドゥルーズは、「~へと向かう」ということのあれこれではなく、まさに「直面する」ことが求められている、と述べている。QP104f. 邦訳 P.156f.

(45) このことについては、フーコー(Michel Foucault,1926~1984)が「主体化」という言い方で述べていた。

(46) expliquer（説明する）という単語に、pli（襞）をex（外部へ）向かわせる（開く）、という含みをはたらかせている。

(47) 具体的に作品名があげられている作品は、次の通りである。溝口健二の作品：『雨月物語』、『祇園の姉妹』、『西鶴一代女』、『残菊物語』、『新平家物語』、『近松物語』、『楊貴妃』。小津安二郎の作品：『秋日和』、『浮草』、『浮草物語』、『小早川家の秋』、『秋刀魚の味』、『淑女は何を忘れたか』、『東京の女』、『麦秋』、『晩春』。黒澤明の作品：『赤ひげ』、『生きる』、『影武者』、『蜘蛛巣城』、『七人の侍』、『デルス・ウザーラ』、『天国と地獄』、『どですかでん』、『野良犬』、『白痴』、『用心棒』、市川崑の作品：『雪之丞変化』。

(48) Antonio Negri & Michael Hardt, Common Wealth,Melanie Jackson Agency, N.Y. 邦訳として『コモンウェルス』水嶋一憲監訳・幾島幸子・古賀祥子訳（上・下、ＮＨＫブックス、２０１２年・２０１２年）、邦訳（上）P.106f.

第四篇　ガタリ

序　ガタリを、どのようにとらえるか？

ガタリは、「社会的」「スキゾ」の在り方を、意図的に、さらにはたらかせることを求める。そして、さらに、実は「スキゾ」であることにとどまらない在り方を求める。そして「資本主義経済マシン」がはたらき続けながらも、そのことにおいて、そのことだけにとどまらないことの契機をはたらかせる、すなわち、そうしたこととしての「脱コード」をはたらかせる、新たな「価値」として、結局は、「生態哲学(エコゾフィー)」ということを主張する。こうしたことは、どのようなことなのか？

ガタリは、そのようにして、広い意味での〝生命〟の立場としての「生態学(エコロジー)」、そして、その〝総合〟としての「生態哲学(エコゾフィー)」を、とりわけ、新たな「価値」としてはたらかせ、「社会的」「スキゾ」として、〈「人間」の〝深み〟、そして、その背景となることがはたらくような「特異性」(＝「差異」)〉として、「個性」としての「主体」であることを求める。そして、さらに「連帯」

を求める。そして、そのことは、既に「スキゾ」であることを〝越えている〟。

ガタリは、もともとは「ラカン派」であったが、「精神医療スタッフ」としての経験を決定的な背景として独特に「コミュニティー」を主題化する立場に立って、自らの主張を行なう。

ガタリには、「精神医療スタッフ」としての、次のような実感がはたらく。

「統合失調症」患者における「統合性」の回復は「共同生活」の中での「他者」とのかかわり(「関係」)(としての、institution＝〝制度〟＝「コミュニティー」)によって起きる。


そして、ガタリは、「他者」とのかかわり(「関係」)を、踏み込んで「他者に耳を傾ける」こと、そして、さらには「表明行為[1]」ということを踏まえることとして、とりわけ、次のことを踏まえることによって、とらえる。

(1)「言語行為」:「言語行為」論が言うような「言語行為」、さらに、そのことにはとどまらない「言語行為」、たとえば「状況」の中での、短い「言語表現」、「単語」、一つの発声音といったことにさえ基づく「言語行為」。

(2)様々な「表現方法」:

(2)の1「声」においての、「アクセント(強調)」・「イントネーション(抑揚)」など。

(2)の2「手振り、身振り」等(「ボディーランゲージ」)など。

(3)「顔[2]」(「顔」のはたらき(「顔貌《がんぼう》性[3]」)):「目線」・「まなざし」、そして「表情」、「顔」の各部分の動き、など。

そして、ガタリは、こうしたことにおいて、「他者」を「実在」として踏まえることがはたらく、と言わんとする。そして、こうしたことをも踏まえることに基づいて、〝人間分析〟としての「制度的分析」(〝コミュニティー分析〟)をはたらかせることを求める。

そして、ガタリは、「特異性」としての在り方を持つ者同士が、「互いに染み込む(浸透し合う)」ように「実在的」「関係」をつくり出し合う、ということとしてはたらく「カオスモーズ」、そして、そうしたこととしての〝コミュニティー〟が〝はたらく〟「社会」として、「現代」を展望する。

ガタリの「思想」の、基本と、一定の〝核心〟について、検討することにしたい。

第一章　ドゥルーズ、そして、ガタリ

第一節　『アンチ・オイディプス』の「思想」

第三篇では、１９７２年の『アンチ・オイディプス』を中心として、ドゥルーズ(1925～1995)とガタリ(1930～1992)の共著をドゥルーズの著作という扱いで検討した。その検討では、ドゥルーズが単著で述べていたことについても踏まえた。

『アンチ・オイディプス』において、ドゥルーズ・ガタリは、「アンチ・オイディプス」という題名からも分かるが、「精神分析」〈フロイト→ラカン〉の「思想」[4]が〈**「エディプス・コンプレックス」をめぐる「抑圧」についてのことに「個人」を還元してとらえている**〉という批判を、自分たちの「思想」の前提としている。そして、「個人」においての「社会」のはたらき、ということについて踏み込んで検討した上で、新たに**「スキゾ分析」**ということが(「精神分析」に〈代わって〉)必要であると述べている。そして、そうした展開において、**新たな在り方で「欲望」を主題化し**、そのことに基づく「文化」の展開を、「人間」を、「人間」の〝深み〟、そしてその背景にはたらくことを踏まえて〝解放〟する、ということとして主張している。

　そして、ドゥルーズは「文化」の展開をめぐる主張を行ない続ける。それは、「思想史」研究・「文学」論など、さらにそのことに基づいた「映画」論・「絵画」論・「演劇・舞踏」論などに及ぶ。そして、そうしたことを内容とした多くの著作を出版した。

　ドゥルーズについては、さらに次のようなことを述べる必要がある。1960年代に自らの主張を始めた時に(まだ『アンチ・オイディプス』におけるようなまでの「社会」についてのとらえ方はしていなかったとは言え)、既に「文化」の展開こそが求められる、ということの立場に立ち、その主張を行なっていた。1964年の著作『プルーストとシーニュ』[5]における主張はその代表的な主張である。

　この第四篇では、その『プルーストとシーニュ』についても述べたいが、そのことについては、後述する中で内容を絞って述べることにしたい。ただし、ドゥルーズは、この著作において「精神分析」の向こうを張って、プルーストが「出来事(事実)」の中でも、とりわけて〝快〟、〝幸福感〟、〝喜び〟の在り方を持つものの、「無意識」においてのはたらきを扱っていることについて、述べている。そして、そのはたらきの契機となるものを「シーニュ(signe)」という呼び方をしている。

　この第四篇で、特に主題とすることは、ガタリの「思想」である。ガタリは、「精神医療スタッフ」としての独特な踏み込み方において、自らの「思想」を展開している。その「思想」の、一定の〝根本〟については、とりわけ検討していくことにしたい。既に述べたように、第三篇において述べた『アンチ・オイディプス』(1972)の「思想」は、ガタリにとっても、基盤となる「思想」である。左記において、まず『アンチ・オイディプス』に明らかにされていた基本的「思想」について確認をしておきたい。(ここでは、主語を、ドゥルーズ・ガタリとした。)

ドゥルーズ・ガタリが、「社会」として主題化したことは、「現代社会」としての、「資本主義経済システム」、さらに言えば「資本主義経済マシン」に基づく「社会」である。〔ドゥルーズ・ガタリが使っていたmachine(マシン)という用語は分かりにくいが、第三篇で述べたように、端的に言えば、「人間」と「接続」(「連結」)した一定の〝全体〟であり、一種の〝生命体〟としての〝有機的全体〟であり、敢えて訳すならば「生命の状態(生命的状態)」ということとして「生態」である。この第四篇においても、基本的には、「マシン」と表記することにしたい。〕

そして、ドゥルーズ・ガタリは、「資本主義経済マシン」に基づく「社会」について「脱コード」がはたらく「社会」であると、とらえていた。

「コード」とは、この場合、〝「権威」を持つもの〟(さらに言えば〝「権威」を持つことによって人を従わせるという在り方を持つもの〟)であり、それぞれの「個人」はそのことに不可避に従属させられる。具体的には、人類史における次のことである。

(1) 「土地」をめぐる「関係」についての「制度」やそのことによってはたらく「規範」など。とりわけ「封建社会」においての〈「領主」―「農民(農奴)」〉の「制度」やそのことによってはたらく「規範[6]」など。

(2)**「権力」をめぐる「関係」についての「制度」やそのことによってはたらく「規範」など。**とりわけ絶対的な権力者の支配やそうしたことを背景とした「身分制度」やそのことによってはたらく「規範」など。(ただし、この(2)については、「コード」として、より上位の「コード」であるとして**「超コード」**と呼ぶことができる。)

人類史において、「個人」が〈生きる〉ということは、そうした「コード」に従うという在り方を持った。そのことによって**「コード」に従うことは、それぞれの「個人」にとって「統合性」としての在り方を持った。しかし、こうしたことに対して、「資本主義経済マシン」は、「個人」にそうした「コード」がはたらかないこととして「脱コード」をはたらかせた。**

すなわち、「資本主義経済マシン」は、「個人」を、基本的に、「労働」によって「賃金」としての〝**貨幣(金《かね》)**〟を得て「商品」として必要なものを買う、ということだけによって〈生きる〉ことができるようにした。そのことによって**「個人」に「脱コード」をはたらかせた。**

すなわち、端的な言い方をするならば、〝**ほとんどのことは「商品化」し得る**〟ということがはたらき、〝**貨幣(金《かね》)がほとんどのことを決める**〟ということによって、基本的に〈生きる〉ことができるということが、「個人」を「脱コード」がはたらく在り方(「脱コード」の在り方)にした。

そして、さらに、次のことを、述べることができる。

「脱コード」としての在り方は、「コード」に基づく「統合性」がはたらかない、ということであり、「統合性」が「失調」している、ということである。すなわち、**「統合失調症」としての「精神病」の状態が「社会的に」起きている**、ということである。「統合失調症」は、フランス語では「スキゾフレニー」であり、その略称は「スキゾ」であるが、「脱コード」としての在り方は、それぞれの「個人」を「社会的に」**「スキゾ」**にする、ということである。それは、「精神医学」上の「統合失調症」としての「精神病」の人としての「スキゾ」とは区別される、**人類史に基づく「スキゾ」としての「社会的」「スキゾ」**である。

繰り返し述べたように、「資本主義経済マシン」において〈生きる〉ということは、端的な言い方をするならば、〝**ほとんどのことは「商品化」し得る**〟**ということがはたらき、**〝**貨幣(金《かね》)が、ほとんどのことを決める**〟**ということによって、基本的に〈生きる〉ことができる**、ということが、「個人」を人類史的に「脱コード」としての在り方にしている、ということである。

そして、さらに、次のことが起きる。

〝ほとんどのことは「商品化」し得る〟ということ、すなわち〝貨幣(金《かね》)が、ほとんどのことを決める〟ということは、実は、**「公理系」**と呼べる在り方で「コード」に準じるもの（〝準コード〟）としてはたらき、代わって、一定の「統合性」をはたらかせる。しかし、〝**「商品化」し得ないものがある(「商品」とはならないものがある)**〟ということ、さらに言えば〝**貨幣(金《かね》)だけでは済まない**〟ということに気づき、思い知ることによって、「公理系」(＝準コード)が〝壊れ〟、そして「公理系」(＝〝準コード〟)がはたらかせる「統合性」が〝壊れる〟。言い換えれば、「社会」ということの〝次元〟において、そうしたこととしての、言わば、脱・「公理系」(=〝準コード〟)としての、さらなる「脱コード」が、「スキゾ」としての在り方が、さらなる「スキゾ」としての在り方となる、ということをもたらす。そして、「スキゾ」、さらなる「スキゾ」として、言い換えれば、さらなる「スキゾ」を伴ない「スキゾ」であることにおいて、すなわち、そのようにして、「統合性」の「失調」(「統合性」が〝壊れている〟こと、さらに言い換えれば、とりわけ「象徴界」が〝壊れている〟こと)において、次のことが起きている。

(1)「想像界」が〝強く〟はたらく。(2)「現実界」が〝強く〟はたらく。(3)〝根源的な〟在り方で、〈狭義の、そして、どのようにせよ広義の、端的に「欲望」〉が〝強く〟はたらく。

こうしたことについては、さらに、次のように、(1)、(2)としての、「人間」の〝深み〟、そして、(3)としての、そうしたことの背景が、〝強く〟はたらく、と述べることができる。

(1)「イメージ(イマージュ)」のはたらき。
(2)「出来事(事実)」のはたらき。
(3)〈狭義の「欲望」、そしてそれらがその中ではたらく「生産的欲望」(「欲望的生産」)としての、端的に「欲望」〉。

そして、こうしたことに基づき、踏み込んだ在り方で「文化」を展開させることが求められる。

そして、「スキゾ」ということを基軸とした「人間」についての「分析」としての「スキゾ分析」が求

められる。

ただし、「スキゾ分析」においては、さらに「精神医学」上の「統合失調症」としての「精神病」の人としての「スキゾ」も扱われる。

そして、次のようなことを述べる必要がある。

「精神医学」上においての「統合失調症」としての「精神病」の人としての「スキゾ」の人々をどのようにとらえるか？　この第四篇で述べるガタリは、そうした「スキゾ」をも、まさに踏まえている。

そして、ガタリは、むしろ、そうした「精神医学」上の「スキゾ」を〝原像〟として踏まえる、ということに基づいて「社会的」「スキゾ」をとらえる、という立場に立っている。

そのことには、ガタリの「思想」の一定の核心部分がはたらく。

第二節　ガタリの「思想」

ガタリは、独特な議論の踏み込み方において、さらにどのような「思想」を展開したのか[7]？

右記の「資本主義経済マシン」に基づく「社会」をめぐる議論から、次のことを、まず繰り返し確認しておきたい。

「公理系」(＝〝準コード〟)が「脱コード」を、はたらかせる。

脱・「公理系」(＝〝準コード〟)が、さらなる「脱コード」を、はたらかせる。

こうしたことを踏まえ、ガタリは、左記のことを主張する。

「資本主義経済マシン」に基づく「社会」にはたらく「公理系」(=〝準コード〟)についての、それぞれの「個人」においての〝それだけでは済まない〟という立場が、さらに、むしろ〝積極的な〟在り方でつくり出される、ということをめざす。

すなわち、ガタリは、端的に、次のことを言わんとする。

〝「商品化」し得ないものがある(「商品」とはならないものがある)〟ということ、さらに言えば〝貨幣(金《かね》)だけでは済まない〟ということの思い、立場が、さらに、むしろ〝積極的な〟在り方でつくり出される、ということをめざす。

そして、ガタリは、そのことは、当然「社会」をめぐることによってつくり出されるが故に、「社会」をめぐる一定のことについての主題化が、さらに求められる、ということを言わんとする。

そして、このことについて、ガタリは、次のように述べている。[8]

「単に貨幣(金《かね》)のみによって方向づけられた資本主義的『価値化(価値のはたらき)』のヘゲモニー(主導性)から解放された新しい『主体』[9]の『生産』(そうした『主体』を『つくり出すこと』)が求められる。」[10]

(なお、「価値化」は、ここで述べたように、「価値のはたらき」という言い方ができるが、さらに言えば、「価値がつくり出されること」である。)

この主張について、さらに、左記のように述べることができる。

〝「商品化」し得ないものがある(「商品」とはならないものがある)〟、さらに言えば〝貨幣(金《かね》)だけでは済まない〟ということが、脱・「公理系」（＝〝準コード〟）としての、さらなる「脱コード」をはたらかせる。そして、さらに求められることは、脱・「公理系」（＝〝準コード〟）としての、さらなる「脱コード」が、さらに〝積極的な〟在り方ではたらくようにする、ということである。そのように「資本主義的『価値化（価値のはたらき）』のヘゲモニー（主導性）から解放される」ということが求められる。そうしたことにおいて「さらなる別の『価値化（価値のはたらき）』」が求められる。すなわち、さらなる別の「価値」がはたらくことが求められる。それでは、さらなる別の「価値」（新たな「価値」）とは何か？

　ガタリは、分かりにくいが、次のようなことを述べている。

　それは、（1）「絆」（「連帯」、「他者」と結びついていること）[11]ということの「価値」、（2）「美的」[12]ということの「価値」、そして、とりわけ（3）「生態学（エコロジー）」[13]ということの「価値」、といったことである。

　そして、ガタリは、端的に、（1）「絆」（「連帯」、「他者」と結びついていること）、（2）「美的」であること、（3）「生態学（エコロジー）」、ということを「価値」とする立場がはたらくことによって、「資本主義経済マシン」が〝単純にはたらくのではない〟ようにすることが、「人間」の〝深み〟がその背景となることとともにはたらく、ということへと、「人間」を〝解放〟する、と言わんとする。

　それでは、この場合の、（1）「絆」（「連帯」、「他者」と結びついていること）、（2）「美的」であること、（3）「生態学（エコロジー）」とは、どのようなことなのか？　ガタリが言わんとすることをめぐって、左記のようなことを述べておきたい。

（1）「絆」（「連帯」）、「他者」と結びついていること）ということの「価値」

「絆」（「連帯」）、「他者」と結びついていること）という用語は、分かったようで分かりにくいが、実は、フロイト・ラカン（端的に「精神分析」）にとって難しいテーマであった「他者」とのかかわり（「他者」との「関係」）ということについて、このように述べている。さらに言えば、「「愛」は結局は「自己愛」である」ということが「壊れる」ということについて、このように述べている。

後述する中であらためて述べることであり（また、第三篇の註（13）の中で、端的には述べたことでもあるが）、ガタリは、「精神医療スタッフ」として、もともと「ラカン派」に属していたが、やがて「ラカン派」、そしてその「治療法」から離れ、「コミュニティー療法」（さらに敢えて言えば「マシン療法」）とも言える「治療法」（「制度的精神療法」）の「実践」を担った。そのことにおけることを踏まえ応用する、という立場から、「他者」とのかかわり（「他者」との「関係」）としての、「絆」（「連帯」）、「他者」と結びついていること）ということの「価値」について述べることができる。

そしてガタリは、「他者」とのかかわり（「他者」との「関係」）ということについては、多くの用語を、こうしたことを含みとして使っている。代表的な例を挙げ、彼が「絆」（「連帯」）、「他者」と結びついていること）という用語によって言わんとすることをめぐる提起としておきたい。（ただし、ここで述べる用語は、「他者」とのかかわり（「他者」との「関係」）という含みには、とどまらない在り方でも使われる。）

①「横断」[14]

ガタリはこの用語をとりわけ、異なるということを際立った在り方で踏まえた上での「他なるもの」同士の「関係」ということとして頻繁に使っている。そして、他とは異なる在り方を持つこと（さらには、そうした在り方を持つ者）については、とりわけ「特異性」[15]という用語を使っている。

②「分子化」[16]（さらには「分子革命」[17]）

ガタリは、異なる種類の「原子」群という複数のものが結合しているということを比喩を使って、「原子」との対比において「分子」（「モレキュール（molécule）」）という用語で述べる。そして、「生成」、「流れ」、「局面の移行」、「強度の強まり」などの含みをはたらかせている。

③「ノマディスム」

ガタリは、「ノマド（nomade）」という用語、すなわち「遊牧民」という用語を、〈遊牧民のように移動する者（者たち）〉という意味で使い、「ノマド」のはたらき方について、「ノマディスム（nomadisme）」（英語では「ノマディズム（nomadism）」）という用語を、移動することによって〈異なるもの〉とつくり出される「関係」、さらには、そうした「関係」をつくり出すこと、という意味において使っている。

④「リゾーム」

第三篇の中でも述べたが、「リゾーム（rhizome）」とは、直訳では「地下茎（根茎）」であるが、「多様体としての在り方を持つもの」として、ガタリはこの用語を使っている。そして、さらには

「地下茎（根茎）」のような在り方での、**それぞれがどのような在り方をしているのか分からないほどの〈「差異」としての在り方を持つことの「からみ合い」（「関係」）〉**という意味においても使っている。

（2）「美的」であることということの「価値」

「美的」という言い方がされることは、この場合、「真に美的」と言えることを求めるということであり、「真に美的な」ということは、端的には「実在的に美的な」ということであり「実在」に根ざした在り方で「美的な」ということである。そして、さらには、敢えて言うならば「実存的であることによって美的な」ということも伴なっている。さらに言えば、**「事実的」在り方をめぐって「感動」する在り方を持つ、**ということである。そのようにして、言わば、**「実在」とかかわることに**よって「感動」する在り方を持つ、ということである。端的には、「出来事」、さらに言えば「事実」によって感動する、ということである。

さらに、ガタリは、「芸術」を、どのようにせよ「生態」を背景とする、という在り方において、高く評価している。このことも、ガタリにとっての「美的」ということは結び付いている。

（3）「生態学（エコロジー）」ということの「価値」

ガタリは、ここで述べている**「資本主義経済マシン」が、単純にはたらくのではないようにする「価値」**として、さらに、とりわけ**「生態学（エコロジー）」**ということの「価値」を述べている。一見して、唐突なようにも思える。しかし、実はガタリは、右記の(1)と(2)のことを前提とした上で、〝収斂させる〟こととして〝結論的に〟述べることができることとして、この「生態学（エコロジー）」ということの「価値」について述べている。

そして端的に言えば、eco（エコ）ということの含みとして、「マシン」、すなわち「人間」と〝「接続」〟（〝「連結」〟）した全体〟としての、一種の〝有機体〟（〝有機的〟全体、さらに言えば、広義での〝生命〟）がはたらく、ということを言わんとする。そして、そうした「マシン」ということを、さらに「生命的状態」ということとして「生態」という言い方もできることとして述べている。

そしてガタリは、「生態学（エコロジー）」ということを、端的に言えば「生命的状態」（「生態」）としての「マシン」の立場として述べている。そのようにしてガタリは、「生態学（エコロジー）」ということを、そのように広義においてとらえ、「現代」を展望することにおいて、決定的なことの一つとして主張している。そして、現在におけるSDGs（「持続可能な開発目標」）をめぐることの社会的〝うねり〟の背景ともなり得ることを含めての主張をしている。

そしてガタリは、「生態学（エコロジー）」として、くだいた言い方で言うならば、次の3つのことを述べている。ガタリが、様々に述べていることの趣旨が生きるように、〝理念化〟した言い方で〝類型〟として述べていることに、敢えて、とどめて、述べておきたい。

①「人間」をめぐることとして、個々の「他者」をめぐることを、「生命的状態」（「生態」）ということに

おいてとらえ踏まえること。そうしたこととしての「人間」をめぐる立場。そのようにして、とりわけ、個々の「他者」をめぐることを、「生態」として明らかにし踏まえる立場。

②「社会」をめぐることとして、「人々」としての「他者」をめぐることを、「生命的状態」(「生態」)ということにおいてとらえ踏まえること。そうした「社会」をめぐる立場。そのようにして、「人々」としての「他者」めぐることを、「生態」として明らかにし踏まえる立場。

③右記の①、②のことを踏まえつつ、幅広く、いわゆる「自然」をめぐることを、「生命的状態」(「生態」)ということにおいてとらえ踏まえること。そうした「自然」をめぐる立場。そのようにして、右記の①、②のことが絶えずはたらく中で、幅広く、いわゆる「自然」を「生態」として明らかにし踏まえる立場。

そして、ガタリは、こうした三つの「エコロジー」を、ぞれぞれ次のように呼んでいる。

①「人間」[18]についての「生態学(エコロジー)」

②「社会」についての「生態学(エコロジー)」

③「自然」についての「生態学(エコロジー)」

ここで、ガタリがこうしたことについて述べていることの一部を引用し、やはり〝理念化〟した言い方とはなるが、その主張の一定の提起としておきたい[19]。

①「人間」についての「生態学(エコロジー)」は「それぞれの主体の在り方を創造し展開させる特

別な実践を発展させる、といったことにおいて成り立つ。[20]」

②「社会」についての「生態学(エコロジー)」は「あらゆる人間の関係の在り方をめぐって、変革したり、創造し展開させる、といった特別な実践を発展させる、といったことにおいて成り立つ。[21]」

③「自然」についての「生態学(エコロジー)」をめぐって次のようなことを述べることができる。「たとえばエイズ、たとえばチェルノブイリ……等々によって科学技術、さらには人間、社会が問われ、『自然』による、ともすると『クランクの逆回転』さえ想定される中で、そうしたことを踏まえた『自然』をめぐる目標設定に基づく問題・課題に対する、われわれにおける引き受けと管理が求められている[22]」ことにおいての「特別な実践を発展させる、といったことにおいて成り立つ。」

そして、(①、②、③といった)「エコロジー(生態学)の実践は、そうしたことにおいて、錯綜した混成的な前線において結び付く。そして、そうしたエコロジー(生態学)の実践は、分断され抑圧され空回りしている特異性ということを、自己成長的に活性化する、という在り方をも持つ。[23]」そして「至るところで、特異性から芽を吹き出している、そうした特異性からの要求に応える。[24]」

ガタリの言い方は、象徴的なことを述べること(「シニフィアン」について意図的な使い方をすること)によって自らの主張を行なう、ということに基づいていて分かりにくいが、彼が「三つのエコロジー(生態学)」という言い方で述べている、それぞれのことの含みは、こうしたことにおいても、想像し展開させていくことができる。

そして、ガタリは、こうしたことにおいて、「生きる」ということをめぐって〝究極的な主題〟が、どのようにせよ、「生態学（エコロジー）」であると述べる。そして、そうした広義においての「生態学（エコロジー）」をすべて併せた全体についての「思想」を、造語をつくり「エコゾフィー〈écosophie. 英語ではエコソフィー（ecosophy）〉」という言い方をしている。

「エコゾフィー（英語ではエコソフィー）」は、「エコロジー（écologie. ecology）」と「フィロゾフィー〈philosophie. 英語ではフィロソフィー（philosophy）〉」を併せた造語である。

そうであるが故に「エコゾフィー（英語ではエコソフィー）」は敢えて、端的に日本語表記するならば「生態哲学」とすることができる。

そしてガタリは、右記のようなことをめぐって、左記のようなことも述べている。

それぞれの「個人」にとって、〈「アンガジュマン[25]（「他なるもの」とのかかわり（「他なるもの」との「関係」）の中へ自ら入ること）」〉が求められる。そして、「他なるもの」とのかかわり（「他なるもの」との「関係」）の中に入って行く「実践」は、端的に、（1）「絆」（「連帯」、「他者」と結びついていること）、（2）「美的」であること、そして、まさに（3）「生態学（エコロジー）」をめぐる「実践」である。そうしたことにおいて、そうした「実践」は、「自己」ということの〝枠組み〟を越えることをもたらす。そして、そのことは「まさに〈他なるもの〉との関係として認知される活動において行なわれる。」

第三節　あらためて、脱・「公理系」(＝〝準コード〟)について

ガタリの主張は、「スキゾ」ということをめぐっての踏み込んだ主張としての在り方を持つ、という言い方もできる。そのことをめぐって、どのようなことが言えるのか？

まず、ここで、あらためて「スキゾ」ということがどのようなことであったのか、繰り返し確認しておきたい。

「資本主義経済マシン」に基づいて、次のことが起きる。

「公理系」(＝〝準コード〟)が「脱コード」をはたらかせる。そのことによって、それぞれの「個人」に「スキゾ」としての在り方がはたらく。

脱・「公理系」(＝〝準コード〟)が、さらなる「脱コード」をはたらかせる。そのことによって、それぞれの「個人」に、さらなる「スキゾ」としての在り方がはたらく。

こうしたことについて、ガタリはさらに左記のようにも述べている。

そうしたことにおいて、「脱コード」について、「脱・土地化」・「脱・権力化」が起きている、という言い方ができる。そして、さらに、「脱コード」を担った「公理系」(＝〝準コード〟)に対して、脱・「公理系」(＝〝準コード〟)がはたらく。そして、そうした脱・「公理系」(＝〝準コード〟)に至るまではたらく「脱コード」のことをひっくるめて、**「脱・領土化[26]」**という言い方ができる。それは、端的に言えば、「コード」、そして「公理系」(＝〝準コード〟)に従属すること、言い換えれば、「コード」、そして「公理系」(＝〝準コード〟)の〝領土となること〟(「領土化[27]」)から脱する、ということであ

る。そして、あらためて次のように述べることができる。そうしたことによって、それぞれの「個人」に「スキゾ」、そして、さらなる「スキゾ」としての在り方がはたらく。こうしたこととして、「スキゾ」であることがはたらく。そして、そうしたことにおいてこそ、「人間」の〝深み〟、そしてその背景のことがはたらく。

こうしたことを踏まえて、新たに次のような議論を行なう必要がある。

「資本主義経済マシン」は現在、「グローバリゼーション(globalization)」による「世界資本主義」とも言うべき「経済マシン」としての在り方さえも持つようになった。そして、実は「世界的な」規模で「脱コード」、さらには脱・「公理系」(＝〝準コード〟)、さらに言えば、そうしたこととしての「脱・領土化」が起きている。こうしたことからは、さらにどのようなことが起きるのか？

この問いは、次のように言い換えることができる。

〝ほとんどのことは「商品化」し得る〟ということ＝〝貨幣(金《かね》)がほとんどのことを決める〟ということとしての「公理系」(＝〝準コード〟)がはたらくということの一方で、〝「商品化」し得ないものがある(「商品」とはならないものがある)〟ということ＝〝貨幣(金《かね》)だけでは済まない〟ということがはたらくということが、「世界的な」規模で起きている。そうしたことからは、さらにどのようなことが起きるのか？

次のようなことを述べることができる。

「脱‐土地化」・「脱‐権力化」が起きることによって、たとえば「民族」に基づく立場や、「宗教」に基づく立場が台頭する。しかし、それらは、独特な展開を持つ。当初は「世界」の一定の部分に、「ナショナリズム」、自民族偏重の立場の高まりといったことや、従来の、あるいは、一定の「宗教」についての復権、台頭、さらには、場合によっては、従来の「宗教」においての「原理主義的」回帰の立場といったことの台頭が起きる。

　しかし、さらに展開していくこととして、「世界」の至るところに、それぞれの「民族」の「民族性」の根底にはたらくことを検証し立ち返ることや、「宗教」の起源としての「宗教性」の根底にはたらくことを検証し立ち返ることがはたらく、ということが想定できる。

　しかし、ここで、あらためて、ガタリが述べた次のことを確認しておきたい。

　従来の「価値化（価値のはたらき）」ではなく、新たな「価値化（価値のはたらき）」を〝積極的に〟つくり出すことが求められる。さらに端的に言えば、従来の「価値」ではなく、新たな「価値」を〝積極的に〟つくり出すことが求められる。

　そして、繰り返し次のことを確認できる。

　新たな「価値化（価値のはたらき）」において「価値」とされることとして、ガタリが述べることは、（1）「絆」（「連帯」、「他者」と結びついていること）、（2）「美的」であること、そしてとりわけ（3）「生態学（エコロジー）」といったことである。

　そして右記の脈絡においてガタリは、こうした新たな「価値」は、言わば、〝世界的規模において〟求められる「価値」としての在り方を持つ、ということを言わんとしている。[28]

そしてガタリは、さらに次のことを言わんとする。「文化」が問われる。そして、こうしたことにおいて、ガタリは、「美的」であることを、特に取り上げて求めもする。そして、こうしたことにおいては、「文化」の基盤として、あらためて「人間」の〝深み〟、そしてそうしたことの背景としての、「人間」(「人々」)における〝根本的な〟「流れ(奔流)」とも言える「欲望」が問われる。すなわち、次のことが問われる。

〈狭義の「欲望」、そしてそれらがその中ではたらく「生産的欲望」(「欲望的生産」)としての、端的に「欲望」〉。

そしてガタリは、さらに左記のことを述べる。

こうしたことにおいて「個人」ということを、どのようにとらえるか? とりわけ、次のことを述べる必要がある。

「個人」は「特異性」としての在り方を持つ。言い換えれば、互いにおいて「差異」という在り方を持つ。そうしたこととして「個人」たちは、まさに「多様性」をつくり出す。(29) そして「他者」が「特異性」(互いにおいての「差異」)としての在り方ではたらく。そうしたことに基づいて、「他者」とのかかわり(「他者」との「関係」)がはたらく。そして、こうしたことにおいて「絆」(「連帯」、「他者」と結びついていること)ということが多くの含みにおいてはたらく。そして、こうしたことにおいての

「創造(つくり出すこと)」ということがはたらく。

そして、「他者」が「特異性」(互いにおいての「差異」)としての在り方ではたらく、ということに基づいて「他者」とのかかわり(「他者」との「関係」)がはたらく、ということにおいて、「他者」は、まさに「実在」としてはたらく。「他者」が「特異性」(互いにおいての「差異」)としての在り方ではたらく、ということの際立った例として、「他者」たちが、多「民族」、多「宗教」としての在り方を持つ、ということを述べることができる。そのことは、端的には、「都市」という「集中的な居住」、そして、その展開において、確認することができる。

そして、さらに言えば、次のようなことを述べることができる。

「他者」(という「実在」)とのかかわり(「関係」)ということに、「感動」が伴なわれるということも併せて「美的」であることがはたらく。

そして、そうしたことは、「人間」、「社会」、「自然」をめぐって「マシン」(=「生態」)の立場としての「生態学(エコロジー)」が求められる、ということにおいて、はたらく。

そして、ガタリは、新たな「価値」がはたらくということをめぐって、さらに左記のようなことを述べている[30]。

人類史の「現代」において、地球上における「原初的な」人々の「流れ」を思わせるような「人々」の「流れ」が、「グローバリゼーション(globalization)」を背景として起きている。そのことについては、「現代」における「ノマディスム」[31]のはたらきという言い方もできる。そして、「現代」における「ノマディスム」は、端的に多「民族」、多「宗教」、そしてまさに多「文化」という在り方を持つ。

そして、そうしたことにおいて、地球的な様々な「生態」、そして〝地球〟における様々な「生態」の一面が、「都市」という「集中的な居住」の、多「民族」、多「宗教」、そして多「文化」の展開が、一定の〝モデル〟ともなるようにして、繰り返し問われる[32]。

そして、次のことが問われる。

どのように、「人間」の〝深み〟、そしてそうしたことの背景としての「人間」における「欲望」、すなわち、〈狭義の「欲望」、そしてそれらがその中ではたらく「生産的欲望」(「欲望的生産」)としての、端的に「欲望」〉の「流れ(奔流)」が、〝前向きさ〟においてはたらくのか?

この問いに向けて、ガタリは、「他者」との「実在的」「関係」について、踏み込んで問う。

第二章　「制度的精神療法」からの出発：「社会」をつくり出すことに向けて

第一節　「人に耳を傾ける」ということ

ガタリにとっては、「精神医学」上の「スキゾ」は、「スキゾ」ということの〝原像〟としての在り方を持つ。そして「社会的」「スキゾ」の〝原像〟であるという言い方もできる。

ガタリは、自らの「思想」の原点とも言えることについて、次のようなことを述べている。[33]

「精神医療スタッフ」として「統合失調症」の人々と話す。それは、まさに「特異性に耳を傾ける」ということである。そのことは、多くの「他者」とのかかわり(「他者」との「関係」)の中でも、言わば、一定の、〝原像〟としての在り方がはたらく中で、「他者」において「特異性に耳を傾ける」ということである。

自らにはたらく「〝世界〟についてのとらえ方」が、そもそも、その在り方自体において異なっている中で、その「他者」が話し終わるまで「耳を傾ける」。その「他者」が、どうしてそのように話すのか、思いを巡らせながら「耳を傾ける」。相手を、高みに立った「分析」の立場から見ているのではない。[34] 言わば、共通の〝コミュニティー〟(「マシン」)を担う者同士、という立場がはたらく。そして、確かに「他者」を「実在」として実感する。

しかし、次のようなことも問われ得る。

そうしたことで、踏まえるはずの(踏まえるべき)「資本主義経済マシン」を踏まえていると言えるのか？

次のことを答えることができる。

「資本主義経済マシン」は、その展開において、もちろん「経済」システムとしての在り方を持つ。しかし、そのことは、それ自体として、実は、「経済」システム(端的に「経済」)だけでは済まないということをはたらかせる、という在り方をも持つ。すなわち、一方において、〝貨幣(金《かね》)だけでは済まない〟ということをはたらかせる。そして、〝貨幣(金《かね》)だけでは済まない〟ということとして、「他者」とのかかわり(「他者」との「関係」)、そしてそのことについてのことがはたらく。さらに言えば、「他者」が、まさに「実在」という在り方を持つということがはたらく。そして、そのことは、実は、「資本主義経済マシン」が前提とする、さらなる「スキゾ」であることを伴なった「スキゾ」ということを〝越える〟ということの次元をもはたらかせる。そして、あらためて、そうした在り方で、「資本主義経済マシン」とかかわる、ということがはたらく。そして、むしろ、「スキゾ」ということを〝越える〟ということが問われる。そして、「資本主義経済マシン」を踏まえつつも、そのことにとどまらない在り方で、「人々」において、「スキゾ」であることを越えた者たちの「実在的」「関係」こそがはたらく。

第二節　「表明行為」について

ガタリは、さらに左記のことを述べる[35]。

「資本主義経済マシン」は、人類史上において、それまでにはあり得ない在り方で、「機能的」在り方を持つ。すなわち、「権威的」在り方ではないこととしての「機能的」在り方を、人類史上において、それまでにはあり得ない在り方で持つ。すなわち、そのようにして「権威的」在り方(とにかく「権威」に従うという在り方)をのり越える、というようにして、「機能的」在り方(「機能的」であることをこの上ないこととしてとらえる在り方)をはたらかせる。しかし、さらに、次のことを述べる必要がある。

さらには、「機能的」在り方では済まない、ということがはたらく。

そして、「機能的」であるということでは済まないということには、「他者」とのかかわり(「他者」との「関係」)がはたらく。そして、「他者」とのかかわり(「他者」との「関係」)が、まさにはたらく。そうしたことにおいて、「他者」が、「実在」という在り方においてはたらく。

そして、「他者」とのかかわり(「他者」との「関係」)、さらに言えば「他者」との「実在的」「関係」がはたらく、ということをめぐっては、とりわけ次のことを述べる必要がある。

そのことにおいては、踏み込んだ在り方で、「表明行為」[36]がはたらく。そして、「表明行為」には、具体的「状況」を踏まえるということが、前提としてはたらく。そのようにして、ただ単に「言語」がはたらくということではない。〈「主語」‐「述語」〉に基づく「文」(「命題」)を「還元主義的に」前提として「言語分析」を至上化する、ということでは済まない。そして、そうしたことにおいて、詳細については後述するが、次のことがはたらく。

(1)「言語行為」:「言語行為」論が言うような「言語行為」。さらに、そのことには〝とどまらない〟「言語行為」、たとえば「状況」の中での、短い「言語表現」、「単語」、一つの発声音といったことにさえ基づく「言語行為」。

(2)様々な「表現方法」:

(2)の1「声」においての、「アクセント(強調)」・「イントネーション(抑揚)」など。

(2)の2「手振り、身振り」等(「ボディーランゲージ」)など。

(3)「顔」[37](「顔」のはたらき(「顔貌性」[38]))：「目線」・「まなざし」、そして「表情」、「顔」の各部分の動き、など。

「人間」の〝深み〟、そしてそうしたことの背景としての「人間」における「流れ(奔流)」としての〈狭義の「欲望」、そしてそれらがその中ではたらく「生産的欲望」(「欲望的生産」)としての、端的に「欲望」〉が、〝前向きさ〟においてはたらく中で、こうしたことは、そのことに基づく、言わば〈動きの、図面（〝地図〟）〉、すなわち「ダイアグラム」(39)をも一定の在り方ではたらかせる。(40)そして、どのようにしても、基盤となることは、「他者」とのかかわり（＝「他者」との「関係」）、「他者」の「実在」である。

そしてさらに後述するが、ガタリは次のようなことを述べる。

そうしたことにおいては、「他者」が、言わば「特異性」、さらに言えば、互いにおいて「差異」としての在り方を持つ。そうであるが故に、「他者」とのかかわり（＝「他者」との「関係」）について、「特異性」（＝互いにおいて「差異」）を持つ者同士の「相互性（共同性）」、敢えて言えば「カオス（chaos）」において、「互いに染み込む（浸透し合う）」ということ、言い換えれば「オスモーズ(41)（osmose）」がはたらく。そうしたことにおいて、「実在的」「関係」をつくり出し合うことについて、「カオス（chaos）」と「オスモーズ（osmose）」という二つの単語を結び付けた造語であるが「カオスモーズ(42)（chaosmose）」と呼ぶことができる。そうした「カオスモーズ」、そして、そうしたこととしての〝コミュニティー〟の展開が求められる。そして、そうしたことにおいて、一定の在り方で、「コスモス（cosmos）」、すなわち「調和」がはたらく。さらには「連帯」がはたらく。〝「言語」に基づくこと〟が求められながらも、そうしたことにとどまらない在り方で、こうしたことが〝はっきりと〟はたらく。

第三節　「制度的精神療法」とはどういうことか?

ガタリの「思想」の、前提にはたらき続ける「精神医療スタッフ」としての立場について、左記において第三篇の註において述べたガタリの経歴を、もう一度踏まえながら、さらに述べ、検討したい[43]。

ガタリは、パリ大学で「哲学」を学んだが、そのことに基づいて「精神分析」へと向かった。そして、もともとは「ラカン派」に属した。しかし、やがてラカンの立場の「治療法」を「精神病」の患者に行なうことに、次のような思いを持った。

ラカン(さらに言えば「精神分析」)の立場の「治療法」は、医師と患者との一対一の関係の中で患者の「分析」を行ない「治療」を行なおうとする。しかし、そのことによっては「治療」を〝行ないようがない〟。

こうしたラカン批判を、ガタリは1950年代において既に行なっていた。

そして、ガタリは1955年から、新たに「制度的精神療法」[44]という「治療法」を「実践」するようになる。このことが、ガタリにとって、自らの「思想」の、とりわけての〝原像〟と言うべきこととなる。

ガタリは、1955年からフランス中央部ブロワ県のブロワ郊外にある「ラ・ボルド病院」[45]という精神病院に勤務している。「制度的精神療法」を行なうということの先駆的な精神病院の一つである[46]。創設者であり院長でもある人物は、ジャン・ウリ[47](1924~2014)である。

ガタリは、左記のように述べる。

「精神病」は「〝世界〟との関係の持ち方」に一定の〝問題〟が起きている、ということである。[48]そして、もともと「〝世界〟との関係の持ち方」は、それぞれの人において「他者」とのかかわり（「他者」との「関係」）（さらに言えば、「社会」）の中でつくられて来たものである。そして、「〝世界〟との関係の持ち方」をめぐる〝問題〟が修復されることは、「他者」とのかかわり（「他者」との「関係」）の中で行なわれる。「他者」とのかかわり（「他者」との「関係」）についての、フランス語での言い方の一つは、institution（アンスティトゥション）である。この用語は、邦訳では「制度」と直訳されるが、「共同体」、言い換えれば〝コミュニティー〟という意味を持っている。すなわち、「精神病」が治癒へと向かうということは、そうしたこととしての institution（アンスティトゥション）において起きる。このようにして、「制度的精神療法」が求められる。そして、そうしたことにおいて、「制度的精神療法」においては、「他者」たちとのかかわり（「他者」たちとの「関係」）が「動的編成[49]（アジャンスマン）」としての在り方においてはたらく、と言うこともできる。

〔institution（アンスティトゥション）の日本語での定訳は「制度」であるので、誤解を招くが、この場合の趣旨に合うように、表現するならば〝コミュニティー〟である。以降においては、基本的には「制度（コミュニティー）」という言い方で述べていくことにしたい。そしてさらに言えば、既に述べて来た意味での「マシン」という言い方ができる。〕

ラカンは、「精神病」について、そのことが起きる〝メカニズム〟を明らかにしたと言えるが、基づいた「治療法」には問題がある。その問題として、ガタリが言わんとすることについて、左記においてさらに述べていきたい。

医師が「精神病」の患者との一対一の関係において患者への「分析」に基づいて「治療」を行なおうとする場合、どのようなことが起きるのか？　患者が話すことは、表現においても、内容においても乱れがある。そうしたことから、患者がどのように「精神病」なのかについての「分析」ができる。しかし、どのように「治療」を行なうのか？　基本的に、薬物によって可能な限り症状を抑える。しかし、そうした対応を越えてしまう場合には、言わば「監禁」に近い状態で〝収容〟施設に近い在り方を持った病院で過ごすようになることが多い。あるいは、〝おかしい〟人として、人から相手にされない中、家庭で〝軟禁〟され続けるということも多い。そして、〝収容〟といった状態のままであり続けると、ともすると、やがて人との接触がまったくできないほどの〝錯乱〟にも陥る。こうしたことが、「ラカン派」の医師たちにおける場合も含めての、ともすると〝ありがちな〟「精神病治療」の現実であるとも言える。

こうした現実に対して、「制度的精神療法」は、どのようにせよ「精神病」の患者において「他者」とのかかわり（「他者」との「関係」）が行なわれるようにするということを、「治療法」（「精神療法」）として行なう。

そしてガタリは「ラ・ボルド病院」で、むしろどの患者も（どのような患者であろうとも）、「他者」とのかかわり（「他者」との「関係」）へと向かう〝糸口〟を持っているということを実感したと述べている。(50)

そして、ガタリは、次のように述べる。

患者と医師という「他者」とのかかわり（「他者」との「関係」）はもちろんであるが、看護師、すべての精神医療スタッフ、さらにすべての職員、さらにはその病院に出入りするすべての人々をも含めての「他者」とのかかわり（「他者」との「関係」）としての〝コミュニティー〟が「治療」をはたらかせる、ということが求められる。

そして、ガタリは、さらに、次のように言わんとする。

管理者的立場がはたらくのではなく、それぞれの人に、どのようにせよ「責任」の思いがはたらくということが、「他者」とのかかわり（「他者」との「関係」）においてはたらくようにする。そのことは、言わば「社会」がはたらく、ということをつくり出し、患者たちの病状が進行しないこと、そして、治癒が行なわれることをもたらす[51]。

健常者にはたらく「統合性」ということは、「社会性」と言い換えることができる。そのことの「失調」は、どのようにせよ（どの程度にせよ）〝コミュニティー〟を担う、ということによって治癒へと向かう。すなわち「統合性」の回復へと向かう。

「統合性」が回復されたならば、「スキゾ」を〝越えた〟次元がはたらく。さらに言えば、「スキゾ」ではない在り方がはたらく。そして、そうした「統合性」の回復は、こうした在り方において、「資本主義経済マシン」を〝越えて〟しまっていると言える。

そしてさらには、ガタリは次のように述べている。

患者には病状の度合いにかかわらず（どのようにせよ）「責任」という意識がはたらく。それは、「他者」とのかかわり（「他者」との「関係」）がはたらくということにおいて、まさにはたらく。そして、そのことにおいては、単に「社会性」ということどころか、一定の在り方で「道徳」がはたらくとさえ言える。さらには、そのことが伴なう在り方で「倫理」がはたらくということも述べることができる。そうしたことは、はたらき方によって「精神病」からの回復のきざしを示す。そして、そうしたことは、その患者にとって、「自分自身の存在の意味を獲得し直していく」ということ、そうしたことの中で、言い換えれば「自分自身の個人としての特異性を回復する」ということでもある。[52]

この場合の「責任」ということの意識は、どういうことなのか？ それは「活動」（さらに言えば「労働」）を分担して行ない合う、ということにおいて生まれる。すなわち、そのようにして、どのようにせよ（どの程度にせよ）、「コミュニティー」を担う、ということによって生まれる。

そして、ガタリは次のようなことを述べている。[53]

「他者は、ともすると、自分を不安にする。しかし、活動（労働）においては、そうした他者に対することとして自分を守るようにはたらく鎧のようなものを、どのようにせよ（どの程度にせよ）脱ぐ、ということが起きる。」

そして、そうしたことにおいて、それぞれの人が行なう「活動」（さらに言えば「労働」）は、どのようにせよ、「気晴らし」のようなことにとどまる、ということはあり得ない。言わば、自らの存在をはたらかせる、という在り方を持つ。

ここで、第三篇でも述べた左記のことを、繰り返しとなるが、右記のことをめぐって、確認しておきたい。

「ラカン派」は、「自由連想法」を展開させた、医師と患者の一対一の「関係」に基づく「治療法」を行なっていたが、それに対して、ガタリは次のことを主張した。

一対一の「関係」にとどまらず、複数の人々の「関係」に基づき、しかも、単に「言語」〝だけ〟に基づくのではなく「表明行為」にも基づいた、しかも、踏み込んで基づいた、かかわり合いを持ちながら、言わば〝コミュニティー〟を担い合うという在り方において、それぞれの人において「社会性」がはたらくことを促す、ということが、「治療法」として求められる。そのような、言わば〝コミュニティー療法〟が求められる。言い換えれば、そのように「マシン」をはたらかせることに基づく〝マシン療法〟が求められる。

そして、そのことにおいては「患者」同士において、ともに「精神病」の者同士ということの「交流」も行なわれる。そして、病院（医療組織）を、単に「施設」としてとらえるのではなく「治療」のための「共同体」、〝医療共同体〟としてとらえるということが起きる。

そして、「治療」のための「共同体」は、「制度（institutionアンスティトゥシオン）」という言い方がされることによって、この「治療法」は「制度を使った精神療法」（「制度論的精神療法」）、さらには「制度的精神療法」と呼ばれる。そして、さらには「制度精神療法」とも言われる。フランス語の原語では、psychothérapie institutionnelle（プシコテラピー アンスティトゥシオネル）である。

「制度的精神療法」においては、患者、医師、看護師、精神医療スタッフのみならず、その病院の職員、さらには病院に出入りするすべての人々を含めての、「治療」のための「共同体」がはたらく。institution（アンスティトゥシオン）は、分かりにくい単語であるが、フランス語ではもともとは「学校」など、高度に〝人間的な〟組織を指す用語である。

この「制度的精神療法」は、フランスにおいてウリによっては、1953年に行なわれ始め、既に述べた通りガタリは1955年から参加し、それ以降、この「実践」を牽引する一人となった。ガタリは「ラ・ボルド病院」においてその「実践」を担い続けた。

第四節　「つくり出すということ（創造）」

ガタリは、左記のようなことを述べている。

「制度的精神療法」においては、「制度（コミュニティー）」を、互いに「つくり出す」ということ（「創造」）が行なわれる。

「つくり出すということ（創造）」について、さらに踏み込んだことを述べる必要がある。

「精神病」の人が、「絵画」や様々な「造形」（たとえば、粘土などによる「造形」）で際立った（時に、天才的な）才能を発揮するということは、しばしば、ある。(54)

そうしたことにおいては、次のようなことが起きている。

「精神病」は、ともすると、実は、むしろその「個人」において「人間」の〝深み〟、そしてその背景にはたらくことが、はたらくようにする。すなわち「イメージ（イマージュ）」のはたらきが〝強く〟はたらき、一定の「出来事（事実）」がそれ自体として〝強く〟はたらき、そうしたことの背景としての「人間」における「流れ（奔流）」としての〈狭義の、そして、どのようにせよ広義の、端的に「欲望」〉が〝強く〟はたらく。そうしたことは「創造的に」はたらく。

そして、そうした「精神病」の人の「絵画」や「造形」などを見た人は、そうした「作品」に、しばしば「感動」の思いを持つ。なぜ「感動」の思いを持つのか？ その「作品」が、見た者の「人間」の〝深み〟、そしてその背景にはたらくことに、応えるからである。すなわち、「イメージ（イマージュ）」のはたらき、「出来事（事実）」のはたらき、そして、「人間」における「流れ（奔流）」としての〈狭義の、そして、どのようにせよ広義の、端的に「欲望」〉に、応えるからである。そしてこうしたことの次元における「交流」とも言うべきことが起きる。

そして、創作者としてのその人の「実在」としての、まさに「存在」に、〝前向きな〟まさに「特異性」をとらえる。そして、こうしたことの次元における「交流」とも言うべきことが起きる。

そして、そうしたことにおいて、そうした「作品」をつくり出すということ（「創造」）に基づく一定の「表現」においては、さらに言えば、そうした「芸術」などの「表現」には、「他者」とのかかわり（「他者」との「関係」）がはたらく。すなわち「他者」との「実在的」「関係」がはたらく。

そして、そうしたことにおける、つくり出すということ（「創造」）は、創作者としての、その人の〝自分自身の再構築〟ということでもある。

そして、「制度的精神療法」は、「絵画」や様々な「造形」をつくり出すということ（「創造」）とともに、「制度（コミュニティー）」をつくり出す、ということをはたらかせる。

そして、ガタリは、さらには左記のようなことを述べる。[55]

「文化」の「歴史」において、「文化」にはたらいて来たと言わざるを得ないことは、「それぞれの個人においての、主体としての〝立ち位置〟をつくり出すということ」である。そして、その具体的な、そして典型的な例は、「それぞれの個人においての、制度（コミュニティー）においての主体としての〝立ち位置〟をつくり出すということ」である。そして、あらためて、次のことを述べることができる。「制度（コミュニティー）」をつくり出すということも、そうしたそれぞれの「個人」の〝自分自身の再構築〟である。

そして、ガタリは、ここで述べて来たような「制度（コミュニティー）」のはたらきにおいて明らかになることを基軸とした「人間」についての「分析」をこそ、行なう必要があると述べる。すなわち、「制度」（〝コミュニティー〟）をめぐっての「人間」についての「分析」をこそ行なう必要があると述べる。そして、そうした「人間」についての「分析」を、「制度的分析」（「制度分析」、〝コミュニティー分析〟）と呼ぶ。

そしてさらには、次のようにも述べている。

「制度的分析」（「制度分析」、〝コミュニティー分析〟）とは、「他者」とのかかわり（「他者」との「関係」）

ということが、どのような在り方で「スキゾ」についての「治療」であるのか、ということをも基軸とする、「人間」についての「分析」である。

　そして、「スキゾ」は「制度」（コミュニティー）によって「治療」される。そうしたことにおいて、実は、「日常性」において、どのようにせよ「制度」（コミュニティー）がはたらく、ということが求められる。「制度的分析」は、「病院」はもちろんのこと、たとえば「学校」は一定の代表であるが、あらゆる「都市的環境」等々においてはたらく[56]。こうしたことにおいては、〝「人間」はそもそも「制度的」である〟ということを基軸とした「人間」についての「分析」が、「制度的分析」（「制度分析」、〝コミュニティー分析〟）である、という言い方ができる。

　そして、ガタリは、「スキゾ分析」の展開として、「制度的分析」（「制度分析」、〝コミュニティー分析〟）をとらえる。そしてガタリは、〈「スキゾ分析」、そして「制度的分析」（「制度分析」、〝コミュニティー分析〟）〉を、「精神分析」に〝代わるもの〟としてとらえる。〔そして、〈「スキゾ分析」、そして「制度的分析」（「制度分析」、〝コミュニティー分析〟）〉をひっくるめて、広義においての「スキゾ分析」として、端的に「スキゾ分析」という言い方もしている。〕

　そしてガタリは、左記のようなことを述べている。

「スキゾ」においてとりわけはたらくことについて、あらためて、踏み込んだ言い方をするならば、次のように述べることができる[57]。

（1）　イメージ（イマージュ）が、〝強く〟はたらく。そうしたことによって、イメージ（イマージュ）

ということにおいて「特異性」(=互いにおいての「差異」)をとらえる、ということがはたらく。

(2)「出来事(事実)」が、強くはたらく。そうしたことによって、どのようにせよ、言わば「実在」がはたらく。そうしたことにおいて「特異性」(=互いにおいての「差異」)をとらえる、ということがはたらく。

(3) そして(1)、(2)のこととしての、「人間」の深みの、まさにその背景として、「人間」における「流れ(奔流)」としての〈狭義の、そして、どのようにせよ広義の、端的に「欲望」〉が前向きさにおいて、言わば「実在」に向かう、という在り方ではたらく。

そして「制度的分析」(「制度分析」、コミュニティー分析)は、次のような在り方を持つ、という言い方もできる。

「精神病の治療として」、「未来に向かう(前向きさを持った)在り方において[58]」「芸術作品をつくる。そして、それと同じようでさえある創造性ということを、誰にも、はたらかせる。[59]」

第五節　「表明行為」とはどういうことか?

ガタリは、さらに、「制度(コミュニティー)」ということを、広義においての「場」ということをつくり出すという言い方もし、左記のようなことを述べている。

「場の創造的実践」が求められる。[60]「治療」は、それぞれの「個人」が、それぞれに「特異性」(=互いにおいての「差異」)としての在り方を持つ「個人」としてははたらく、ということをもたらすような、それぞれの「出会い」である。[61] そして、「制度（コミュニティー）」ということにおいては、「他者」とかかわること（「他者」との「関係」）が、「人間」の〝深み〟、そしてその背景にはたらくことがはたらく、ということに基づきながら、はたらく。そして、「他者」とかかわること（「他者」との「関係」）が基づく一定の決定的なこととして「表明行為」もまた、行なわれる。

ガタリがこのように述べることにおいての「表明行為」には、前提として、それが行なわれる具体的な「状況」が伴なわれる。「表明行為」は、既に述べた左記のような在り方を持つ。

(1)「言語行為」:「言語行為」論が言うような「言語行為」、さらに、そのことには〝とどまらない〟「言語行為」、たとえば「状況」の中での、短い「言語表現」、「単語」、一つの発声音といったことにさえ基づく「言語行為」。

(2)様々な「表現方法」:

(2)の1「声」においての、「アクセント（強調）」・「イントネーション（抑揚）」など。

(2)の2「手振り、身振り」等（「ボディーランゲージ」）など。

(3)「顔」（「顔」のはたらき（「顔貌性[62]」））:「目線」・「まなざし」、そして「表情」、「顔」の各部分の動き、など。

そして、こうしたことは、「他者」とのかかわり（「他者」との「関係」）をつくり出し、「他者」が

「実在」としてはたらく。

ここで、まず(1)、(2)のことについて、さらに述べておきたい。

(1) 「言語行為」

ガタリは、まず、〝言語的コミュニケーション〟が踏み込んだ在り方ではたらくことを求めている。そして、そうしたことにおいて、まずは、「言語行為」論が言うような「言語行為」を踏まえるべきこととして述べている。しかし、さらに、そうしたことには〝とどまらない〟在り方での「言語行為」がはたらくこと重視し、そうした含みにおいて、それらの「言語行為」について、「表明行為」の一面である、という言い方をしている。

「言語行為」論が言うような「言語行為」については、基本的なこととして、次のようなことを述べることができる。たとえば、「傘を持っていくことを勧めます。」という、人に勧めること(「勧奨」)を行なう「言語行為」は、一定の具体的な「状況」において「雨が降っています。」という一定の叙述(描写)の「発話」によっても行なうことができる。そのようにして、「文」の形式に基づきながら、「状況」の中で様々に成り立つ「言語行為」をも伴なうという在り方で〝言語的コミュニケーション〟においては〝拡充〟された在り方で、「他者」とのかかわり(「他者」との「関係」)がはたらく。

そして、さらに述べる必要があることとして、ガタリは、次のことに踏み込む。たとえば、「状況」の中での、ごく短い「言語表現」、「単語」、さらには、一つの発声音でさえもあり得るような「言語行為」である。そうしたことに基づきながらも、「他者」とのかかわり(「他者」との「関係」)がはたらく。

そうしたことは、〈「主語」‐「述語」〉に基づく「文」(「命題」)を「還元主義的に」前提として「言語分析」を至上化するということでは済まない、ということを明らかにしている。ガタリは、そうしたことへ〝はっきりと〟踏み込む。

(2)様々な「表現方法」

ガタリは、左記のことを述べている。

〝コミュニケーション〟には、様々な「表現方法」がはたらく。

たとえば、前述の〈「言語行為」論が言うような「言語行為」〉の例である「雨が降っています。」という「発話」に基づく「言語行為」にしても、様々な「表現方法」がはたらく、ということに基づいて〝踏み込んだ〟在り方での「表明行為」となる。すなわち、そうした、「表現方法」の様々な違いによって、はっきりとした「意味」の違いが起きる。

(2)の1 とりわけたとえば、「声」においての、「アクセント(強調)」・「イントネーション(抑揚)」など、への基づき方、ということを述べることができる。こうしたことは、ともすると、付随的な「表現」のように思われがちであるが、明確に「表現」を担っている。

(2)の2 さらには、「表明行為」として、「手振り、身振り」等(「ボディーランゲージ」)などとしての「表現方法」の様々な在り方を述べることができる。「ボディーランゲージ」と言われることは、日常性において様々に「身体」がつくり出している「表現」として、それ自体として〝システム〟としての在り方さえ持った「表現」とも言える。そして、さらには、どのようにせよ〝パフォーマンス〟という言い方がされる様々な「表現方法」について述べる必要がある。

(3)「顔」[64](「顔」のはたらき(「顔貌《がんぼう》性」))：「目線」・「まなざし」、そして「表情」、「顔」の各部分の動き、など。

ガタリは、さらに、「表明行為」には、右記の(1)、(2)に伴なわれてはたらき、さらには、それ自体としてもはたらくこととして、「顔」(「顔」のはたらき(「顔貌《がんぼう》性」))が〝決定的な〟こととしてはたらく、ということを述べている。この(3)のことについて、左記のこと(A．B．さらに、第六節におけるC．D．)を述べておきたい。

A．

「他者」の「顔」のはたらき(「顔貌性」)は、ドゥルーズとの共著である1980年の『千のプラトー[65]』の中でも一定の主張が行なわれているが、そのことについては、第三篇の中でも次のことを述べた。

『千のプラトー』における「7」とされている「プラトー[66]」の章は、その題は「紀元0年　顔貌性」とされ、宗教的には「紀元0年」に生まれた、とされるイエスは、西洋の絵画の歴史において描かれる場合に、顔が正面を向き静止した姿で描かれ続けて来たが、中世も後期の1200年紀のドゥッチョ[67](1255頃~1319頃)の絵画においては、初めて、顔を横に向け、問いかけるような「まなざし」で、すなわち、そのような「目線」で、手をさし伸べるイエス(言わば、そのような在り方での、「出来事（事実）」としてのイエス）が描かれた。「顔」のはたらき（「顔貌性」）のそうした描かれ方によって「出来事（事実）」としてのイエスがはたらく。そうしたことにおいては、さらに言えば、言わば、**そのように「顔」のはたらき（「顔貌性」）をはたらかせた「出来事（事実）」としてのイエスとの、一定のかかわり（「関係」）がはたらく。**

B．

『千のプラトー』における、そうしたことが述べられている、その章においては、そうした「歴史」上におけることを含めて、「顔」のはたらき（「顔貌性」）ということをめぐることが、さらに、それ自体として議論され、左記のようなことが、述べられている。(68)

「顔」は、やや遠くで見た時、白い部分と黒い部分のコントラストがはたらく全体のように見える。それは、言わば「ホワイト・ウォール」と「ブラック・ホール」ということから成る全体のように見える。さらに言えば「顔」は、そのような在り方で「形も大きさもかかわりないぼんやりとした明るさの様々な変化」のように見える。そして、「ブラック・ホール」からは、**「目線」・「まなざし」**を感じる。そのことには、どのようにせよ、一定の「意味性」（何かの「意味」）もはたらきながら、「意味性」（何かの「意味」）を越えて、言わば、独特な**「主体化」**がはたらいている。

この場合の「主体化」とは、「意味性」（何かの「意味」）を越えて、**その人の「実在」（敢えて言えば「実存」という言い方もできる）が、見る者（「主体」）に突き付けられる、ということである。**(69)

そして「顔」、そして、とりわけ「目線」・「まなざし」は、その人を「表わし」、その人を思い出す時、まさにその「顔」、そして「目線」・「まなざし」について思い出す。そして、さらには、次のことを述べることができる。

「顔」をめぐって、「人間」の〝深み〟、そしてその背景にはたらくことがはたらく時、そのことは、その「他者」の「実在」をはたらかせる。それは、あたかも、とりわけ「ブラック・ホール」となっている部分から、「意味性」を越えた何かとして「実在」がはたらくようでもある。そして、その「他者」をめぐる、様々な「出来事（事実）」がはたらく。そして、そうした様々な「出来事（事実）」は、それをとらえる者において、「人間」の〝深み〟、そしてその背景にはたらくことがはたらく、ということによって、とらえられ、はたらく。

　さらに言えば、それは、「イメージ（イマージュ）」としての在り方で、はたらき、そして、さらに、とりわけ「出来事（事実）」それ自体として、はたらき、そして、そうしたことの背景としての「人間」における「流れ（奔流）」としての〈狭義の、そして、どのようにせよ広義の、端的に「欲望」〉が、〝前向きさ〟において、はたらく。そして「顔」、そして「目線」・「まなざし」は、「人間」の〝深み〟、そしてその背景にはたらくことの〝出口〟の在り方を持つとも言える。

　ドゥルーズ・ガタリは、このようにして「顔」のはたらき（「顔貌性」）」ということにおいては、「他者」が「実在」としての在り方において、はたらく、ということを述べる。そして、そうしたことにおいて、ドゥルーズ・ガタリは、「顔」のはたらき（「顔貌性」）を通しては、「他者」が、その「他者」にかかわる「主体」にとって、自らの「自己」の〝枠組み〟を越えてはたらく、ということを言わんとする。

ドゥルーズ・ガタリは、このように、「顔」のはたらき（「顔貌性」）を強調するということにも、とりわけ基づいて、「表明行為」によって「他者」とのかかわり（「他者」との「関係」）がはたらき、「他者」が「実在」としてはたらく、ということを言わんとする。

第六節　「顔」（「顔貌《がんぼう》性」）のはたらき（「顔貌性」）をめぐって

第二篇において述べたように、「他者」をめぐる問いは、「精神分析」においても（そして、ラカンによっても）、独特に踏み込んだ在り方で行なわれ続けていた。それは、もがくようでもあった。そして、「顔」ということをめぐって「他者」について述べる必要があるという主張が、やはりフランスにおいて（「精神分析」の展開とは別に）、レヴィナス[70]（1906〜1995）によって、とりわけ1961年の著作『全体性と無限』[71]において行なわれていた。[72]レヴィナスにとって、「顔」は、とりわけ「ホロコースト（ユダヤ人大虐殺）」における「死者」たちを背景としている。そのことについては、別書において述べることにしたい。

そして、ドゥルーズ・ガタリにおいては、「精神分析」への批判、「スキゾ」（さらなる「スキゾ」を伴なう）ということとの主題化といったことの展開の中で、「顔」のはたらき（「顔貌性」）ということも主題化されるようになる。そうした「顔」のはたらき（「顔貌性」）ということとの主張を、ドゥルーズ・ガタリは、既に確認したように、とりわけ1980年の『千のプラトー』において行なっている。ドゥルーズ・ガタリは、レヴィナスが「他者」について「顔」をめぐる主張を行なう中、そのことからの一定の影響も受けながら「顔」のはたらき（「顔貌性」）への問いを、展開させた在り方において、行なったと言える。

そして、ここで、「顔」のはたらき（「顔貌性」）についてのことを、前節（第五節）に引き続き、C.D.として、左記において述べることにしたい。

C.

ガタリは、作家プルースト[73]（1871〜1922）の大作『失われた時を求めて』[74]（1913〜1927年出版）をめぐって、次のようなことを、とりわけ取り上げている（この作品の舞台となっていることは、その当時のフランス社交界の人々についてのことである）。

フランス社交界の担い手の一人であるスワンは、作曲家ヴァントゥイユの楽曲[75]を聴く時、それを好んだ妻のオデットの「顔」、そして、その「目線」・「まなざし」を思い出す。オデットには或る荒んだ過去があり、そして、その後も奔放な生き方をする一面を持ち、夫スワンを苦しめていた（スワンは、ともすると「嫉妬」によって苦しむ）。そして、スワンは、オデットの「顔」、そして、その「目線」・「まなざし」を思い出す時、オデットをめぐることが「実在」としてはたらく、という在り方で苦しむ。

そして、この作品の主人公もまた、かつての恋人のアルベルチーヌについて、二人の間においてあったこと、とりわけ、恋人同士であった日々のこと、その時においての、すれ違い、さらには、別れといったことが、その「顔」、そして、その「目線」・「まなざし」を思い出す時、「実在」としてはたらく、という在り方で苦しむ。

そして、晩年の主人公は、初恋の人であるジルベルトと偶然に出会う（ジルベルトは、スワンとオデットの娘である）。ジルベルトは娘を連れていた。ジルベルトは、主人公の親友サン・ルーを夫としていた（しかし、夫サン・ルーは、第一次世界大戦において戦死していた）。主人公は、ジルベルトの「顔」を見て、「目線」・「まなざし」を会わせた時、ジルベルトという実存、そして、サン・ルーという実存、そしてさらには、とりわけ、ジルベルトと、かつて初めて会って以来のこと、さらには、自分の人生のすべての「出来事（事実）」とさえ思えることが、あらためて「実在」としてはたらき直す、というように思えた。しかも、"言い知れない"快"、"幸福感"、"喜び"とともに、はたらくように思えた。そして抑え難く涙が込み上げた。

ガタリは、これらのことなどを取り上げる。そうしたことによって、プルーストの作品『失われた時を求めて』を、「顔」のはたらき（「顔貌性」）が主題化された作品としてとらえている。

D.

そして次に、ここで、ガタリの「顔」のはたらき（「顔貌性」）についての主張の、やはり一定の背景となる在り方で、かつてドゥルーズが述べていたことによって、ガタリも踏まえていたことを述べておきたい。すなわち、ドゥルーズが『失われた時を求めて』をどのようにとらえていたか、について述べることによって、その主張が踏まえられているという在り方において、ガタリの主張についてとらえ返すことにしたい。

ドゥルーズは1964年に、(内容については本書において既に別途に触れたが)『プルーストとシーニュ』[76]という著作を出版していた。第三篇の序でも述べたように、ドゥルーズは、この『プルーストとシーニュ』を、1970年、1975年の二度にわたって改訂し出版するという在り方で、自らの〈代表作〉としている。ドゥルーズは、とりわけ左記のことを主題化している。

晩年の主人公において、「過去」の一定の「出来事(事実)」にかかわりのある事物と接することを〈きっかけ〉として、多くの「過去」がはたらき出す。そうした「過去」は、つらいこと(そして、あまりにもつらいこと)も含めてであるにもかかわらず、意志しない在り方で(無意識に)、その全体が〈言い知れない〉〈快〉、〈幸福感〉、〈喜び〉において、はたらく。そして、このことをめぐって書かれていることの一つの代表は、作品のほぼ冒頭における次のことである。

紅茶に浸したマドレーヌを食べたことが、主人公に、過去に叔母の家でそのようにマドレーヌを食べたことを、意志しない在り方で(無意識に)思い出させた。そして、そのことを〈きっかけ〉として、主人公はさらに、かつて過ごしたコンブレー(Combray)の町におけるすべてとさえ思えることを、やはり、意志しない在り方で(無意識に)、〈言い知れない〉〈快〉、〈幸福感〉、〈喜び〉とともに、思い出した。

そして、ドゥルーズは、そのように「過去」の「出来事(事実)」をはたらかせる〈きっかけ〉となる一定の事物について「シーニュ(signe)」という言い方をする。[77]「シーニュ(signe)」は、通常は

「記号」と邦訳されるが、この場合ドゥルーズは、一定の「意味」と相関するという在り方を持つ「記号」であることにはとどまりようがないこととして、この用語を使っている。そうであるが故に、邦訳においては「記号」と区別するために「シーニュ」というようにカタカナ表記されて来た。そして、「シーニュ」は単に「意味」ではなく、「人間」の深み、そしてその背景にはたらくことに基づいている、と述べることができる。そして、ドゥルーズは、次のように言わんとする。「シーニュ」に基づく在り方で、「出来事(事実)」が、プラスにはたらく、ということが、「人間」の根本の一つである、ということが、プルーストによって主題化された。

それに対して、「精神分析」は、「出来事(事実)」を、マイナスにおいてはたらく、ということにおいて主題化するということによって、その「抑圧」→〈「欲動」の「消耗」〉→「神経症」ということを扱ったが、「精神分析」は、根本において、そうしたことだけに基づいているという欠陥を持っている。

こうしたドゥルーズによる「精神分析」批判は、１９６４年のことであるが、このことは、１９７２年に『アンチ・オイディプス』においてガタリとともに「精神分析」批判を行なうことにおいて、一方の基盤となった。

そして、この１９６４年の『プルーストとシーニュ』におけるドゥルーズもまた、既に『失われた時を求めて』の主人公において「過去」における「出来事(事実)」が思い出される場合に、その多くが、やはり、それぞれの人の「顔」をきっかけとする、ということを述べている。ドゥルーズは、そのようにして、「顔」を〝きっかけ〟として、その人物をめぐる「出来事（事実）」がはたらく、ということをも主題化し、**「顔」を、「シーニュ」としてとらえる。**

　こうした在り方において、１９６４年の『プルーストとシーニュ』におけるドゥルーズにおいて、言い換えるならば、**1961年のレヴィナスによる「顔」についての提起にも触発されたことの数年後のドゥルーズにおいて、**「顔」、すなわち、「顔」のはたらき（「顔貌性」）の主題化が行なわれていた。

　そうした１９６０年代におけるドゥルーズをも背景として、ガタリは、「顔」のはたらき（「顔貌性」）の主題化を行なった。

　そして、ガタリは、「顔」、すなわち、「顔」のはたらき（「顔貌性」）をも踏まえ、「表明行為」にも基づくこととして、次のことを述べる。

「実在」ということにおいて、「他者」とかかわること（「他者」との「関係」）がはたらく。

第三章　「エコゾフィー（生態哲学）」の展望

第一節　「エコゾフィー（生態哲学）」についてのガタリの基本的「思想」

ガタリは、１９９２年８月29日に、循環器系の障害が理由となり急逝した。しかし、ガタリは、その１９９２年の、１月、来日し、自らの「思想」の展開について明らかにしていた。１月２４日に、ガタリは、沖縄で、『エコゾフィーの展望』[78]と題する講演を行なった。ガタリには、沖縄をめぐって、沖縄の何人もの「人々」を知ったこと、沖縄をめぐる歴史的・社会的な「現実」を知ったこと、そして、沖縄が持つ、いくつもの「環境」を知ったことをも背景とした「思想」が形成されていた。ガタリは、沖縄における、それぞれの「人々」（「人間」）、「社会」（さらに言えば、「歴史」も強くはたらく「社会」）、そして「自然」をも踏まえるという在り方で「エコゾフィー（生態哲学）」について述べている。

ガタリにとって「エコゾフィー（生態哲学）」の原像の一つは、沖縄において、はたらいている。

ガタリの最後の著作は、『カオスモーズ』[79]と題された、やはり１９９２年に出版された著作であるが、沖縄で、敢えて行なった講演で述べられた主張の内容は、この『カオスモーズ』を踏まえている。

『エコゾフィーの展望』における、ほぼ冒頭における「責任」についての主張から、次のことを述べておきたい。

人は誰しも、「人間」、「社会」、「自然」をめぐって述べることができる、広義において〝生命〟という言い方さえできる、様々な〝有機的全体〟としての「マシン」の中で、「責任」を果たす。〝基盤〟となる「責任」について、次のことを述べることができる。

それは、「連帯」を担い合う者同士としての「他者」に対しての「責任」である。そして、そのことは、「他者」とのかかわり(「他者」との「関係」)、さらに言えば、《「実在」としての「他者」》に基づく。

このことをめぐって、１９８９年の『三つのエコロジー』をも踏まえて、ガタリの基本的主張として、次のことを、あらためて述べることも含めて、述べておきたい。

(1)「絆」(「連帯」、「他者」との結びつき)とも言える「他者」とのかかわり(「他者」との「関係」)において、《「実在」としての「他者」》についての「実感」がはたらく。

(2)そうしたことは、次のような脈絡で「美的」であることという用語を使うとするならば、まさに「美的」であることという言い方ができる。[81]「美的」ということは、「真に美的な」と言えることを求めるということであり、「真に美的な」ということは、「実在的に美的な」ということであり、さらに敢えて言えば「実存としての在り方において美的な」ということも伴なっている。そのようにして、「実在」(「実存」)に根ざした在り方で「美的な」ということである。そして、それは、「事実」をめぐって「感動」する、ということでもある。

そのようにして、「美的」であることということは、とりわけ「他者」とのかかわり(「他者」との「関係」)において「他者」という「実在」とかかわるということによる「感動」に根ざしている。

(3)そして、「他者」とのかかわり(「他者」との「関係」)、さらに言えば、《「実在」としての「他者」》がはたらく中で、「人間」(それぞれの「他者」)、「社会」(「人々」という「他者」)、そして、そうしたことがはたらきながら「自然」をめぐって、広義での〝生命〟の立場がはたらく。すなわち、「人間」、「社会」、「自然」をめぐって「生態」としての「マシン」の立場としての「生態学(エコロジー)」の立場がはたらく。そして、「人間」、「社会」、「自然」という、三つのことについての、それぞれの「生態学(エコロジー)」を、ひっくるめて「生態哲学(エコゾフィー)」という言い方ができる。

そして、こうして明らかになった(1)「絆」(「連帯」、「他者」との結びつき)、(2)「美的」であること(「実在」をとらえ踏まえること)、(3)「生態学(エコロジー)」、さらに「生態哲学(エコゾフィー)」ということを、(3)の「生態学(エコロジー)」(さらに「生態哲学(エコゾフィー)」)に収斂するという在り方で、「現代」において求められる新たな「価値」という言い方ができる。

どのように、新たな「価値」なのか? 「資本主義経済マシン」において、「スキゾ」が、さらなる

「スキゾ」となることを伴なう、ということを、敢えてさらに進め、そのことが、むしろ、やがて「スキゾ」であることを〝越える〟ことをもたらす。すなわち、敢えて奇妙な言い方をするならば、「スキゾ」の在り方を踏まえながらも、もはや「スキゾ」では〝ない〟、ということをもたらす。そうした「価値」であることによって、新たな「価値」である。そのようにして、「スキゾ」ということを〝越える〟在り方さえ持った、新たな「価値」である。

そして、やはり繰り返し左記のことを述べることができる。

「資本主義経済マシン」が、「グローバリゼーション(globalization)」による「世界資本主義」とも言うべき「経済マシン」としての在り方さえ持つようになったことを、繰り返し踏まえる必要がある。そうしたことにおいても、あらためて「資本主義経済マシン」が問われる。[82] 新たな「価値」の〝深まり〟と展開が求められる。そして、そうしたことに基づいて、「人間」の〝深み〟、そしてその背景にはたらくことが、まさにはたらくことが求められる。

こうしたことにおいては、それぞれの「個人」には、「特異性」、すなわちsingularité. そして、互いにおいての「差異」、すなわちdifférence. としての「他者」としての在り方がはたらく。そして、そのことは、「カオス(chaos)」としての在り方がはたらく、という言い方ができる。

そして、そうした「カオス」ということにおいては、「特異性」(すなわち、互いにおいての「差異」としての「他者」としての在り方)を持つ者同士の「関係」としての「横断」ということ(「横断性」[83])がはたらく。そして、そうしたことにおいては、〝コミュニケーション行為〟において「表明行為」もはたらく中で、「制度(コミュニティー)」に基づいて、「互いに染み込む(浸透し合う)」とも言える在り方がはたらく。すなわち、「相互浸透(オスモーズ、osmose)」がはたらく。そして、それは、言わば「流動的実体」という在り方において、[84]〈「カオス」+「オスモーズ」〉、すなわち「カオスモーズ(chaosmoese)」、そして、そうしたこととしての〝コミュニティー〟をつくり出す。一定の「調和(コスモス、cosmos)」もはたらく。しかし、何よりも、「特異性」たちによる、まったく具体的・事実的な「実践」に基づく、言わば「連帯」がはたらく。

こうしたことにおいて、ガタリは、〝複雑性〟、さらに言えば「複雑系」についての問いへと踏み込むことをも求めている。[85]ただし、「ダイアグラム」、すなわち、言わば〈動きの、図面(〝地図〟)〉のようにしてのとらえ返しも求めている。

そして、ガタリは、あらためて次のことを述べる。

それぞれの「個人」、すなわち「主体(subjectivité)」には、「人間」の〝深み〟、そしてその背景にはたらくことがはたらいている。そうしたこととしての「主体」の在り方が問われる。そして、そうしたことにおいての、やはり「文化」の展開が求められる。そして、ガタリは、次のことを述べている。

「人間精神における最良の測量地図は、フロイトやラカンによってではなく、むしろ、たとえば、ゲーテ、プルースト、あるいはジョイス、アルトー、ベケット等々によってなされた。[86]」そうしたことにおいては、「美的創造」が、どのように独特に「道徳的、倫理的含意」をも伴なって行なわれたのか、さえも問われる。[87]

そして、そうした「文化」をめぐって「芸術」において典型的なこととして、次のことをとらえることができる。[88][90]

（1）

「芸術」は、「イメージ（イマージュ）」をはたらかせる。そして「イメージ（イマージュ）」を「増殖」をさせる。ただし、場合によっては、逆に「イメージ（イマージュ）」を「稀少化」させる。そして「出来事（事実）」それ自体という「実在」をはたらかせる。

（2）

「芸術」は、それをつくり出す者、それをとらえる者という、それぞれの「主体」を、それぞれに「つくり直す」ようにして、つくり出す。そうしたことによって「特異性」（＝互いにおいての「差異」）としての在り方が、そうであるが故に「実在」としての在り方を持つ。すなわち「特異化」する。そして、それぞれの「主体」に《「実在」としての「他者」》としての在り方が「繰り返し（リフレイン、イタリア語で、リトルネロ）」[90]においてはたらく。そして、そうしたことは「日常性」においてく生きる〉ということの中で、むしろ、「日常性」と「区切り」を付けるようにもはたらくが、「実在的に美的な」ことに「感動」することがはたらく。そして、そうしたことこそは、様々に異なる「分野」の事柄を「横断的に」結びつける。[91]

（3）「芸術」において、「人間」の〝深み〟、そしてその背景にはたらく「人間」における「流れ〈奔流〉」としての〈狭義の、そしてどのようにせよ広義の、端的に「欲望」〉が〝まったくの〟前向きさ〟においてはたらく。そして、そのようにして「芸術」は、例外がない在り方で、「人々」において、「生産」、「創造」としてはたらく。[92]

第二節　結論：「生態哲学（エコゾフィー）」に向けて：「連帯」に向けて

ガタリは、こうした中で述べた三つの「エコロジー（生態学）」としての「エコゾフィー（生態哲学）」ということを概説した著作として、既に取り上げたが１９８９年に『三つのエコロジー』[93]を出版している。そして、この著作の最後において、「主体」ということをめぐって求められることを述べている。敢えて意訳を含めて、引用しておきたい。[94]

「主体は『横断的に』、『人間』としての在り方において、そして『社会』〈そのことには、『制度（コミュニティー）』も『動的編成（アジャンスマン）』を伴なってはたらく〉の中に、そして『自然』の中に、ともに生き、さらに〈そうしたことが基づくこととして〉それぞれの主体に〝深々と〟はたらくこと　―そのことは、様々な出来事〈事実〉〈そして、そうしたことから生まれたイメージ〈イマージュ〉〉に基づく―　に、自らの根を下ろしている。そして、一定のことをめぐって〈創造的であること〉がはたらくと、そのことに媒介されて次々に〈創造的であること〉がはたらくことが惹き起こされていく。そうしたことによって『人間』が『人間』自身に対して信頼することを回復することが媒介的に創り出されていく。そして、そのことは、ともすると、まったく微小な(ミクロな)ことをも、きっかけとして、まさに創り出されていく。」

ガタリは、ブラジルを、7回訪れ、日本を、8回訪れ、それぞれの地において、自らの「思想」の一定の〝原像〟をとらえている。沖縄の浜、そして、沖縄の地を行く映像が残されている。ガタリが沖縄の地で拾い、手にした或る小さな石は、「まったく微小な(ミクロな)」ものではあるが、それからも、次のことがはたらく。

人々の「顔」がはたらく中での、それぞれの人の、「人間」としての「実在」において、いくつもの「歴史」を伴なう「社会」において、そして、「自然」において、「生態であること」に向けて、「主体」たちは、「互いに染み込む(浸透し合う)」ことをもはたらかせ、誰しも自らをそれぞれに「特異性」としてつくり出す。そして「連帯」する。そして、〝われわれ〟も「連帯」する。

補説として、ガタリにとって、自らの「思想」の〝原像〟の〝原像〟ともなったことについて、さらに、述べておきたい。

ガタリは、1955年から、フランス中部ブロワ県にある「ラ・ボルド病院」の「医療スタッフ」の一人となり、そして〝制度に添って〟さらに「医療責任者」となった。「ラ・ボルド病院」を主宰していたのは、ジャン・ウリ(Jean Oury, 1924~2014)であった。そこで行なわれた「精神病者」への「治療法」が、〝コミュニティー療法〟と言うべき「制度的精神療法」であった。ウリの「思想」は、その著作『精神医学と制度的精神療法[95]』において、明らかである。そして、「ラ・ボルド病院」を担ったこと、さらに言えば「制度的精神療法」を担ったことが、ガタリの「思想」の基盤となった。

　ウリは、左記のことを述べる。

「精神病者」は、単に「治療者」と「被治療者」という相互の「役」（〝役回り〟）の〝枠組み〟へ「疎外」されてはならず、〈チーム〉と言うべきことを担う、ということとしての「脱・疎外」において、「社会性」として「統合性」を回復する、という在り方を持つ必要がある。

　実は、「精神病」は、「家族という機構の中でしくじりが増幅されることが影響していることがある」[96]。そうである故に、「社会性」ということの「豊かな広がり」が、〈チーム〉としての、言わば「共同体」としての在り方で、はたらく必要がある。たとえば、次のような例を述べることができる[97]。

「病院」の「日常性」のための事柄を担う、様々な〈グループ〉が、「患者」が参加するという在り方で、つくられ、「クラブ」、さらに言えば「委員会」の形式で活動する。「委員会」は、たとえば、「献立委員会」、「メンテナンス委員会」、「新しい精神病者の迎え入れ委員会」等々である。ウリは、次のように述べている。

「患者は、入院するのではない」。逆に、「患者は、働き、自らの創造性を発揮し」、「責任を担う」。そうしたことに基づき、「病院」においては、「ケア、研究、そして形成」が、「一つになって」はたらく。

次のようなことが起きる。

「基本的な構文も作れない状態として、解離がはたらいてしまっている患者が、言語の世界に生まれ直す[98]」。

ウリもまた、実は、先行者に学んでいる。

ウリは、既に述べたように、1940年代に始まる、南フランス・ロゼール県の「サンタルバン病院」での、スペイン出身の、フランソワ・トスケル(トスケイェス、トスケジェスFrançois Tosquelles, 1912~1992)による「制度的精神療法」の先駆的な「実践」に接し、影響を受けた。トスケルは、さらに先行する、ヘルマン・ジモン(Hermann Simon, 1807~1947)による、ドイツにおける「実践」の影響を受けた。ジモンは、1905年に、ヴァールシュタイン病院の院長となった人物であるが、著書『精神科病院における、より活動的な治療法』を、1929年に出版している。ジモンは、「より活動的な治療法(aktivere Krankenbehandlung)」、あるいは「作業療法による積極的精神療法」という言い方で、〈チーム〉に基づく「病院」について、述べている。

ウリは、ジモンの「思想」からも、強く影響を受け、後にドゥルーズ・ガタリが多用する「マシン」という用語に結び付く「集合態(collectivité)」という用語を、ジモンの主張に起源を持つ用語として、使用している[99]。

ガタリが1950年代に、出会い、踏まえ、さらには、踏み込んだ「思想」を、そのことから展開させた、〝コミュニティー療法〟としての「制度的精神療法」の形成の経緯を、このように検証することができる。
なお、こうした展開と、発想の前提が〝似た〟「実践」が、もともとは「家族」を一定の基盤としていた、という〝決定的な〟違いがあるにせよ、1970年代のフィンランドに始まり、1980年代以降、ヤーコ・セイックラ(Jaakko Seikkula)などを中心に、「オープン・ダイアローグ(Open Dialogue)」という言い方で、西ラップランドのケロプダス病院を中心として、行なわれている。(100) 世界的にも広まりつつあり、様々な「組織」においても応用され、言わば「オープン・ダイアローグ」〝運動〟も起きているが、日本においても、2010年代以降、広がりつつある。一面においては、〝現象学派〟の一部、〝ラカン派〟の一部の、〝思想的代替〟のような在り方をも持っている。

註

(1) このことは、「言語」関係に限定されることでは、まったくないが、邦訳では、「言語表現(言表)行為」とされることが多い。

(2) visage(ヴィザージュ)。このことをめぐる詳細なことは、あらためて後述する。

(3) 『人はなぜ記号に従属するのか』杉村昌昭訳(青土社、2014年)の「第三部」においては、広義において「語用論的構成要素の一つ」ともなるとして、「顔貌性(visagéité)」についての検討が行なわれている。LF242-325. 邦訳 p.269~367.「語用論」とは、通常では、従来からの「言語行為」論のことであるが、ガタリは、従来からの「言語行為」論にはとどまらない展開させた在り方で「語用論」についてとらえている。原典は次の通りである。Félix Guattari, Lignes de fuite: Pour un autre monde de possibles, l'Aube, La Tour-d'Aigues, 2011. 略号はLFとした。

(4) ここでは、「精神分析」を、〈フロイト→ラカン〉の「思想」という在り方で、とらえている。

(5) Gilles Deleuze, *Proust et les signes*, P.U.F., Paris,1964,1970,1976. 略号をPSとした。邦訳として『プルーストとシーニュ』宇波彰訳(法政大学出版局、1974年・1977年)を参照した。

（6）ここでは、ドゥルーズ・ガタリが述べている〝以上に〟〝分かり易い言い方〟をすることによってこのことを述べた。

（7）『横断性からカオスモーズへ』杉村昌昭訳（大村書店、2001年）所収（p.107~133.）の『エコゾフィーの実践と、主体たちの都市の復興』について検討した。なおこの論稿は、『エコゾフィーとは何か』杉村昌昭訳（青土社、2015年）にも収録されている（QE31-57. 邦訳 p.32~56.）。以降において、単に「邦訳」という表記がされ、ページ数が記してある引用は『エコゾフィーとは何か』からのものである。

（8）QE39. 邦訳 p.38. 一部、訳し直した。

（9）subjectivité（シュブジェクティヴィテ）. ガタリは次のように述べる。それぞれの人（「主体（subjectivité）」）の在り方は、「実在的」（さらに敢えて言えば「実存的」）である。そしてそのことには、言わば「社会的」であらざるを得ない、ということが伴なわれている。なお、ガタリが述べる subjectivité は、邦訳において「主観性」と訳されることが多い。しかし、「主観性」という訳では、〝意識主義〟がはたらくかのような誤解、また〝主観的な〟＝〝勝手な〟というような含みがはたらくかのような誤解（といったガタリの主張とは無縁な誤解）が起きかねない。そうしたことから、ここでは「主体」と訳した。

（10）邦訳 p.39. 一部、訳し直した。

（11）solidarité. 端的には「連帯」であるが、この場合には、ありがちな〝左翼〟用語ともなってしまうので、敢えて一定の思いを込めて「東日本大震災」（2011.3.11.）などに際して多く使われた「絆」という用語を訳として、まず使い、「連帯」という訳を併記し、「絆」（「連帯」、「他者」と結びついていること）とした。言わんとすることは、特別な在り方を持った**「人間」同士の関係**を実感しているということ、である。ただし、後述においては、こうした含みがはたらく、ということを前提として、多くの場合に、単に「連帯」とのみ表記した。

（12）esthétique.「美的な」とも端的に訳せるが、本文でも述べるが、（真に）「美的」と言えることを求めるということであり、「真に美的な」ということは、「実在的であることによって美的な」ということであり、「実在」に根ざした在り方で「美的な」ということである。さらに敢えて言えば「実存」に根ざした在り方で「美的な」ということも伴なっている。ここでは、とりわけ、**「事実」をめぐって「感動」する、ということ**、である。

なお、ガタリは、「芸術」を「生態」を背景としていることとして高く評価しているが、「美的」ということは、そうしたこととも結び付く。

（13）écologie.「エコロジー」というカタカナ表記が定着しているが、漢語訳の「生態学」は、「生態」という表現によって、

「生命的状態」として、〝無機的状態〟ではなく〝有機的状態〟であること、が具体的に伝わるので、敢えて「生態学」という表記に「エコロジー」という表記を加えるという在り方で「生態学（エコロジー）」と表記した。「人間」と「接続」（「連結」）した在り方を持つことによって〝生命的〟であることである。

（14） transversalité.

（15） singularité.

（16） molécularisation.

（17） révolution moléculaire.

（18） 分かりにくいが、ガタリは、「精神」という言い方もしている。

（19） 邦訳として『三つのエコロジー』杉村昌昭訳（大村書店、１９９１年）を参照した。

（20） 邦訳 p.17.

（21） 邦訳 p.17.

（22） 邦訳 p.18.

（23） 邦訳 p.41.

（24） 邦訳 p.13.

（25） engagement.

（26） déterritorialisation.

（27） 邦訳 p.39.「領土化」は、くだいて言えば「被支配化」であり支配を受けることである。そうしたことからは実は、「被領土化」と訳した方が分かり易い。

（28） 邦訳 p.33.

（29） 邦訳 p.34.

（30） 邦訳 p.34.

（31） 既に述べたように、フランス語ではこのように、nomadisme（「ノマディスム」）である。英語では、nomadism（「ノマディズム」）である。ドイツ語では、Nomadismus または Nomadentum である。

（32） 邦訳 p.48. ガタリは、１９８５年11月９日から12月３日まで来日した折、11月27日、東京を山谷から新宿などを経由して下北沢まで「横断」する〝旅〟を行なった。写真を主にした記録が出版されている。『東京劇場　ガタリ、東京を行く』

ガタリ・平井玄・浅田彰・竹田賢一・梶洋裕他著（ＵＰＵ、１９８６年）。

（33）邦訳 p.49.

（34）ガタリは、自らが「実践」する「制度的精神療法」においての「経験」をも踏まえている。このことをめぐることについては、本文の中で述べた。そして、こうしたことについて、既に述べた言い方ではあるが、ガタリは、次のようにも述べている。たとえて言えば、「原子」ではなく「分子」（「モレキュール」）の在り方がはたらく。そのことは、言わば「分子革命」とさえも言うべきことである。

（35）邦訳 p.51.

（36）「表明行為」は、フランス語の énonciation（エノンシアシオン）である。このことは、前述の通り、邦訳では、「言語表現（言表）行為」とされることが多いが、「言語」関係に限定されることについて述べているのではない。しかし、énonciation は、一面においては、「言語表現（言表）行為」である。このことをめぐって、述べておきたい。

ガタリは、フランス語の discours（ディスクール）という「言語表現（言表）行為」ということとして使うことができる用語を使わず、énonciation（エノンシアシオン）という用語を使う。左記のようなことを述べることができる。

discours（ディスクール）は、ラカンが「言語」について述べる時に、とりわけ使った用語である。すなわち、ラカンが、自らが述べた「象徴界」（さらに言えば「象徴界」としての「統合性」）ということと重ねてとらえて使用していた用語が、実は、discours（ディスクール）という用語である。そして、次のことを述べる必要がある。ラカンが述べた「言語」をめぐることと、既に述べたが、ガタリは、はっきりと異なる主張を、「言語」をめぐっても行なっている。そして、ガタリの主張は、第三篇において述べたドゥルーズとともに明らかにしていた「言語」についてのとらえ方（すなわち、「言語」は「言語マシン」をはたらかせるというとらえ方）を、敢えて「言語」についてことにはとどまらない内容を持つこと、へとさらに展開させる、という在り方を持つ。そのようにまで、ラカンとは異なる主張を、ガタリは「言語」をめぐって行なった。そして、ラカンが使った用語とは異なる用語である énonciation（エノンシアシオン）を、ガタリは使う。

（37）visage（ヴィザージュ）. このことをめぐる詳細なことは、本文において、あらためて後述する。

（38）既に述べたように、『人はなぜ記号に従属するのか』杉村昌昭訳（青土社、２０１４年）の「第三部」において、広義において「語用論的構成要素の一つ」ともなるとして、「顔貌性（visagéité）」についての検討が行なわれている。LF242-325. 邦訳 p.269~367.「語用論」とは、通常では、従来からの「言語行為」論のことであるが、ガタリは、従来からの「言語行為」論にはとどまらない展開させた在り方で「語用論」ということをとらえている。

(39) diagramme(ディアグラム)であるが、いわゆる「ダイアグラム」である。ガタリは、次のように言わんとする。それによっては、言わば〈動きの、図面(、地図、)〉のようにしてのとらえ返しが行なわれる。なお、ガタリは、「ダイアグラム」について、フランス語で、carte(カルトゥ)という言い方もしている。そして、ここで述べたようなことについて、cartographie という言い方をしている。
(40) 邦訳 p.52.
(41) なお、英語では「浸透」は、osmose または、osmosis である。
(42) chaosmose. このことについては、踏み込んだことを、本文において、さらに後述する。
(43) 邦訳として『精神病院と社会のはざまで』杉村昌昭訳(水声社、2012年)を参照した。略号を、邦訳(ラ・ボルド)、とした。引用に際しては、略号に引用ページを記した。
(44) 「制度精神療法」という邦訳も使われるようになった。
(45) Clinique de La Borde.
(46) 他の一つとして、南フランス・ロゼール県の「サンタルバン(Saint-Alban)病院」をあげることができるが、そこでは、スペイン人精神科医師フランソワ・トスケル(トスケイェス、トスケジェス)(François Tosquelles. 1912～1992)によって「制度的精神療法」の先駆的な「実践」が始められた。
(47) Jean Oury. 第三篇において既に述べたが、ウリもまた、もともとはラカンと親交があり「ラカン派」に属していたが、そこから離れた。なお、ウリは、1940年代に始まる既に述べた南フランス・ロゼール県の「サンタルバン病院」でのフランソワ・トスケル(トスケイェス、トスケイジェス)による「制度的精神療法」の先駆的な「実践」に接し、決定的な影響を受けた。そして、そのことをもとに「制度的精神療法」をつくり出した。そして、1953年に「ラ・ボルド病院」を創設した。(なお、準備的な開院は1951年においてである。)
(48) 邦訳(ラ・ボルド)p.90.
(49) agencement(アジャンスマン)は、英語の arrangement(アレンジメント)、そして、agency(エージェンシー、取り次ぎ)である。この用語を、ここで述べたような脈絡において「動的編成」と訳すことを提唱されたのは、杉村昌昭氏であるが、その訳を使わせて頂いた。
(50) 邦訳(ラ・ボルド)p.92f.
(51) 邦訳(ラ・ボルド)p.92.

(52) 邦訳(ラ・ボルド)p.98.
(53) 邦訳(ラ・ボルド)p.99.
(54) 邦訳(ラ・ボルド)p.99.
(55) 邦訳(ラ・ボルド)p.103.
(56) 前掲邦訳(『三つのエコロジー』)p.54.
(57) 邦訳(ラ・ボルド)p.124f.
(58) 邦訳(ラ・ボルド)p.123.
(59) 邦訳(ラ・ボルド)p.122.
(60) 邦訳(ラ・ボルド)p.129.
(61) 邦訳(ラ・ボルド)p.130.
(62) 繰り返し述べたように、「顔貌性(visagéité)」については、前掲『人はなぜ記号に従属するのか』の「第三部」においては、広義において**「語用論的構成要素の一つ」**ともなる、という言い方をしている。LF242-325. 邦訳 p.269~367.
(63) LF241f. 前掲邦訳『人はなぜ記号に従属するのか』p.271f.
(64) visage(ヴィザージュ)。このことをめぐる詳細なことは、本文において、あらためて後述する。
(65) Gilles Deleuze et Félix Guattari, *Mille Plateaux*, Minuit, Paris, 1980. 略号を MP とした。邦訳として『千のプラトー』宇野邦一他訳〔上・中・下、河出書房新社(河出文庫)、2010年・2010年・2010年〕を参照した。
(66) 第三篇において既に述べたが、「プラトー」は、もともとフランス語の単語として〝盛り上がった状態の一定の規模を持つもの〟ということである。直訳では「台地」(さらには「高原」)と訳すことができる。〔「台地」(さらには「高原」)は〝張り詰めた状態〟ということの比喩としても使われる。〕ドゥルーズ・ガタリがそうしたこととしての「プラトー」という用語によって言わんとしていることは、さらに言えば**「出来事(事実)」**の**「接続」(「連結」)に基づくものの中の規模の大きなもの**、ということである。
(67) Duccio di Buoninsegna. ドゥッチョ・ディ・ブオニンセーニャ。第三篇註(37)を参照のこと。
(68) MP205-207. 邦訳(中)巻 p.13~15.
(69) この場合の「主体化」とは、次のようなことである。「見る人がそれを凝視するのではなく、それの方が、あなたを不意に襲い、あなたを探索し、あなたに呼びかけ、あなたの魂の奥にまで浸透し始める。」『分裂分析的地図作成法』宇波彰・吉沢順訳（紀伊國屋書店、１９９８年）邦訳 p.339. 原著は Félix Guattari, *Cartographies Schizoanalytiques*, Galilée, Paris, 1989. 市販されている邦訳の題名は『分裂分析的地図作成法』であるが schizo をスキゾと表記し、邦訳の題名を『スキゾ分析的地図作成法』と表記した。

(70) Emmanuel Lévinas.

(71) Emmanuel Lévinas, *Totalité et Infini*, Kluwer, Dordrecht, 1961. 邦訳として『全体性と無限』合田正人訳（国文社、１９８９年）、熊野純彦訳〔上・下、岩波書店（岩波文庫）、２００５年・２００６年）を参照した。

(72) このことについては、詳しくは別書において述べる。

(73) Marcel Proust.

(74) *À la recherché du temps perdu.* ここでは次の版を使用した。Gallimard, Paris, 1947. 邦訳としては、特に次のものを参照した。鈴木道彦訳〔全13巻、集英社（集英社文庫）、１９９６〜２００１年〕

(75) ヴァントゥイユの楽曲は、作者プルーストの創作であるが、サン・サーンス（1835〜1921）のヴァイオリンソナタ第一番（ニ単調）が、モデルの一つとなったと言われている。

(76) 前述のように、Gilles Deleuze, *Proust et les signes*, P.U.F., Paris, 1964,1970,1976. 略号を PS とした。邦訳として宇波彰著（法政大学出版局、１９７４年・１９７７年）を参照した。第三篇の註（3）で内容について触れた。

(77) PS7-20. 邦訳 P.3〜17.

(78) 邦訳（杉村昌昭訳）が後述の『三つのエコロジー』杉村昌昭訳（平凡社、２００８年）に所収されている。引用に際しては、論稿名『エコゾフィーの展望』を記した上で、所収されている状態での引用ページを記した。

(79) Félix Guattari, *Chaosmose*, Galilée, Paris, 1992. 邦訳として、宮林寛・小林秋広訳（河出書房新社、２００４年）を参照した。

(80) 『エコゾフィーの展望』p.113.

(81) 『エコゾフィーの展望』P.115.

(82) 『エコゾフィーの展望』P.116.

(83) traversée.

(84) 『エコゾフィーの展望』P.120.

(85) Félix Guattari, *Qu`est-ce que l'écosophie?* Textes presentés et agencés par Stéphane Nadaud, Lignes, Paris, 2013. 邦訳として『エコゾフィーとは何か』杉村昌昭訳（青土社、２０１５年）を参照した。引用は邦訳から行ない、著作名を記した上で引用ペ

ージを記した。『エコゾフィーとは何か』P.228.

(86) Félix Guattari, *Les trois écologies*, Galilée, Paris, 1989. 邦訳として『三つのエコロジー』杉村昌昭訳（平凡社、２００８年）を参照した。引用は邦訳から行ない、著作名を記した上で引用ページを記した。『三つのエコロジー』P.23.

(87)『三つのエコロジー』P.23.

(88)『エコゾフィーの展望』P.128.

(89) ガタリは「文化」ということにおいて「教育」ということについても主題化されるべきこととして述べている。

(90) ritournelle. もともとはイタリア語 (ritornèllo) であるが、音楽用語の「リフレイン」である。

(91)『エコゾフィーの展望』P.134.

(92)『エコゾフィーの展望』P.137.

(93) 註(86)を参照のこと。

(94)『三つのエコロジー』(P.72.) 意訳も含め、補足しながら訳し直した。

(95) Oury Jean,Psychiatrie et psychothérapie instituionnelle, Traces et configurations précaires, Préface de François Tosquelles, Lecques, Champ Social, Nîmes, 2001.『精神医学と制度精神療法』三脇康生監訳・廣瀬浩司・原和之訳（抄訳、春秋社、２０１６年）

(96) 邦訳 P.41.

(97) 邦訳 P.49~56.

(98) 邦訳 P.47.

(99) 邦訳 P.261.

(100) 特に次の著作を参照した。Jaakko Seikkula and Tom Erik Arnkil, Dialogical Meetings in Social Networks, Karnak Books, London, 2006.『オープンダイアローグ』ヤーコ・セイックラ、トム・エーリク・アーンキル著、高木俊介監修、岡田愛訳（日本評論社、２０１６年）。

総論に向けて

〔1〕フロイトをめぐって

フロイトによる「無意識」の主題化は思想史の流れを変えた。「無意識」の主題化は「出来事（事実）」の主題化ということでもあった。それぞれの「個人」において「苦痛（苦）」の「出来事（事実）」についての「経験」はどのような在り方を持つか？　たとえどのようにひどく悔やまれる「出来事（事実）」であっても、次々に様々な「現実」に直面するが故に〝気持ちを切り替える〟という在り方で「忘れる」。たとえば、そのようにして、「苦痛（苦）」の「出来事（事実）」の「記憶」を「意識」にのぼらないように「抑圧」する。しかし、実は、その「出来事（事実）」は、その「個人」において「無意識に」〝こだわらざるを得ない〟という在り方で〝はたらき続ける〟。そのようにして「トラウマ」としての在り方を持つ。そして「無意識」においての「抑圧」がはたらき、そうしたことが「作用」することにおいては、〝エネルギー〟の「消耗」が起きている。〝ひどい〟場合には病的な「心的症状」・「身体的症状」を惹き起こす。すなわち「神経症」を「発症」する。問題となっている「出来事（事実）」を〝忘れて〟そこから〝逃げる〟だけでは病的な「症状」がはたらくばかりであり、そのことがその「個人」において一定の「性格」さえも形成する。「神経症」に対してフロイトが求めたことは「自由連想」を行なうことによって、「抑圧」されている「出来事（事実）」を「意識」にのぼらせ、そうした「出来事（事実）」に対してどのようにせよ、その「個人」が自ら「対応」するということであった。そうしたことにおいて、フロイトは、実は、結局「自我」のはたらき、「理性」のはたらきを求めている。

　しかし、こうした「分析」において、フロイトはさらに、「人間」には〝エネルギー〟、言い換えるならば、言わば〝生命的エネルギー〟がはたらくということを主題化していた。フロイトは「欲動（Trieb）」という言い方をしているが、さしあたり端的には〝性的本能〟と言うべきことである。そうした「欲動」のはたらきにおいて、フロイトにとって「欲求」は欠如を充足させるという在り方を持ち、そして「欲望」は「欲求」の充足を前提としてより多くを欲するという在り方を持つ。そして、そうした在り方において、こうしたことがそれぞれの「個体」としての「個人」が〝生きようとする〟ということをはたらかせる。そして、そうした在り方において、「欲動」は「個体」としての「個人」において最も根源的なはたらきとして〝他のすべてのはたらきをのり越える〟ような在り方さえ持つが、フロイトは、まず「自我」さらに言えば「理性」がそうした〝生命的エネルギー〟にどれだけ〝対応する〟在り方ではたらくかが問われる、ということを言わんとする。

こうしてフロイトは、「無意識」、「出来事〈事実〉」、「欲動」といったことの主題化によって、思想史における「人間」観を転換させたが、フロイトには、さしあたり、「自我」さらに言えば「理性」への「信頼」が、もともとそうであったように、はたらき続けた。そして、そうした「自我」、「理性」への「信頼」において、「言語」そして「規範」といったことのはたらきを重視し、そのことを「自我」にはたらく「超 - 自我」という言い方で踏まえたが、そのことも「人間」観の転換という〝流れ〟を生む背景の一つとなった。

しかし、フロイトが、〝最も重要な〟「出来事〈事実〉」を、幼児期における〈「母親」・「父親」・子としての自分〉の「関係」をめぐること〈「エディプス・コンプレックス」〉についての「出来事〈事実〉」であるとし、あらゆる「抑圧」の基盤に「エディプス・コンプレックス」をめぐる「抑圧」としての「原 - 抑圧」がはたらくとする、ということにおいての、「人間」の「関係性」の、幼児期における〈「母親」・「父親」・子としての自分〉の「関係」への「還元主義」が問われる。

そして、次のことについての問題提起が求められる。

後期のフロイトにおける「理性」への「信頼」の〝揺らぎ〟をどのようにとらえるか?

フロイトは、「精神分析」の確立後、１９１４〜１９１８年、「第一次世界大戦」の渦中を生きる。

フロイトが驚愕したことは、まず、夥しい数の兵士たちが、戦場での凄惨な「出来事〈事実〉」に直面して「戦争ノイローゼ」としての過度の「神経症」に陥ったということであった。そのことは、「性的なこと」をもとに「欲動」をとらえる、ということだけでは済まないことを明らかにしていた。

そして、さらに、フロイトが、驚愕したことは、夥しい数の徴兵による〝にわか兵士〟たちが、もともと普通の一般市民であったにもかかわらず発揮する「残虐性」ということの「出来事(事実)」であった。フロイトは次のようにとらえた。「人間」には〝生きようとする〟「欲動」以外に、〝死のうとする〟「欲動」、言い換えれば「無機物」に〝帰ろうとする〟「欲動」(「死への欲動」)がはたらき、そうした自己への「攻撃欲動」が〝歪んだ〟在り方で「他者」への「攻撃欲動」としてはたらく。そして、フロイトが述べるに至ったことは、そのようにして「死への欲動」が「攻撃欲動」としてはたらくことには「理性」だけによっては対応できず(そして、対処できず)〝通常の〟「欲動」(区別して言うならば「生への欲動」)を〝強く〟〝前向きさ〟においてはたらかせ対抗する(そして、対処する)必要がある、ということである。そして、フロイトは、西洋文明を次のように問う。「キリスト教」において究極の「道徳」とされる「あなたの敵を愛しなさい。」といったことを頂点とする〝キリスト教的「規範」〟は、「抽象的な」「理想化」に基づいた、解釈が分かれる「命令」の、従い切れない「強制」としての在り方を持つ。そして、そのことは、ともすると、西洋文明の〝伝統〟としての「罪」意識(「罪責感」)を〝神経症的に〟そして、さらには〝心的歪みにおいて〟はたらかせる。そのことは、皮肉にも、ともすると「攻撃欲動」への〝後押し〟ともなる。こうした心的〝からくり〟をとらえ、踏まえる必要がある。しかし、フロイトは、そのことについて、あらためて、「個人」ごとに「理性」が行なうとも述べる。しかし、フロイトは、次のことこそを述べる。

「人々」にはたらく心的〝からくり〟を〝見抜き〟踏まえることを、「人間」としての〝深み〟としてとらえる。そして、そうしたことにこそ基づく、〝絶えず〟「生への欲動」の〝前向きさ〟においてはたらく、新たな「文化」の展開を求める。

〔2〕ラカンをめぐって

後期のフロイトは、「規範」が「理想命令」としての在り方を持つ場合の問題を問うた。しかし、もともとフロイトは、「規範」は決定的な在り方としては、「個人」において幼児期における「エディプス・コンプレックス」をめぐる「抑圧」をもとにはたらき始め、そのことによって「自我」における「規範」に基づく「制御」が形成されていくことを述べた。そして、「規範」のはたらきは「言語」の習得も前提とするということも述べた。そして、やがて、「自我」における「制御」のはたらきについて「超‐自我」という言い方をするようになる。

そのようにして、それぞれの「個人」において「言語」、そして「規範」に基づいて、「個人」としての「統合性」がはたらく。ラカンは、フロイトのこうした「人間」観を継承しつつ、そうしたことについて「象徴界」がはたらくという言い方をした。そして、そのことが、「自我」が「確立」した在り方をもたらすとした。そして、「象徴界」が「統合性」をはたらかせる、ということの主題化に基づき、そのことが〝壊れる〟ということとして、「統合失調症」としての「精神病」を明らかにした。

ラカンはもともと、フロイトが「自我」の「発生」として述べていた〈幼児の〝自己〟の外部(「環境」)についての目覚め〉を、〈幼児が自分の「鏡像」を自分としてとらえることが、外部(「環境」)と〝自己〟との「分節」をもたらすこと〉であるとする「鏡像段階」論によって、その〝思想〟を出発させた。

ラカンは、それぞれの「個人」において「自我」の「発生」が起きることが「鏡像段階」においてであることから、〝他なるもの〟(「他者」)に〝自己〟におけることを「投影」させてとらえる、ということが、〝他者愛〟としてはたらき続け、ともすると「他者愛」が「自己愛」にとどまり、〝自己〟にとって《「実在」としての「他者」》が、はたらき難い、ということ、そして、そのようにして「他者」論が〝自己〟論にとどまる、ということの問題を提起した。

そして、ラカンは、「鏡像段階」論によって、「自我」の「発生」において、幼児は、まず「イメージ(イマージュ)」の「世界」(「想像界」)に生きる、ということを明らかにし、そして、さらに、「自我」の「確立」が、「言語」・「規範」といったことの「世界」(「象徴界」)に入る、ということであることを、とりわけ主題化した。そして、やがて、「象徴界」を越え、さらには「想像界」をも越える在り方で「出来事(事実)」がはたらく、といったことについて、「現実界」という言い方で主題化する。

そして、ラカンは、「象徴界」・「想像界」・「現実界」の不可分な「結び付き」(「ボロメオ結び」)において、それぞれの「個人」をとらえる。そして、最後期においては、小説家ジェームズ・ジョイスが「ボロメオ結び」を前提としながら「言語表現」が〝壊れる〟ギリギリのところで作品を書き「精神病」となることを回避し続けた、ということについての主題化へと向かう。

そして、ラカンは、「対象a」や「シェーマL」といったことの議論によって、あらためて「想像界」を主題化しようとした。そして、「現実界」が〝際立って〟はたらく在り方で「ボロメオ結び」をどうはたらかせるかといった議論をも行なっていた。

しかし、そうした展開を踏まえる必要があるにせよ、ラカンの「思想」における実質的な中心は、やはり、それぞれの「個人」が「象徴界」に基づいて「統合性」をはたらかせることであるとも言わざるを得ない。そして、繰り返し述べるまでもなく、ラカンは、フロイトを継承し、「象徴界」、すなわち「言語」・「規範」といったことの「世界」は、それぞれの「個人」において「エディプス・コンプレックス」をめぐる「抑圧」が起きることをもとにはたらき始める、と述べていた。そうしたことによって、ラカンには、やはり、「個人」の、〈「母親」・「父親」・子としての自分〉という「エディプス三角形」への「還元主義」がはたらく。

「精神病」への問いにおいて、「象徴界」が「統合性」をはたらかせる、ということを主題化する必要がある。しかし、そうした主題化は、それぞれの「個人」にとって〝内向き〟の在り方においてはたらく。そのことは「他者」ということについて扱いにくくさせる。「他者」論をどうはたらかせるかが課題であり続ける。

しかし、次のことを述べる必要がある。

ラカンにとっては、「欲望」はとりわけ「他者」の「欲望」に「応答」することを「欲望」するということの「循環的」在り方を持つ。それは、「他者」において「要求」としてはたらく「欲求」に「応答」することによって「他者」から「承認」されることを〝欲する〟ということとしての「欲望」を、「他者」と互いにはたらかせ合う、ということにおいて「欲望」がはたらく、ということである。「欲望」の、一定の在り方に〝限定された〟主張であるとは言え、ラカンは、こうした「他者」論を、もともと前提としていた。そして、この主張が、「欲望」論であることによって、ラカンは、フロイトが〝生命的エネルギー〟としての「欲動」が〝基盤〟である、としていたことを、一定の在り方で〝踏み込んで〟継承し、こうした「他者」論へと展開させていた、と言える。

しかし、ラカンには、「エディプス三角形」という一定の〝枠組み〟（〝構造〟）の中でとらえる、ということが付きまとう。それどころか、そのことは前提とされる。このことが問われる。

その一方で、ラカンは、「現実界」の主題化、そして、「ボロメオ結び」の主題化へと〝突き進んだ〟。そのことの〝とらえ返し〟が求められる。

〔3〕ドゥルーズをめぐって

「言語」・「規範」といったことが「構造的」在り方において「自我」を「制御」し「統合性」をはたらかせることについてはフロイトが「超自我」という言い方で、明らかにした。ラカンはその主張を踏まえ、「象徴界」がはたらく、ということとして継承・展開させた。そして、ラカンは、

〈「象徴界」→「統合性」〉が壊れることとして、「統合失調症」としての「精神病」を明らかにした。

『アンチ・オィディプス』はドゥルーズとガタリの共著であるが、この著作の主張をドゥルーズの主張という言い方をするならば[1]、次のように述べることができる。

ドゥルーズは「統合性」ということを「人類史」に基づく「社会」ということの視点に基づいてとらえる。「人類史」において「土地」所有が始まって以降、「封建制度」を典型とする「土地」所有に基づく「制度」とそれに基づく「規範」(さらには「文化」)が人々にそれぞれ、「統合性」をはたらかせ、さらには「身分制度」等に基づく「政治権力」がしばしば「皇帝」や「国王」を頂点としてはたらき、そのことに基づく「制度」とそれに基づく「規範」(さらには「文化」)が「統合性」をはたらかせて来た。すなわち、そのようにして、一定の歴史的な社会的現実において、「土地」をめぐること、そして「政治権力」をめぐることが人々にそれぞれ、「統合性」をはたらかせて来た。しかし、「資本主義経済システム」の形成は、そのことに基づく「商品経済」の担い手であるだけで生きることができる、という在り方で、「個人」を解放した。そのことは、従来の「土地」所有や「政治権力」に基づく「統合性」を壊した。そうしたこととしての「脱コード」を惹き起こした。そのことは、実は、人々を「社会的」在り方で「統合失調症」の状態にしたという言い方ができる。そうした状態の者として、人々を、ドゥルーズは「スキゾ」と呼んだ。このことは、端的に、「利潤追求の原理」としての「公理系」が、従来において「人類史的」在り方を持って来た「統合性」を壊したということである。しかし、「利潤追求の原理」は不可避にはたらき続けるという在り方で実は一定の「統合性」をはたらかせる。すなわち、「統合性」を壊すものが、実は一定の「統合性」をはたらかせる。しかし、そうした「公理系」を、人間は貨幣（金《かね》）だけでは済まないという人間の奥底からはたらく思いが、「相対化」する。そして、「公理系」に基づく「統合性」を「相対化」する。それは、それぞれの「個人」において、「公理系」を壊すということが起きる、ということである。そのことは、それぞれの「個人」に、さらなる「スキゾ」としての在り方をはたらかせる。すなわち、それぞれの「個人」に、「スキゾ」であることに、さらなる「スキゾ」であることが伴なうようにする。

　こうしてドゥルーズは、それぞれの「個人」に「資本主義経済システム」が「人類史的に」「革命的」であることを踏まえながら、「資本主義経済システム」をも「相対化」する立場に立つこととして、「スキゾ」そして、さらなる「スキゾ」であることが伴なう「スキゾ」、であることを求める。

　ドゥルーズは、こうした主張を、フロイトが言う「超‐自我」、ラカンが言う「象徴界」についての主張を「社会的」視点に立って、つくり直すことによって、述べる。そして、「社会的」視点に立つことは、それぞれの「個人」が不可避に「社会」に生きるが故に不可欠である、ということによって、フロイト・ラカンを批判する。そして、ドゥルーズは、フロイト・ラカンが、結局「エディプス・コンプレックス」をめぐる「抑圧」を、「原‐抑圧」という言い方をしながら究極の前提とする、ということに基づいて、〈「母親」・「父親」・子としての自分〉の「エディプス三角形」への「還元主義」に陥っている、として批判する。

そして、ドゥルーズが基づく「社会的」視点は、それぞれの「個人」を様々な「社会的」〝有機的全体〟としての〝社会的装置〟と不可分に一定の「生命的状態」をつくり出している、というとらえ方をする。そして、そうした「生命的状態」としての〝社会的装置〟を「マシン(machine)」という言い方をする。「資本主義経済システム」は「資本主義経済マシン」である。後述するような、ドゥルーズがとりわけ主題とする「文化」論における例を述べるならば、たとえば、「文学」は「文学マシン」をはたらかせ、そして、広義の「芸術」は広義の「芸術マシン」としての在り方を持つ。そして「欲望」について述べるならば、それは単に「個人」においてはたらいているのではなく、それぞれの「個人」と不可分な在り方でそれぞれの「マシン」において例外なく、「生産的」という在り方ではたらいている。そうしたことにおいて、フロイトが述べていた〝生命的エネルギー〟としての「欲動」は、それぞれの「個人」が「マシン」と不可分に生きるということにおいてこそはたらく、という在り方で展開させてとらえることができる。

ドゥルーズにとって、それぞれの「個人」は、「スキゾ」、そして、さらなる「スキゾ」であることを伴なった「スキゾ」である。そうしたことを〝原型〟とした「人間分析」としての「スキゾ分析」が求められる。そして、ドゥルーズは、「スキゾ」、そして、さらなる「スキゾ」であることを伴なった「スキゾ」によって求められることが、新たな「文化」の「創造」であると述べる。どのような「文化」なのか？　次のことに基づいている。「象徴界」としての「統合性」を「社会的に」〝壊す〟こととしての、（1）「人類史的な」「コード」の「脱コード」（「土地」所有をめぐる「支配」、そして「政治権力」による「支配」の、「資本主義の経済原理」に基づく「相対化」）、そして（2）「資本主義の経済原理」のそれ自体としての「相対化」、としての「脱コード」が、はたらくことによって、「想像界」・「現実界」、「欲動」が、二重に〝解放〟される、ということが起きる。そうした在り方において、「イメージ（イマージュ）」・「出来事（事実）」、「欲望」（狭義の、そして、どのようにせよ広義の、端的に「欲望」）を踏まえる、ということが、二重にはたらく。そうした立場から、ドゥルーズは、スピノザ、ライプニッツ、ヒューム、ベルクソン、ニーチェなどの再評価としての「思想史」に〝こだわった〟「思想」論・「文学」論など、さらに、そのことに基づいて、「映画」論、「絵画」論、「演劇」・「舞踏」論などを展開させ、そして、『ミル・プラトー』においては「人類史的な」「出来事（事実）」の主題化を行なっていた。そして、さらに、『哲学とは何か？』においては、「概念」を、「出来事（事実）」に根ざした「イメージ（イマージュ）」に基づく、ということとしてとらえること、等々によって、「哲学」ということの、〝全体像〟に至までのとらえ直しを提起した。

　そして、ドゥルーズは、次のことを求める。

「現代」を〈生きる〉者として、「現代社会」を〝担う〟者として、自らが、「社会的」「スキゾ」、そして、さらなる「社会的」「スキゾ」であることを伴なった「社会的」「スキゾ」であること、さらには、場合によっては、どのようにせよ「精神医学」上の「スキゾ」でさえあることを踏まえる。

そして、そうしたことの一方において、自らが、どのようにせよ「スキゾ」ということの〝マジョリティー〟を〝構成する〟ことの故に持つ〝驕り〟を、恥じ〔「恥辱（恥）」〕をはたらかせ、踏まえる。

そうしたことをも踏まえ、〝根底的な〟在り方で「文化」を担う。

〔4〕ガタリをめぐって

ガタリの「思想」の核心は、彼が、フランス中部ブロワにおいて〝独特な〟「精神医療」の「実践」を行なっていたジャン・ウリが創設したラ・ボルド病院において「精神医療スタッフ」として勤務したことに基づいている。ガタリはもともとラカンに学び、「統合失調症」としての「精神病」が、それぞれの「個人」における「象徴界」に基づく「統合性」が〝壊れる〟ことであるととらえている。しかし、ラカンの、フロイトの「自由連想法」の延長においての、患者との1対1の「関係」に基づく「治療法」では「精神病」の「治療」を〝行ないようがない〟ということを実感した。ガタリがラ・ボルド病院においてともに「実践」した「精神医療」が基づく立場は、次のことである。

「統合性」が〝壊れている〟ことからの回復は、「統合性」ということがそもそも「言語」・「規範」といったことに基づくこととして「社会性」と言うべきことであるが故に、「社会性」の回復にこそ基づく。

ガタリがともに「実践」したことは、病院を、患者、医師、看護師はもちろん、すべての「精神医療スタッフ」、すべての職員、さらには出入りするすべての人が「精神医療」〝コミュニティー〟を担い合うということである。そして、患者は一人一人それぞれの在り方は異なるにせよ「作業」や「創作」の「実践」などを〝コミュニティー〟の一員として行なう。そうしたことに基づく「精神療法」を、〝コミュニティー〟を「制度(institution)」と呼ぶことによって、「制度的精神療法」と呼んだ。

この主張は、ドゥルーズと共有した次のことの主張の〝原型〟になったと言える。

それぞれの「個人」は、「マシン(machine)」という言い方ができる様々な「社会的」〝有機的全体〟と不可分に一定の「生命的状態」をつくり出している。

そして、こうしたことの立場に立つことによって、ガタリの「人間」観は、ラカンのように、「エディプス三角形」に基づくという在り方での「個人」ごとに「人間」をとらえ、「現実界」が「出来事(事実)」を通して〝垣間見える〟ような在り方で《「実在」としての「他者」》をとらえる、ということにはまったくとどまらない。「他者」は〝コミュニティー〟においてその「実在」が「実感」されている、という在り方で、最初から前提とされている。そうしたことにおいて、ガタリにとってとりわけ主題となることは、《「実在」としての「他者」》との「関係」がどのような在り方を持つか、ということである。そして、ガタリは、〝コミュニケーション行為〟として「表明行為(énonciation)」をも主題化する。

すなわち、(1)「言語行為」論が扱うような「言語行為」を一定の中心としながらも、そのことだけにはとどまらない、一つの発声音に至るまでのことに基づく「言語行為」。(2)様々な「表現方法」：その1、「声」においての、「強調(アクセント)」・「抑揚(イントネーション)」など、その2、「手振り・身振り」等(「ボディーランゲージ」)など、(3)もともとレヴィナスが主題化していた「顔」のはたらき(「顔貌性(visageité)」)、といったことを主題化する。

すなわち、ガタリは、こうした「表明行為」をも伴なう〝コミュニケーション行為〟が、《「実在」としての「他者」》との「関係」をつくり出すことを求める。そして、「互いに染み込む(浸透し合う)とも言うべきこと、すなわち、「オスモーズ(osmose)」がはたらくことを求める。

ガタリは、「個人」が「実在」として〝唯一無二〟の在り方を持つ者(「特異性(singularité)」)同士であることとしての「カオス(chaos)」が「互いに染み込む(浸透し合う)とも言うべきこと(オスモーズ(osmose))」にも基づいて一定の「秩序(cosmos)」としてつくり出す〝コミュニティー〟を、「カオスモーズ(chaosmose)」と呼ぶ。そして、そうしたことに基づく「生命的状態」、端的に「生態」を「エコ(eco)」と呼び、そうしたことの展開、そして、その「思想」を「エコロジー(écologie)」と呼ぶ。そして、そのことの「人間」、「社会」、「自然」においての展開の総体、そして、その「思想」の総体について、造語であるが「エコゾフィー(écosophie)」、すなわち「生態哲学」と呼ぶ。

既にドゥルーズの主張として述べたが、ドゥルーズ・ガタリは、次のことを述べた。

「資本主義経済システム」(さらに言えば「資本主義経済マシン」)が「人類史的に」「革命的に」はたらく。そのことがはたらきながらも、〈「資本主義経済システム」(さらに言えば「資本主義経済マシン」を相対化することがはたらくそれぞれの「個人」〉は、まず「スキゾ」となり、さらに、さらなる「スキゾ」であることを伴なう「スキゾ」となる。

ガタリは、次のことを述べる。

「資本主義経済システム」(さらに言えば「資本主義経済マシン」)を踏まえつつも、さらに相対化する、ということが、さらなる在り方で、起きる。それは、「新たな価値」がはたらくことによってである。「新たな価値」は、「エコゾフィー(生態哲学)」へと収斂する。そうした「新たな価値」がつくり出す〝絆〟としての「社会性」によって、〝人々〟は「スキゾ」であること〝越える〟。

ガタリは、〝人々〟が「スキゾ」であることを〝越える〟ということを踏まえる。ということによって、「スキゾ分析」のさらなる展開を求める。そして、「スキゾ」ということを「人間分析」の〝原型〟とする「スキゾ分析」のさらに展開させることとして、〝コミュニティー〟という意味での「制度」のはたらきを踏まえた「スキゾ分析」を「制度的分析」と呼び、それを求める。

次のことを述べることができる。

ガタリの「生命的状態(生態)」を求める「思想」は、フロイト以来の〝生命的エネルギー〟としての「欲動」の主題化の「思想」を、そのようにして、次元を変えた在り方でさらに展開させる。

あらためて、左記のことを述べておきたい。

ガタリが求める、「主体」たちが「互いに染み込む(浸透し合う)」こと(「オスモーズ」)にさえ基づく〝コミュニティー〟、すなわち「カオスモーズ」は、次のような在り方を持つ。

「人間」、「社会」、「自然」を主題とした在り方で、「表明行為」をも伴なう〝コミュニケーション行為〟によって「主体」たちが「連帯」をつくり出す。

そして、そうしたことにおいて、「生態であること」が、いくつもの次元において、はたらく。

なお、「総論に向けて」における「問題提起」を引き継いだ議論を、後述の「後記」において、行なった。

註

（1） 第三篇においては、さらに、『ミル・プラトー』、『哲学とは何か?』などのドゥルーズ・ガタリの共著における主張を、ガタリの〝本領〟である「精神医療」からの〝遠さ〟から、言い方の上で、ドゥルーズの主張という言い方をすることによって議論を行なった。

後記

本書で取り上げた4人の思想家について、あらためて、それぞれ、左記のような「問題提起」を行なっておきたい。

1．フロイトをめぐって

(1)

フロイトは、「第一次世界大戦」(1914～1918)において、戦場における悲惨な**「出来事(事実)」**を経験した兵士たちが「戦争神経症(戦争ノイローゼ)」に陥ることに直面し、「性的なこと」を中心とした「人間」観を修正することを余儀なくされた。フロイトにとっての「出来事(事実)」のはたらきについての実感は、ラカンが述べる「現実界」の主張の一定の背景ともなる。そうしたことを、どのようにとらえるか？

(2)

フロイトは、「罪責感(罪意識)」と「生への欲動」の〝バランス〟をとったはたらき方を求める、ということによって、**「一神教」が持つ〝発想のパターン〟の限界を問う。**そうしたことを、どのようにとらえるか？

2. ラカンをめぐって

（1）**「言語」の「世界」としての在り方を、とりわけ持つ「象徴界」が、それぞれの「個人」における「統合性」をはたらかせると述べるほどの、**「言語」を中心とした、ラカンの「人間」観は、「言語」分析を′至上化′する、英米系の中の一定の「思想」（「分析哲学」）を′後押し′する面さえ持つ。あるいは、「規範」重視の「普遍主義」を′後押し′する面をも持つ。しかし、ラカンの場合、そうしたことだけにはとどまらず、さらに「想像界」、「現実界」、〈「欲動」→「欲望」〉といったことをも主題化する、ということが、′単なる′「言語」重視の立場の〝梯子をはずす〟という在り方を持つ。その一方で、そのようにまでの主張をしていても、「社会」への′視野がはたらかない′ということが、ラカンの限界となっている。そうしたことを、どのようにとらえるか？

（2）

ラカンは、′自己′が、どれほど「他者」との「関係」に生きざるを得ないかを、′他者からの承認′ということの次元において述べるが、そうした「他者」が、′自己′にとって「鏡像」としての在り方を持たざるを得ない、ということを述べることによって、′自己′論に回帰する。しかし、そのように′自己′論の中にとどまらざるを得ない、ということの一方において、**「出来事（事実）」のはたらきとしての「現実界」**が′穴をあける′ということを述べることによって、ラカンの議論は、「他者」論をめぐって′自己′論のまわりを′もがく′ような在り方を持つ。しかし、どのようにせよ、一方において、「出来事（事実）」のはたらきが主題化される。そうしたことを、どのようにとらえるか？

3．ドゥルーズをめぐって

（1）

ドゥルーズは、ラカンが述べていた〈「象徴界」＝「統合性」〉が、〝資本主義経済マシン〟においては、二重に「相対化」されることによって、〝人々〟が二重に「社会的」「スキゾ」であることを明らかにした。そして、ドゥルーズは、生涯をかけて、そうしたことに基づく**「文化」**の展開を、「思想史」研究、「文学」論などにおいて、さらに、そうしたことに基づき、「映画」論、「絵画」論、「演劇」・「舞踏」論などにおいて試みた。そうしたことを、どのようにとらえるか？

（2）

ドゥルーズが言う**「スキゾ分析」**は、〝人間分析〟をめぐる「精神分析」からの〝転換〟としての在り方を持つ。そのことは、さらには、ガタリが述べる「制度的分析」を伴なう。そうしたことを、どのようにとらえるか？

そして、ドゥルーズは、「現代社会」において、人々が、「スキゾ」であることにはたらく〝多数派〟の慢心を「恥辱（恥）」として、自らを問わざるを得ない、ということを述べる。そして、さらに、二重に「社会的」「スキゾ」であることを、〝深め〟、展開させることにおいて、「文化」を担い、「社会」を担う、ということを求める。そうしたことを、どのようにとらえるか？

4．ガタリをめぐって

(1)

ガタリの「思想」の核心は、「ラ・ボルド病院」の〝コミュニティー〟としての「運営」が「社会性」としての「統合性」を〝回復〟させる、ということの「精神医療スタッフ」としての「経験」、すなわち、そうした「制度的精神療法」についての「経験」であり、そのことを〝原像〟とすることに基づき、「生命的状態(生態)」の「思想」を、とりわけ「カオスモーズ」としての〝コミュニティー〟についての「思想」に基づく、という在り方で展開させる、ということである。そして、「複雑系」といったことをも視野に入れている。しかし、社会的「連帯」をこそ主張する。そうしたことを、どのようにとらえるか？

(2)

ガタリは、とりわけ、次のことに基づいて「現代思想」の提起を行なう。そうしたことを、どのようにとらえるか？

①視野を〝ミクロ的〟にさえはたらかせることに基づく、「人間」の「実存」についての「特異性」としてのこだわり。

②「表明行為」を伴なう〝コミュニケーション行為〟の、「言語行為」論をどのよにせよ一定の支柱とした〝言語的コミュニケーション〟から、「言語」の次元だけにはとどまらず、レヴィナスにも学んだ「顔」〔「顔」のはたらき(「顔貌性」)〕をも踏まえた〝コミュニケーション行為〟に至るまで、という内容を持った

在り方を踏まえ、そのことに基づくという在り方で、「連帯」を求め、「社会」を展望する、ということ。
③「生態学（エコロジー）」を、「人間」、「社会」、「自然」を〝結び付けた〟「生態哲学（エコゾフィー）」として展開させること。

「はじめに」でも述べたように、本書の〝出発点〟となった著述は、著者の勤務先の大学で、西洋思想史における代表的な思想家の「思想」について、学生諸君に、そうした「思想」が持つ、問うべきテーマについて、それぞれの思想家の全体像を踏まえながら考えてもらうために著述したものの一部である。具体的には、２００４年以降、現在に至るまで、東京学芸大学、続いて専修大学での授業において、蓄積、改訂を続けて来た論稿をもとにしている。「現代思想」を扱う場合には、アメリカ系を〝中心〟に英米系、フランス系、ドイツ系という区分において話すことが多かったが、そのうちのフランス系の「現代」におけることとして話したことの一部をもとにしている。

授業においては、テーマとしたことの検討に向け、しばしば同様な内容の繰り返しも行なった。そうした書き方を、本書は、記述がくどくなるが、かなり残した。その理由は、二つある。一つは、そうした書き方によっても、強調する、ということが、含みを込めざるを得ないポイントについての、僭越ながら、個別的な問題提起になる、思えたということである。もう一つの理由は、やはり僭越ながら、そのことが、「はじめに」においても述べたような、本書が意図した、次のような問いをめぐることとの一端になる、ということとの思いからである。

「現代思想」は、それぞれに、「現代」に対して、そもそも、どのように「現代的」なのか？　「現代思想」は、それぞれに、どのようにせよ、一定の〝結果〟を出している。そのことは、どのように、そうであるのか？

「初出について」において述べましたように、直接に初出となった論稿はありませんが、発想において結び付く論稿は、２００８年から２０１１年にかけて専修大学『文研論集』の第51号から55号において発表させて頂きました。当時、発表に際しては専修大学の貫成人先生にお世話になり、また、論稿の著述において、専修大学の故大庭健先生、金子洋之先生にお世話になりました。また、東京学芸大学では、荒井洋一先生を初めとして欧米文化研究専攻の先生方や多くの先生方、そして学生諸君にお世話になりました。また、専修大学においては、哲学科の各先生方を初めとして、各学部にわたっての多くの先生方、職員の方々、そして学生諸君にお世話になっています。電気通信大学名誉教授・前専修大学教授の故林田新二先生からの学恩は絶えず研究の支えとなっています。また、前早稲田大学教授の高橋順一先生からは、ご在職中、拙著をまとめるにあたり原書をそろえ確認し直すことにおいて長きにわたりご支援を頂きました。皆様に、深く感謝致しお礼申し上げます。出版に際しては、彩流社の河野和憲さんにお世話になりました。厚くお礼申し上げます。

金子淳人

２０２３年３月

初出について

本書には直接に初出となる発表論稿はないが、発想において一定の起源ともなった発表原稿が複数ある。左記の通りである。

『ジャン - リュック・ゴダールの「映像作品」は、どのように〈現代哲学〉なのか?──「映像は、どのように〈現代的〉であるのか?」』専修大学『文研論集』第51号、2008年3月

『ドゥルーズにとって、〈現代芸術〉とは、どのようなことか?──〈ドゥルーズ - ガタリ〉と、ドゥルーズは、どのように異なるのか?』専修大学『文研論集』第52号、2008年10月

『ドゥルーズは、「芸術」において、どのようにして〈オペラ〉へ向かうのか?──ドゥルーズにとっての「後期ゴシック」、「ヴェネツィア派」、そして「オペラ」』専修大学『文研論集』第53号、2009年3月

『フッサール〈以後〉〈ポスト・フッサール〉をどのように展望するのか?──現象学と〈事実〉(上)』専修大学『文研論集』第54号、2010年3月

『フッサール〈以後〉〈ポスト・フッサール〉をどのように展望するのか?──現象学と〈事実〉(下)』専修大学『文研論集』第55号、2011年3月

参考文献表（第一次文献の中の特に主要なものに絞って掲載した。）

Husserl, Edmund（フッサール）

——, Husserliana Band VI: Die Krisis der europäischen Wissenschaften und transzendentale Phänomenologie. 『ヨーロッパ諸学の危機と超越論的現象学』細谷恒夫・木田元訳、中央公論社。

——, Husserliana Band XIII: Zur Phänomenologie der Intersubjektivität I

——, Husserliana Band XIV: Zur Phänomenologie der Intersubjektivität II

——, Husserliana Band XV: Zur Phänomenologie der Intersubjektivität III 部分訳『間主観性の現象学　その方法』、『間主観性の現象学Ⅱ　その展開』、『間主観性の現象学Ⅲ　その行方』浜渦辰二・山口一郎監訳、筑摩書房（ちくま学芸文庫）。

Freud, Sigmund（フロイト）

——, von Breuer und Freud（Breuerとの共著）, Studien über Hysterie, Deuticke, Leipzig und Vienna, 1895. 『ヒステリー研究』、『フロイト全集』新宮一成・鷲田清一・道籏泰三・高田珠樹・須藤訓任編集（岩波書店）第2巻所収。

——, Die Traumdeutung, Deuticke,Leipzig und Wien, 1900. 『夢解釈（夢判断）』、『フロイト全集』（同右）第4巻・第5巻所収。

——, Zur psychopathologie des Alltagsleben, Monatsschr, Psyiat, Neurolog, 10, (1) 1-32, (2) 95-143, 1905, 8, Aufl., Internationaler Psychoanalytischer Verlag, Leibzig, Wien, Zürich, 1922. 『日常生活の精神病理学』、『フロイト全集』（同右）第7巻所収。

——, Drei Abhandlungen zur Sexualtheorie, Deuticke, Leipzig und Wien, 1905. 『性欲論三篇（性理論三篇）』、『フロイト全集』（同右）第6巻所収。

——, Totem und Tabu, Heller, Leipzig und Vienna, 1913. 『トーテムとタブー』、『フロイト全集』（同右）第12巻。

——, Die Verdrängung, Int. Z. psychoanal., 3(3), 129-138, 1915. 『抑圧』、『フロイト全集』（同右）第14巻所収。

——, Vorlesungen zur Einführung in die Psychoanalyse, Heller, Leipzig und Vienna, 1917. 『精神分析入門講義』、『フロイト全集』（同右）第15巻所収。

——, Jenseits des Lustprinzips, Internationaler Psychoanalytischer Verlag, Leipzig, Vienna und Zürich, 1920. 『快原則の彼岸』、『フロイ

ト全集』（同右）第17巻所収。

——, Das Ich und das Es, Internationaler Psychoanalytischer Verlag, Leipzig, Vienna und Züurich, 1923. 『自我とエス』、『フロイト全集』（同右）第18巻所収。

——, Die Zukunft einer Illusion, Internationaler Psychoanalytischer Verlag, Leipzig, Vienna und Zürich, 1927. 『ある幻想の未来（ある錯覚の未来）』、『フロイト全集』（同右）第20巻所収。

——, Das Unbehagen in der Kultur, Internationaler Psychoanalytischer Verlag, Leipzig, Vienna und Zürich, 1930. 略号UB. 『文化への不満（文化の中の居心地悪さ）』、『フロイト全集』（同右）第20巻所収。

——, Neue Folge der Vorlesungen zur Einführung in die Psychoanalyse, Internationaler Psychoanalytischer Verlag,Leipzig, Vienna und Zürich, 1933. 『続・精神分析入門講義』、『フロイト全集』（同右）第21巻所収。

——, Warum Krieg?, Internationales Institut für Geistige Zusammenarbeit (Völkerbund), Paris, 1933. 『戦争はなぜ?』、『フロイト全集』（同右）第21巻所収。

——, Der Mann Moses und die Monotheisistische Religion:Drei Abhandlungen 1,Allert de Lange, Amsterdam, 1939 (1934-38). 『人間モーセと一神教（モーセという男と一神教）』、『フロイト全集』（同右）第22巻所収。

Lacan, Jacques（ラカン）

——, De la psychose paranoïaque dans ses rapports avec la personnalité, Le François, Paris, 1932. 『人格との関係から見たパラノイア性精神病』宮本忠雄・関忠盛訳（朝日出版社、１９８７年）。

——, Écrits, Seuil, Paris, 1966. 『エクリ』宮本忠男・佐々木孝次他訳（Ⅰ・Ⅱ・Ⅲ、弘文堂、１９７２年・１９７７年・１９８１年）。

——, Le Séminaire, Livre I: Les écrits techniques de Freud ,1953-1954, Seuil, Paris, 1975. 『フロイトの技法論』小出浩之・鈴木國文・小川豊昭・南淳三訳（上・下、岩波書店、１９９１年・１９９１年）。

——, Le Séminaire, Livre II: Le moi dans la théorie de Freud et dans la technique de la psychanalyse, 1954-1955, Seuil, Paris, 1978. 『フロイト理論と精神分析技法における自我』小出浩之・鈴木國文・小川豊昭・南淳三訳（上・下、岩波書店、１９９８年・１９９８年）。

——, Le Séminaire, Livre III: Les psychose, 1955-1956, Seuil, Paris, 1981. 略号SIII. 『精神病』小出浩之・鈴木國文・川津芳照・笠

原嘉訳（上・下、岩波書店、１９８７年・１９８７年）。

——, Le Sémimaire,Livre IV: La relation d'objet 1956-1957,Seuil, Paris, 1994.『対象関係』小出浩之・鈴木國文・菅原誠一訳（上・下、岩波書店、２００６年・２００６年）。

——, Le Sémimaire, Livre V: Les formations de l'inconscient, 1957-1958, Seuil, Paris, 1998.『無意識の形成物』佐々木孝次・原和之・川崎惣一訳（上・下、岩波書店、２００５年・２００６年）。

——, Le Sémimaire, Livre VII: L'éthique de la psychanalyse, 1959-1960, Seuil, Paris, 1986. 略号 SVII.『精神分析の倫理』小出浩之・鈴木國文・保科正章・菅原誠一訳（上・下、岩波書店、２００２年・２００２年）。

——, Le Sémimaire, Livre VIII: Le Transfert, 1960-1961, Seuil, Paris, 1991, 2001（第２版）.『転移』小出浩之・鈴木國文・菅原誠一訳（上・下、岩波書店、２０１５年・２０１５年）。

——, Le Sémimaire, Livre X: L'angoisse, 1962-1963, Seuil, Paris, 2004.

——, Le Sémimaire ,Livre XI: Les quatre concepts fondamentaux de la psychanalyse 1963-1964, Seuil, Paris, 1973.『精神分析の四基本概念』小出浩之・新宮一成・鈴木國文・小川豊昭訳（岩波書店、２０００年）。

——, Le Sémimaire, Livre XVII: L'envers de la psychanalyse 1969-1970, Seuil, Paris, 1992.

——, Le Sémimaire, Livre XX: Encore 1972-1973, Seuil, Paris, 1975.

Lévinas, Emmanuel（レヴィナス）

——, Totalité et infini,Kluwer, Dordrecht,1961.『全体性と無限』合田正人訳（国文社、１９８９年）。熊野純彦訳〔上・下、岩波書店（岩波文庫）、２００５年・２００６年〕。

——, Aurement qu'être ou au-delà de l'essence, Kluwer, Dordrecht, 1974.『存在の彼方へ（存在するとは別の仕方で）』合田正人訳〔講談社（学術文庫）、１９９９年〕。

——, De l'existence à l`existant, J. Vrin, Paris, 1947.『実存から実存者へ』西谷修訳〔講談社（学術文庫）、１９９６年〕。

——, Les inprévus de l'historie, Fata Morgana, Saint-Clément-la-Rivière, Paris, 1994.『歴史の不測』合田正人・谷口博史訳（法政大学出版局、１９９７年）。

——, Entre nous, Éditions Grasset et Fasquelle, Paris,1991.『われわれのあいだで』合田正人・谷口博史訳（法政大学出版局、１９９３年）。

——, La théorie de l'intuition dans la phénoménologie de Husserl, Félix Alcan, Paris, 1930.『フッサール現象学の直観理論』佐藤真理人・桑野耕三訳（法政大学出版局、１９９１年）。


Deleuze, Gilles（ドゥルーズ）

——, et Guattari, Félix, L'Anti-Œdipe: Capitalisme et schizophrénie, Minuit, Paris, 1972. 略号 AŒ.『アンチ・オイディプス』宇野邦一訳〔上・下、河出書房新社（河出文庫）、２００６年・２００６年〕。

——, et Guattari, Félix,Mille Plateaux: Capitalisme et schizophrénie, Minuit, Paris, 1980. 略号 MP.『千のプラトー』宇野邦一・小沢秋広・田中俊彦・豊崎光一・宮林寛・守中高明訳〔上・中・下、河出書房新社（河出文庫）、２０１０年・２０１０年・２０１０年〕。

——, et Guattari, Félix, Qu'est-ce que la Philosophie?, Minuit, Paris, 1991. 略号 QP.『哲学とは何か？』、財津理訳（河出書房新社、１９９７年）。

——, Différece et Répétition, Presses Universitaires de France, Paris, 1968.『差異と反復』財津理訳（河出書房新社、１９９２年）。

——, Logique du sens, Minuit, Paris, 1969.『意味の論理学』岡田弘・宇波彰訳（法政大学出版局、１９８７年）、小泉義之訳〔上・下、河出書房新社（河出文庫）、２０１０年・２０１０年〕。

——, Le pli: Leibniz et le baroque, Minuit, Paris, 1988.『襞―ライプニッツとバロック』宇野邦一訳（河出書房新社、１９９８年）。

——, Spinoza et le problème: De l'expression, Minuit, Paris, 1968.『スピノザと表現の問題』工藤喜作・小柴康子・小谷晴勇訳（法政大学出版局、１９９１年）。

——, Le Bergsonisme, Presses Universitaires de France, Paris, 1966.『ベルグソンの哲学』宇波彰訳（法政大学出版局、１９７４年）。

——, Nietzsche et la philosophie, Presses Universitaires de France, Paris, 1966.『ニーチェと哲学』足立和浩訳（国文社、１９７４年）。

——, Cinéma1: L'image-mouvement, Minuit, Paris, 1985.『シネマ１：運動イメージ』財津理・齋藤範訳（法政大学出版局、２００８年）。

——, Cinéma2: L'image-temps, Minuit, Paris,1985.『シネマ２：時間イメージ』宇野邦一・石原陽一郎・江澤健一郎・大原理志・岡村民夫訳（法政大学出版局、２００６年）。

——, Francis Bacon: Logique de la sensation, Sphinx, Paris, 1981.『感覚の論理―画家フランシス・ベーコン論』山縣熙訳（法政大学出版局、２００４年）、宇野邦一訳（河出書房新社、２０１６年）。

——, et Fanny Deleuze, Nietzsche et Saint Paul,Lawrence et Jean de Patmos, etc., Balland / France-Adel, Paris, 1978. 『情動の思考—ロレンス『アカポリス』を読む』鈴木雅大訳（朝日出版社、１９８６年）。

——, Deux Régimes de Fous: Texte et Entretiens 1975-1995, Minuit, Paris, 2003. 『狂人の二つの体制 1975—1982』宇野邦一他訳（河出書房新社、２００４年）、『狂人の二つの体制 1983—1995』宇野邦一他訳（河出書房新社、２００４年）。

——, Critique et Clinique, Minuit, Paris, 1993. 『批評と臨床』守中高明・谷昌親・鈴木雅大訳（河出書房新社、２００２年）。

Oury, Jean（ウリ）
——, Psychiatrie et psychothérapie instituionnelle, Traces et configurations précaires, Préface de François Tosquelles, Lecques, Champ Social, Nîmes, 2001. 抄訳『精神医学と制度精神療法』三脇康生監訳・廣瀬浩司・原和之訳（春秋社、２０１６年）。
——, Le Collectif: Le Séminaire de Sainte-Anne, Champ Social, Nîmes, 2005. 『コレクティフ：サン・タンヌ病院におけるセミナール』多賀茂・上尾真道・川村文重・武田宙也訳（月曜社、２０１７年）。

Guattari, Félix（ガタリ）

——, La révolution moléculaire, Recheches, Paris,1977. 『分子革命』杉村昌昭訳（法政大学出版局、１９８８年）。

——, L'inconscient machinique, Recheches, Paris, 1979. 『機械《マシン》状無意識』高岡幸一訳（法政大学出版局、１９９０年）。

——, Cartographies schizoanalytiques, Galilée, Paris, 1989. 『分裂《スキゾ》分析的地図作成法』宇波彰・吉沢順訳（紀伊國屋書店、１９９８年）。

——, Les trois écologies, Galilée, Paris, 1989. 『三つのエコロジー』杉村昌昭訳〔平凡社（平凡社ライブラリー）、２００８年〕。

——, Chaosmose, Glilée, Paris, 1992. 『カオスモーズ』宮原寛・小沢秋広訳（河出書房新社、２００４年）。

——, Lignes de fuite: Pour un autre monde de possibles, l'Aube, La Tour-d'Aigues, 2011. 略号LF. 『人はなぜ記号に従属するのか—新たな世界の可能性を求めて』杉村昌昭訳（青土社、２０１４年）。

——, Qu'est-ce que l'Écosophie?, Textes presentés et agencés par Stéphane Nadaud, Lignes, Paris, 2013. 略号QE. 『エコゾフィーとは何か』杉村昌昭訳（青土社、２０１５年）。

——, De Leros à la Borde, Précédé de Journal de Leros, Présentation de Marie Depussé, Lignes, 2012. 『精神病院と社会のはざまで—分析的実践と社会的実践の交差路』杉村昌昭訳（水声社、２０１２年）。

人名索引

（主題として扱ったフロイト、ラカン、ドゥルーズ、ガタリを除く）

ア行

カ行

サ行

タ行

ナ行

ハ行

マ行

ヤ行

ラ行

事項索引

さ行

た行

な行

は行

ま行

や行

ら行

わ行

【著者】
金子淳人
…かねこ・あつひと…
専修大学文学部所属兼任講師(哲学、倫理学、現代思想等)。早稲田大学大学院文学研究科博士後期課程(哲学)研究指導修了退学(2005年)。主な著書『現象学の基底』(2006年)、『現象学の展開』(2015年)、『現象学の再生』(2018年)いずれも世界書院刊、等。

Sairyusha

「精神分析《せいしんぶんせき》」と反《はん》「精神分析《せいしんぶんせき》」
フロイト・ラカン、ドゥルーズ・ガタリ

二〇二三年五月一日　初版第一刷

著者――金子淳人
発行者――河野和憲
発行所――株式会社 彩流社
〒101-0051
東京都千代田区神田神保町3-10大行ビル6階
電話：03-3234-5931
ファックス：03-3234-5932
E-mail：sairyusha@sairyusha.co.jp
印刷――明和印刷(株)
製本――(株)村上製本所
装丁――中山デザイン事務所(中山銀士+金子暁仁)

ISBN978-4-7791-2874-5 C0010
http://www.sairyusha.co.jp